KB191891

불교의
대중교화와 리더십

하춘생 지음

도서출판 해조음

머리말

현재 우리는 속도와 깊이를 알 수 없을 정도의 빠른 변화의 시대에 살고 있다. 한치 앞도 내다보지 못할 정도로 예측불가의 시대가 우리 앞에 놓여 있다고 해도 과언이 아닌 것이다. 이러한 전례 없는 다이내믹하고 불확실한 시대를 살고 있는 우리의 불안한 마음을 보듬어주고 희망을 제시해주어야 하는 대표적인 분야가 종교다.

하지만 우리 사회에서 작금의 종교계를 바라보는 시선은 차갑기만 하다. 종교가 사회를 걱정하기보다 사회가 종교를 걱정하는 시대에 살고 있다는 많은 사람들의 자조는 시사하는 바가 크다. 대중의 이 자조에서 불교계는 자유로운 것인가. 뿐만 아니다. 종교가 재앙이 되고 있다는 성토도 무성하다. 이는 우리 사회에서 종교가 스스로의 정체성과 가치관을 재정립하지 않으면 안 된다는 엄중한 사실을 말해준다. 이 또한 불교계는 무관한 것인가.

작금의 코로나19(COVID-19)로 인한 팬데믹(Pandemic) 현상은 붓다담마(Buddha-dhamma) 본연의 본질로의 회귀를 촉구한다. 그것의 단초는 탈신앙성과 탈기복성이다. 불교는 애초부터 '보이지 않는' 어떤 절대자 내지 개인의 욕망중심적인 신앙으로 출발하지 않았다. 그래서 자각(自覺)을 성취하는 자리증득(自利證得)과 대중의 자각을 견인해주는 이타증득(利他證得)이라는 붓다담마(Buddha-dhamma)의 본질을 자각하는 일이 급하고 급하다. 그것은 불교 본연의 기능과 역할의 회복이 시급한 배경이기도 하다.

불교는 붓다 재세 시 이래 수행과 교화의 기능을 담보하면서 오늘에 이르고 있다. 수행은 통찰지혜를 성취하는 자리증득의 과정이요, 교화는 연민과 헌신과 베풂의 삶에 기반한 이타증득의 과정이다. 수행과 교화는 서로 분리된 기능이 아니라 삼투적(滲透的) 상보관계로서 그 본질을 지향한다. 수행의 수범은 교화의 활성화를 부르고, 교화의 확장은 수행의 궁극적 메시지를 담보한다. 수행·교화의 역동성과 불교의 생명성은 그래서 불이(不二)의 관계이다.

붓다담마는 궁극적으로 '고(苦)의 자각을 통한 고(苦)의 소멸'을 지향한다. 고의 소멸을 성취하기 위한 전제조건은 고를 자각하는 일이다. 고를 자각하기 위해서는 고가 왜 발생하는지의 근본원인을 사무치게 깨달아야 한다. 현실을 사무치게 보는 눈을 갖게 되면 고의 일어남의 원인이 내적 갈애(渴愛), 즉 욕망과 집착이라는 사실을 알게 된다. 사무침이 사무치면 현실적 갈애를 일으키는 근원이 무명(無明)이라는 진실에 도달한다. 마침내 고의 발생구조와 고의 소멸구조로 구성된 사성제(四聖諦)·십이연기(十二緣起)를 통찰하게 되는 것이다.

통찰이라 함은 여실지견(如實知見)을 말한다. 있는 그대로 보는 지혜이다. 오온(五蘊)을 비롯한 육근(六根)육경(六境)육식(六識)에 의해 나타나는 십이처(十二處)·십팔계(十八界)가 모두 무상(無常)하고 고(苦)이며 무아(無我)라는 진리당체를 보는 것이다.

이 모든 것들이 불교를 자각과 실천의 종교로 정의하게 하는 명제들이다. 붓다의 초전법륜과 최후법문인 팔지성도(八支聖道 : 팔정도八正道)를 위시해 붓다가 우리에게 처음 당부한 전법선언과 만년에 남긴 '자등명 자귀의 법등명 법귀의 제행무상 불방일정진(自燈明自歸依 法燈明法歸依

諸行無常不放逸精進)'하라는 유훈이 모두 그것이다. 갈음하여 상구보리
하화중생(上求菩提下化衆生)이다. 상구보리는 담마(dhamma) 따라 사는
것이 곧 깨달음이라는 통찰지혜요, 하화중생은 담마(dhamma)를 전하는
일이 곧 자비 중의 자비라는 가르침이다. 자리증득 · 이타증득이라 함이
그 뜻이겠다.

우리가 대중교화의 실천의지를 공고히 하는 토대는 그렇듯 붓다담마에
대한 확신에서 비롯한다. 그것은 지행(知行)이 다르지 않는 위의와 원력
으로써 붓다의 중생연민과 치열한 개척의 삶을 따르는 당위와 당당함을
확인해준다. 담마를 널리 전하는 일[전법傳法]은 출 · 재가 모든 불자에게
주어진 소명이요 붓다의 은혜를 갚는 유일한 길이다. 자신은 물론 대중의
고단한 삶을 행복과 안락한 삶으로 이끌어주는 일이며, 불교의 영속성을
담보하는 궁극적 가치이다. 대중교화의 지향과 실제를 단적으로 표현하고
있거니와 불교의 궁극적 메시지가 무엇인지를 명징하게 보여주는 명제가
그것이다.

이 책은 불교의 생명성인 대중교화의 지향과 실제를 몇 가지 논제를 통
해 구명(究明)한 글이다. 전법교화의 사상과 이념을 천명하고 그의 실천방
법론을 분명히 제시하고 있는 붓다의 전법선언이 우리 시대 출 · 재가 모
든 불자들의 삶의 가치와 지표로 자리매김하기를 기대하는바 그 바람을
담고 있다.

제1부 '초기불교의 대중교화와 리더십' 편에서는 이 책의 핵심논제이기
도 하거니와, 초기불교도들이 전법교화현장에서 보여준 원력과 지표와 역
동성의 실제를 여덟 개 분야에서 살핀 뒤 이 노정에서 발현된 바람직한
불교리더십의 전형을 고찰했다. 전법교화의 성공여부는 교화주체의 지도

력, 곧 리더십을 전제로 하기 때문이다. 이 의제는 붓다의 담마를 배우고 익힌 초기불교도들이 출·재가의 신분을 떠나 주체적이고도 자율적으로 법의 바퀴[dhamma cakka]를 굴리는 셀프 리더(self-leader)로서의 역량을 발현한 사실에 착안해, 작금의 문명이기로 치닫는 인류사회의 급변과 포스트 코로나시대를 이끌어갈 불교지도자의 자질론을 조명한 것이다.

제2부 '교단의 대중관계와 현대사회'편에서는 붓다의 평등사상과 출가 대중관계의 구조적인 모순을 고찰해 교단구성원들의 붓다담마에 대한 몰이해를 비판했다. 대중의 평등성은 초기교단에서부터 실천되었던 공동체 운영의 기본지표였다는 사실을 전거로 들면서, 출가양중의 폐쇄적 차별성을 상징하는 팔경법(八敬法)이 현대사회의 전반적인 분위기와 패러다임(paradigm), 남녀 간의 관계구조 차원에서도 시급히 탈각해야 할 구습(舊習)이라는 사실과 더욱이 붓다담마와 전법교화에 역행한다는 심각성을 구명해 이의 문제의식을 제고시켰다.

제3부 '인물로 본 대중교화 실천사례'편에서는 한국의 근·현대기를 역동적으로 살다간 인물 3인을 통해 대중교화의 지향과 실제, 그를 통한 리더십의 지표를 제시했다. 제1장 '만공월면의 비구니 교화방편과 시대정신'에서는 근대기 한국 간화선풍의 초석을 다진 만공월면(滿空月面, 1871~1946)과 비구니납자의 인연구조를 살피고, 불조정맥(佛祖正脈)의 수행정법을 토대로 조선불교의 왜색화 내지 식민지불교를 거부할 수 있었던 시대정신을 고찰했다. 만공의 비구니 교육과 수행지도를 통한 시대정신 고취와 선풍진작은 붓다 재세 시 비구니승가의 교육과 보호를 책임졌던 비구들의 전법과 교화행각 그것이라 하겠다. 제2장 '노천월하의 포교인식과 실천이념'에서는 안으로는 지계정진(持戒精進)의 끈을 놓은바 없으며, 밖으로는 전법교화에 거침없는 행보를 보여주었던 노천월하(老天月下,

1915~2003)의 포교실천론을 구명했다. 하심(下心)의 화신이자 육바라밀 행자로 칭송받은 월하의 행적은 절체절명의 위기를 맞고 있는 한국불교의 사회적 역량과 출가본연의 수행상실을 회복하는 바로미터(barometer)라 할 것이다. 제3장'고봉 황성기의 불교개혁론과 보살불교'에서는 승려요 대학교수였던 고봉 황성기(杲峰 黃晟起, 1919~1979)의 개혁적·실천적 삶을 통해 한국불교의 궁극적 지향을 조명했다. 고봉은 교육·포교·의식 등 3대 분야에서 현대화·대중화·생활화를 궁구(窮究)해야 한다는 불교 개혁적 의제를 공리공론이 아닌 현장실천으로 몸소 보여주었다. 이 논제 는 고봉의 불교개혁론과 실천적 지표를 학문적으로 처음 구명한 것이다.

붓다의 당부인 전법교화의 가치와 의의를 주제 삼아 한 권의 책으로 엮 는 일은 그동안 마음속에 담아두었던 포부였다. 이번에 글을 다듬어 책으 로 펴내기로 하고 몇 편의 관련원고를 검토한바 부족한 부분이 적지 않아 보인다. 과문(寡聞)한 자신을 좀 더 재촉하는 계기로 삼고자 한다. 독자의 질정을 바란다.

코로나19로 멈춤의 시간이 지속되는 어려운 시절인데도 경제성과는 무 관한 학술서적 간행에 마음을 내주신 도서출판 해조음 이주현 대표와 편 집진에게 깊이 감사드린다.

2020년 12월
宇晟 하춘생 두손모음

목차

제2부 교단의 대중관계와 현대사회

제3부 인물로 본 대중교화 실천사례

제1장 만공월면의 비구니 교화방편과 시대정신

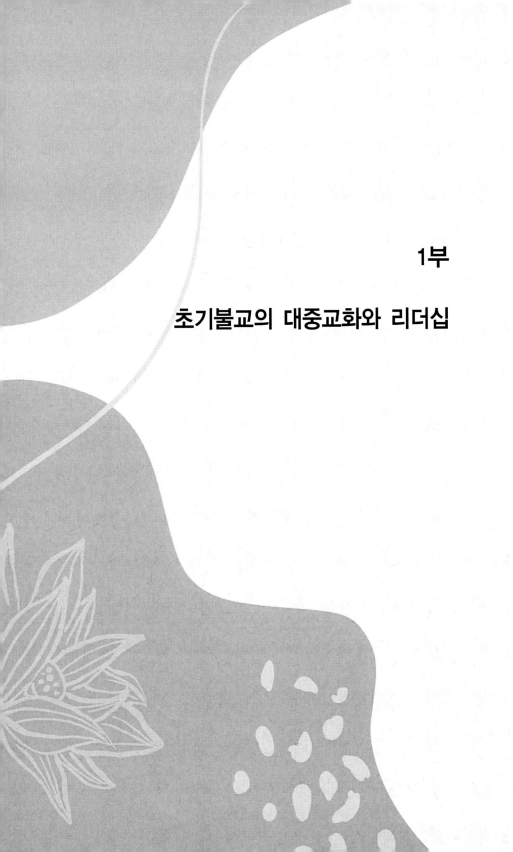

1부

초기불교의 대중교화와 리더십

Ⅰ. 서언

불교가 세상에 출현한 배경에는 매우 극적인 상황이 존재한다. 인간 붓다 석가모니부처님이 깨달음을 성취하고 아직 네란자라 강가의 우루웰라 정각도량에 계실 때의 일이다. 아자빨라 보리수 아래서 홀로 명상에 잠긴 붓다는 이런 생각이 들었다.

> "내가 깨달은 이 가르침은 심원하고 보기 어렵고 이해하기 어렵고 평온하고 숭고하고 생각의 범위를 초월하며 미묘하여 지혜로운 사람이나 알 수 있다. 그런데 지금 사람들은 감각적 쾌락에 빠져 즐거워하고 기뻐한다. 이렇게 감각적 쾌락에 빠져 있는 사람들은 '모든 것은 조건에 의해 일어난다'는 연기의 가르침을 보기 어렵다. 또한 모든 형성을 고요히 함, 모든 집착을 버림, 갈애의 부숨, 욕망을 버림, 번뇌의 소멸, 열반의 진리를 알기 어렵다. 내가 만일 이 진리를 가르친다고 하더라도 사람들이 알아듣지 못한다면 내 몸만 피로하고 괴로운 일이다."[1]

붓다는 이렇게 생각하고서 수고로이 담마(dhamma, 진리)를 설하지 않겠다는 마음을 가졌다. 그 때 범천왕 사함빠띠가 붓다의 마음을 알아차리고 매우 근심했다. 여래가 출현하신 것은 진리를 설하기 위함인데 붓다가 침묵하면 이 세상은 악법이 성하여 수많은 사람들이 방황할 것이기 때문

---

1) 『상윳따 니까야』 6:1 「범천권청경」 ; 『마하왁가』 1:5. 이하 본 책에서 인용하고 있는 빠알리본 붓다의 말씀[가르침]은 각묵_대림스님(초기불전연구원) · 전재성 박사(한국빠알리성전협회) · 일아스님(민족사) · 선일스님(담마랑 불교문화원) 등이 역주한 내용을 저본으로 삼았다.

이다. 이에 범천왕은 붓다께 설법해주실 것을 간곡히 권청했다. 붓다는 범천왕의 권청을 받아들이고 중생에 대한 자비심과 정각자의 눈으로 세상을 바라보았다. 세상에는 더러움에 덜 물든 사람과 많이 물든 사람, 예리한 사람과 무딘 사람, 훌륭한 성품의 사람과 나쁜 성품의 사람, 가르치기 어려운 사람과 쉬운 사람, 내세와 잘못에 대한 두려움을 갖고 사는 사람들이 있다는 사실을 보았다. 붓다는 게송으로 답하기를, "그대들에게 불사의 문은 열렸다. 귀 있는 자는 잘못된 믿음에서 벗어나라"[2]고 일렀다.

이른바 '범천권청'이라는 일화로 전하는 초기경전의 이 이야기는 불교가 비로소 세상에 출현하는 배경을 알려준다. 알아듣지 못할 거라는 앞선 생각으로 숭고하고 빼어난 가르침을 가르치지 않으려 했다는 붓다 스스로의 고백과 함께 마침내 와라나시(Vārāṇasī) 이시빠따나(Isipatana)의 사슴동산에 머물고 있던 꼰단냐(koṇḍañña)를 위시한 다섯 비구[3]를 향해 전법의 첫 발을 내딛게 된 사연이 그와 같다.

붓다를 위시한 초기불교도들의 교화행각은 어둠[무명]에 가려 욕망에 불타고 있는 중생들을 기필코 제도하겠다는 깊은 연민과 그들로 하여금 담마(dhamma)의 지혜에 눈을 뜨게 하는 데 있다고 할 수 있다. 교단성립 초기에 기증받은 죽림정사와 기원정사 등 붓다의 교화지역에 건립된 사원들을 중심으로 출가양중과 재가양중은 붓다의 전법선언(傳法宣言: 전도선언傳道宣言)에 입각한 수행과 교화의 양 수레바퀴를 쉼 없이 굴렸다. 안으로는 괴로움의 소멸로 인도하는 도(道)닦음을 멈추지 않았거니와, 밖

---

2) 『상윳따 니까야』 6:1 「범천권청경」 ; 『마하왁가』 1:5.
3) 다섯 비구는 꼰단냐(Koṇḍañña) · 왑빠(Vappa) · 밧디야(Bhaddiya) · 마하나마(Mahānāma) · 앗사지(Assaji)이다. 이들은 붓다에게 처음 설법을 듣고 차례로 아라한이 되었던 붓다 이후 최초의 인물들이다.

으로는 큰 자비심과 청정범행(淸淨梵行)에 의지하면서 인천(人天)의 이익과 행복과 안락을 위한 전법교화의 소명을 다했다.

붓다는 사꺄족 캇띠야(khattiya) 출신으로서 이 세상을 평정하려는 강렬한 캇띠야적 승자의식(勝者意識)과 항마적 평정의식(平定意識)을 동체대비정신으로 승화시켜 갔다. 현세이익적인 붓다의 가르침에 고무되고, 자유롭고 진취적인 불교세계관에 고취되었던 장자거사(setthi-gahapati)들을 중심으로 하는 대중[빠리사]의 상인적(商人的) 도전의식도 초기불교의 사회적 실천기반으로서 크게 작용했다. 고통 속에서 출구를 기다리는 민중들의 대망의식(待望意識)과 신진세력들의 진보적이며 모험적인 사회의식(社會意識)이 초기불교의 사회적 실천을 견인하는 정신적 동력으로 작동한 것이었다.[4] 이를 지금의 언어로 환치하면 곧 모든 사람들에게 해탈, 열반, 깨달음의 길을 활짝 여는 대중견성운동의 불교적 패러다임을 그대로 현실구현한 바람직한 인간경영의 발현이라 할 것이다. 우리 시대 불교도들의 불교적 리더십(leadership)이 이와 같이 작용할 수 있을 때 위기의 한국불교는 비로소 미래비전을 기대할 수 있을 것이다.

이 글은 불교의 사회적 실천의 핵심명제인 전법교화와 대중견성을 향도하는 바람직한 불교적 리더십을 제시하는데 그 목적을 두었다. 초발심이 곧 정등정각과 다르지 않다는 불교의 사상적 가치에 의거해, 붓다를 위시한 초기불교도들이 전법교화현장에서 보여준 역동적인 중생연민과 개척적인 사회의식을 오늘날의 지도자적 자질로서 여기에 소환하고자 하는 까닭은 그 때문이다.

---

4) 김재영(2012), 『초기불교의 사회적 실천』, 민족사, 146-147쪽.

II. 대중교화활동의 전개와 실제

붓다 재세 시 이래 초기불교의 대중교화는 일대사인연의 출가정신을 오롯이 간직한 위의설법(威儀說法)으로써 대중신뢰를 확보해갔다. 인격과 품격을 구비한 상호설법(相好說法)으로써 상대방의 정신적 감화를 이끌어 스스로의 존재감과 권위를 공인받았다.5) 상호설법은 직접적인 설법교화의 환경을 마련해주었다. 개인의 성품[善根]과 능력은 물론 현재적 상황과 조건에 맞춰 마음을 사로잡는 응병여약(應病與藥)의 근기설법(根機說法)으로써 대중의 삼보귀의와 승가입문을 향도했다. 이러한 맞춤설법은 차분한 차제설법(次第說法)을 통해 담마(dhamma)의 이치를 터득하게 하는데 주효했다. 나아가 극단적 사상체계나 그릇된 정치관행, 불합리한 경제체제 내지 차별적 사회제도에 대한 문제의식을 공유함으로써 수범적인 절복교화(折伏敎化)를 이끌어냈다.

설법의 방법론적 원리를 보여주는 이러한 포교방식은 교화현장에서 우리가 어떠한 마음가짐과 태도를 갖춰야 하는가를 반증해준다. 초기불교도들이 보여준 전법교화활동의 실제를 살펴보는 일은 오늘날 한국사회에서 불교가 지향하는바 그 지표를 어디에 두어야 하는가를 곱씹어보게 한다. △사의지(四依止) △상가&빠리사 △자기통찰[sati] △반(反)카스트 △법[dhamma]의 확립 △사범주(四梵住) △신해행증(信解行證) △궁극적 지향[전법교화] 등의 분야에서 초기불교도들이 전개한 대중교화활동의 실제를 구명하고자 하는 배경이 그것이다.

---

5) 초전법륜의 다섯 비구 가운데 한 분인 앗사지 비구의 걸식행위를 보고 감화되어 훗날 붓다의 상수제자가 된 사리뿟따와 마하목갈라나의 귀의가 좋은 사례이다.

1. 사의지(四依止)

[point] "사의지의 가치와 정신은 욕망과 집착을 내려놓은 '무너짐 없는 청정한 위의(威儀)'를 수호하기 위한 '도덕적_윤리적 제어장치'로서 오늘날에도 여전히 유효하다."

붓다는 수범수제(隨犯隨制)의 계율을 제정하기 이전부터 출가자가 의지하며 살아야 하는 기본방침 네 가지를 일러주었다. 사의지(四依止)가 그것이다. 사의법(四依法)이라고도 일컫는 이것은 출가생활의 기본 네 가지로서 걸식(乞食)·분소의(糞掃衣)·수하좌(樹下座)·부란약(腐爛藥)을 말한다.

붓다 재세 시 인도에서는 수행을 목적으로 출가한 사람이라면 교단과 교파에 관계없이 기본적으로 사의지(四依止)에 의존해 생활하는 것을 원칙으로 삼았다. 붓다는 출가자가 원칙적으로는 사의지에 의존해 생활해야 하지만, 거기에 꼭 얽매일 필요는 없다는 입장이었다. 전통적인 사의지에 많은 예외조항을 신설해 보다 융통성 있게 생활하도록 조치했다. 이러한 붓다의 생활태도는 중도사상(中道思想)에서 나온 것임은 말할 나위 없다. 붓다는 모든 면에서 쾌락주의와 고행주의의 양극단을 떠난 중도적 삶을 최상으로 여겼기 때문이다.[6)]

초기불교도들은 붓다의 삶의 가치에 입각해 마땅히 지켜야 할 것과 마땅히 하지 말아야 할 것을 잘 알고 있었다. 그들은 사의지가 주는 의미를

---

6) 마성(2004), 「상좌불교와 대승불교의 식육관(食肉觀) 비교」, 『불교평론』 19호(검색링크 http://www.budreview.com/news/articleView.html?idxno=469).

축자적(逐字的)이 아닌 교훈적 의의를 잘 이해할뿐더러 이를 되도록 실천하고자 하는 삶을 살았다.

걸식은 글자 그대로 음식을 빌어먹는 행위이다. 출세간에 접어든 비구(bhikkhu)에서 그 어의를 찾을 수 있다. 비구는 걸식하며 살아가는 출가자로서, 걸식에 함유된 본질은 소유하지 않는 것이다. 출가자는 곧 무소유를 전제로 성립하는 명제인 것이다. 걸식은 그래서, 사의지를 상징하거니와, 출가자의 가장 기본적인 삶의 방식이었다.

걸식은 달리 탁발(托鉢)을 뜻한다. 탁발이란 밥그릇[발우]을 들고 집집마다 돌면서 음식을 구하는 행위를 말한다. 출가자에게는 수행을 방해하는 아집(我執)·아만(我慢)·아상(我相)을 없애게 하고, 재가자에게는 음식을 베풀어 선업공덕(善業功德)을 쌓는 행위로 정의한다. 율장에 따르면 초기불교 당시에는 △상행걸식(常行乞食) △차제걸식(次第乞食) △수일식법(受一食法)이라 하여 △항상 음식을 구걸해 생명을 부지하고 △가난한 집과 부잣집을 가리지 않고 차례대로 돌며[7] △하루에 한 끼만 먹는 것을 규정화했다.[8]

어느 경(『유마경』「제자품」)의 교훈적인 내용을 살펴보자. 그것은 붓다가 마하깟사빠(Mahākassapa)에게 유마거사를 문병하라고 하자, 마하깟사빠가 자신의 능력으로는 그 일을 감당할 수 없다고 하면서 유마거사의 전언을 붓다에게 고백형식으로 전하는 내용이다.

---

7) 율장에 따르면 걸식은 7가식(七家食)을 원칙으로 한다. 승려는 첫 번째 집 앞에서 정중히 서 있다가 집주인이 음식을 보시하면 발우를 내밀어 받는다. 얼마간 기다려도 집에서 아무도 나오지 않으면 두 번째 내지 일곱 번째 집으로 옮겨가서 보시 받기를 기다린다. 7집을 들르기 전에 발우가 차면 걸행을 멈춰도 무방하다. 7집을 돌았는데도 음식을 보시하는 집이 마땅히 없다면 그날은 굶어야 한다.

8) 하춘생(2016), 『붓다의 제자 비구니』, 국제문화재단, 30쪽.

"세존이시여, 제가 가난한 마을에서 걸식하던 일이 생각납니다. 그때 유마힐은 저에게 다가와 이렇게 말했습니다. '존자 마하깟사빠이시여, 자비심이 있다 해도 부자를 버리고 굳이 가난한 사람에게서 걸식하는 것은 그 자비심을 널리 펴는 일이 못 됩니다. 걸식은 평등한 법에 머물러 차례대로 행해야 합니다. 걸식은 식용을 위한 것이 아니며, 음식을 얻기 위한 것도 아닙니다. 마을에 들어갈 때는 사람이 살지 않는 빈 마을이라는 생각으로 들어가야 하며, 형상을 보더라도 장님과 같이 보고, 들리는 소리는 메아리와 같이 듣고, 냄새는 바람과 같이 느끼고, 맛을 분별하지 않으며, 온갖 느낌은 지혜와 같이 알아차려야 하고, 모든 것은 환상과 같은 줄 알아야 합니다. 걸식한 한 끼의 밥은 모든 중생에게 베풀고 모든 부처님과 성현에게 공양한 다음에 먹을 수 있어야 남의 보시를 헛되이 먹었다고 하지 않을 것입니다. 이와 같이 먹을 수 있는 사람은 번뇌를 버리지 않고서도 해탈에 들 수 있고, 집착을 끊지 않고서도 바른 가르침에 들 수 있습니다. 보시하는 사람의 복덕도 많고 적음이 없습니다. 손해나 이득을 떠날 때 이것을 깨달음의 길에 바르게 들어갔다고 하고, 자기만의 깨달음을 구하는 길에 의지하지 않았다고 합니다.' 세존이시여, 저는 유마힐로부터 이와 같은 말을 듣고서 남에게 성문(聲聞)이나 독각(獨覺)의 수행을 권하지 않게 되었습니다."[9]

여기에 인용한 경전의 일절은 탁발하는 자세와 공덕을 알게 해주는 대목이다. 탁발이 그저 음식을 빌어먹는 행위가 아니라, 차별과 분별과 탐욕과 집착과 번뇌를 넘어 해탈과 깨달음의 경계에 들어서게 하는 선교방편(善巧方便)임을 확인해준다. 아울러 논밭을 갈며 직접 생산활동으로 출가교단에 경제적 후원을 하는 재가자와 마음 밭을 갈며 풍요로운 정신적

---

9) 『유마경』 권1, 3 「제자품」(K0119_009_0981b-c).

수확으로 재가대중의 정신적 갈망을 채워주는 출가자 간의 관계구조를 예시하고 있다. 이를 통해 탁발수행의 사상성과 그 이념이 무엇인지를 살필 수 있다.10)

오늘을 사는 우리는 걸식의 정신이 주는 이러한 사상성과 이념을 곱씹어 볼 필요가 절실하다. 특히 출-재가자 간의 상호관계구조를 정의하고 있는 덕목이라는 점에서 현하 한국불교에서의 걸식행위 금지여부를 떠나 무소유로 정의되는 걸식의 정신적 가치를 되새겨야 하겠다.

분소의는 사람들이 버린 낡은 천을 조각조각 기워서 만든 가사를 말한다. 사람들이 버린 천이 똥을 닦는 헝겊과 같다고 해서 분소의라고 한다. 탐심(貪心)을 여의기 위한 수행방편의 하나이다. 출가수행자는 검박함으로써 표본을 삼기 때문이다. 달리 백납(百衲) 또는 납의(衲衣)라고 한다. 출가수행자를 납자(衲子)라고 칭하는 배경이다.

수하좌는 나무 아래 앉아 도를 닦는 수행을 말한다. 거주지에 대한 애착을 버리고 욕망과 집착을 없애기 위한 수행방편이다. 걸식·분소의와 함께 12두타행11)의 하나이다. 마하깟사빠가 12두타행을 실천한 대표적인 인물로서 두타제일의 칭호를 얻었다.

부란약은 소의 오줌을 발효시킨 약을 말한다. 달리 진기약(陳棄藥)이라고도 한다. 인도에서 가장 구하기 쉬운 재료로서 적절한 효능을 지니고 있다는 점에서 출가자들의 상비약으로 애용되었다. 복용과 외용을 구분했으며, 소욕지족(少欲知足)의 삶을 상징한다고 볼 수 있다.

---

10) 하춘생(2016), 앞의 책, 49-50쪽.
11) 분소의(糞掃衣)·단삼의(但三衣)·상걸식(常乞食)·부작여식(不作余食)·일좌식(一坐食)·일단식(一單食)·공한처(空閒處)·총간좌(塚間坐)·수하좌(樹下坐)·노지좌(露地坐)·수좌(隨坐)·상좌불와(常坐不臥) 등 12가지 수행법을 말한다.

2. 상가&빠리사

[point] "사부대중을 의미하는 무차별 평등개념의 '빠리사 (parisā)'가 사장된 역사성과 출-재가의 원만한 상보관계가 회복될 때 비로소 불교의 영속성은 담보될 수 있다는 상식의 제고가 필요하다."

불교교단은 승려[비구 · 비구니]와 신도[우바새 · 우바이]로서 구성한다.[12] 곧 사부대중을 교단의 구성원으로 삼고 있다는 뜻이다. 하지만 교단사적 역사와 현실은 출가공동체인 승가(saṅgha)가 교단을 의미하는 엄격한 실체로서 작용해오고 있는 사실을 부정할 수 없다. 재가자인 우바새 · 우바이를 넓은 의미의 승가에 포함시키려는 시도를 모색한 역사가 없지 않으나, 이러한 의미의 승가 확장론은 성공한 사례를 찾을 수 없다.

불교교단은 이처럼 출가자 중심의 승가공동체로 상징되면서 어느 시대에 있어서는 도피적 · 은둔적 · 염세적 내지 반사회적인 집단으로 왜곡되는 평가를 받은 사례도 있다. 그럼에도 불구하고 출가대중에 의해 재가대중은 예나 지금이나 교단의 구성원에서 배제됨으로써 재가불교의 기능과 역할을 제대로 발휘하지 못한 결과를 초래하고 있는 것도 사실이다. 이는 교단 내부에서 출-재가 상호간의 갈등과 반목과 분열을 초래하는 실제적인 배경이기도 하거니와, 외부의 도전에 대한 교단의 응전능력을 제고할 수 없다는 것을 의미한다. 이러한 문제의식은 인도뿐만이 아닌, 그 너머 각국으로 전래된 지역에서 공통된 문제로 드러난 역사의 경험적 사실에

---

12) 「종헌」 제8조, 『종단법령집』, 대한불교조계종. 교단의 구성은 붓다 재세 시 교단성립 이후 지금까지 지역성 떠나 동일하다.

바탕을 두고 있다.

이것은 또한 불교의 사회적 실천과 역량을 강화하기 위해서는 어느 지역 어느 시대를 막론하고 사부대중 공동체교단의 확고한 정립이 시급하다는 사실을 말해준다. 한국사회에서 작금의 통계수치로 확인되고 있는 출가양중과 불교인구의 급감에 따른 유수사찰의 대중공백 현상은 사부대중 공동체교단의 부재가 향후 우리에게 얼마나 치명적인 상황을 가져다줄 수 있는가를 반증해준다고 할 것이다.[13] 붓다 재세 시 사부대중 공동체로서 출-재가 상호간의 기능과 역할을 여법하게 수행했던 역동성을 고찰해보고자 하는 까닭은 그 때문이다.

승가가 출가공동체만을 의미한다고 보면, 초기불교에서 사부대중을 나타내는 용어가 존재한다는 사실도 초기경전 도처에서 확인할 수 있다. 어느 경(『앙굿따라 니까야』「빠리사경」)을 보면 불교도 공동체 또는 불교교단을 의미하는 용어로서 '빠리사(parisā)'가 주목된다.

"비구들이여, 네 부류의 대중[parisā]을 망가뜨리는 사람이 있다. 무엇인 넷인가? 비구들이여, 여기 계행이 나쁘고 사악한 성품을 가

---

13) 이는 기우가 아니다. 인도에서 출가와 재가의 연대가 강했던 자이나교는 지금까지도 사회적 위상을 담보하고 있는 반면, 출가와 재가의 연대가 취약했던 불교는 결국 어느 시점에서 소멸하고 말았던 역사적 사실을 상기할 필요가 있다. 우리의 역사에서 고려후기 이래 유·불 교체의 배경과 조선왕조 오백년 통치이념의 토대요 인재양성의 요람이었던 서원이 작금에 이르러 문화유산 정도로 전락한 모습을 반면교사로 삼아야 한다는 지적도 귀담아 들어야 한다. 사회동량들의 종교를 바라보는 부정적 인식과 불교의 사회적 역량부재 및 전통 있는 유수사찰의 대중공백은 이들 사찰의 국가귀속을 재촉하는 당위로 작용할 수 있다. 불행하게도 서구기독문명의 확장세가 멈추지 않고 기독신봉자들이 공기관 및 사회 각 분야에 전면 배치될 경우 사찰의 국가귀속은 더욱 가속화될 수 있다는 우려를 간과해선 안 된다. 출가자 중심의 교단운영을 사부대중 공동체교단 운영체제로 시급히 전환하지 않을 경우 이러한 우려는 현실화될 수 있다.

진 비구가 대중[parisā]을 망가뜨린다. 비구들이여, 여기 계행이 나쁘고 사악한 성품을 가진 비구니가 대중[parisā]을 망가뜨린다. 비구들이여, 여기 계행이 나쁘고 사악한 성품을 가진 우바새가 대중[parisā]을 망가뜨린다. 비구들이여, 여기 계행이 나쁘고 사악한 성품을 가진 우바이가 대중[parisā]을 망가뜨린다. 비구들이여, 이것이 네 부류의 대중[parisā]을 망가뜨리는 사람이다."14)

이 초기경전은 불교교단 내지 불교도 공동체를 의미하는 사부대중[cataso-parisā]으로서, 출가양중인 비구대중(bhikkhu-parisā)·비구니대중(bhikkhunī-parisā)과 재가양중인 우바새대중(upāsaka-parisā)·우바이대중(upāsikā-parisā)이 초기불교시대에 엄연히 존재하고 있었다는 사실을 확인해준다.

빠리사는 'pari-주위에 빙 둘러'와 'sad-앉다'의 합성어다. '대중' '무리' '모임' '회중' 등으로 번역되며, '윤좌(輪座)' '회좌(會座)'로 옮겨지기도 한다. '중(衆)' '대중(大衆)' '사부대중(四部大衆)' 등 불교집안에서 전통적으로 널리 일컬어져 온 용어들은 바로 이 빠리사에서 온 말들이다.15) '주위에 빙 둘러 앉다'는 뜻의 빠리사는 한마디로 무차별 평등성을 상징한다. 붓다 재세 시 사부대중은 이처럼 무차별 평등관계로서 상호간의 기능과 역할을 분담해 교단을 운영했다는 의미로써 이해할 수 있다.

초기불교시대 출-재가 양중은 상호간에 유기적인 이원구조로써 상호 균형과 조화를 지향하는 상보관계를 유지했다. 출가자는 자리수행(自利修行)과 이타교화(利他敎化)를 삶의 기본으로 삼아 재가자에게 법보시(法布

---

14) 『앙굿따라 니까야』 4:211 「빠리사경」.
15) 김재영(2012), 앞의 책, 91쪽.

施)를 행한다. 재가자는 여법한 경제활동을 통해 출가자로 하여금 수행과 교화에 전념하도록 후원하면서 법보시에 보답하는 재보시(財布施)를 행한다. 출－재가 양중은 이러한 법시와 재시의 균등한 상보관계로서 서로의 기능과 역할을 담보했다.

보시는 삼륜청정(三輪淸淨)이라고 해서 보시를 구성하는 세 가지 요소, 즉 보시자[施者], 보시 받는 자[受者], 보시물건[施物]이 모두 청정해야 한다는 원칙을 전제로 한다. 붓다가 까삘라왓투(Kapilavathu) 니그로다 동산에 계실 때의 일이다. 이모이자 양모인 마하빠자빠띠 고따미 (Mahāpajāpatī －Gotamī)가 붓다를 위해 화려한 금색가사를 직접 지어 보시하면서 받아줄 것을 거듭 청했다. 붓다는 대중에게 보시하라며 거듭 사양하자 이를 옆에서 보고 있던 아난다가 고따미의 공덕을 생각해서 받아줄 것을 다시 청했다. 그러자 붓다는 자신보다는 대중에게 보시하는 공덕이 훨씬 크다고 이르면서 보시의 종류와 공덕에 대해 이렇게 말했다.

"아난다야, 보시에는 네 가지가 있다. 첫째 주는 사람은 깨끗한데 받는 사람이 깨끗하지 못한 것이요, 둘째 받는 사람은 깨끗한데 주는 사람이 깨끗하지 못한 것이요, 셋째 주는 사람도 깨끗하지 못하고 받는 사람도 깨끗하지 못한 것이요, 넷째 주는 사람도 깨끗하고 받는 사람도 깨끗한 것이 그것이다. <중략> 주는 사람도 깨끗하고 받는 사람도 깨끗한 보시란 이런 것이다. 주는 사람은 보시란 훌륭한 일이며 큰 공덕이라고 생각하며 순수한 마음으로 보시하고, 받는 사람은 겸손하고 고마운 마음으로 받으며 정진도 열심히 하는 사람을 말한다."16)

---

16)『중아함』권47, 180경「구담미경」(K0648_018_0187a-c).

우리는 여기서 보시란 주는 사람이나 받는 사람이 모두 깨끗할 때 가장 큰 공덕이 따른다는 것을 알 수 있다. 주고받는 물건도 응당 깨끗하다는 전제를 함유한다. 이를 '삼륜청정'이라 하는 것이다. 이처럼 삼륜청정은 출–재가의 상호관계뿐만 아니라, 모든 인연들이 일상에서 주고받는 관계를 어떻게 맺어야 하는가를 잘 보여준다.

출가자는 이를 위해 4부정식(不淨食=사명식邪命食)[17]을 취해서는 안 된다. 초기경전에 따르면 사부정식은 걸식해야 할 비구(니)의 청정하지 못한 네 가지 생활방식을 말한다. 첫째 하구식(下口食)이다. 얼굴을 아래로 향하고 하는 일에 종사하면서 생계를 유지하는 것이다. 예를 들면 약을 제조하거나 논밭을 경작하는 일 따위이다. 둘째 앙구식(仰口食)이다. 얼굴을 위로 쳐다보고 하는 일에 종사하면서 생계를 유지하는 것이다. 예를 들면 별자리·해·달·천둥·번개 등을 관찰하여 이득을 챙기는 일 따위이다. 셋째 방구식(方口食)이다. 부호나 권력자에게 아부해 사방으로 분주히 심부름해주면서 생계를 유지하는 따위이다. 넷째 유구식(維口食)이다. 주술이나 점을 쳐서 생계를 유지하는 따위이다. 출가자가 이러한 삶의 방식으로 생계를 유지한다면 이미 청정범행을 파기한 것과 다름없다는 점에서 법보시자의 자격을 상실했거니와, 이들에 대한 재가자의 재보시 공덕도 없다고 보는 것이다.

재가자의 재보시는 정명(正命)에 기초한 경제활동으로써 청정성을 확보할 수 있다. 정명은 바른 생계유지를 의미한다. 바른 생계를 유지하기 위해서는 바른 직업을 선택해야 가능하다. 초기경전에서는 재가자가 취해서는 안 되는 다섯 가지 생계수단[18]을 밝히고 있다. 생명살상과 정신의 혼

---

17) 『잡아함』 권18, 500경 「정구경(淨口經)」(K0650-018_0890a-c)
18) 『앙굿따라 니까야』 5:177 「와닛자경(Vaṇijjāsutta)」

미를 부르는 직업으로서 무기·생명·고기·주류·독약과 관계된 일을 생계수단으로 선택해서는 안 된다는 것이다. 기본적으로 오계를 지키는 업의 구조 안에서 생계를 유지하는 일이 매우 중요하다는 사실을 일깨우는 가르침이다.

불교도 공동체로서 빠리사와 관련해 재가대중의 역동적인 역할을 엿볼 수 있는 사례도 전한다. 붓다 재세 시 이른바 '꼬삼비 시민들의 공양거부운동'으로 기록된 사건이다. 꼬삼비 고시따라마라는 사원의 출가대중들이 패를 나눠 1년 반 동안이나 서로 분열과 반목과 투쟁을 일삼자, 재가대중들이 연대(連帶)를 통해 출가자에 대한 공양거부운동을 전개한 것이다. 재가대중들은 이런 생각을 공유했다.

> "이 꼬삼비 비구들은 우리들에게 수많은 손해를 끼쳤다. 세존께서는 그들 때문에 번잡스러워 이곳을 떠났다. 따라서 우리들은 꼬삼비 비구들에게 절하지 말고, 보고도 일어나지 말고, 합장으로 예를 갖추지 말고, 존중하지 말고, 공경하지 말고, 봉사하지 말고, 공양하지 말고, 온다 해도 음식물을 제공하지 말고, 만약 이들이 우리들로부터 존경·존중·공경·봉사·공양을 받지 못한다면, 존경받지 못한 까닭에 떠나거나 환속하거나 세존과 화해할 것이다."[19]

꼬삼비 재가대중들은 출가대중의 다툼에 분개하면서 비구들에 대한 재가자로서의 적절한 의무를 일체 이행하지 않았다. 그들은 불교교단인 빠리사의 이해당사자요 주역들로서 붓다와 담마를 중심으로 결집하는 연대의 저력을 보임으로써 마침내 출가대중의 각성을 추동했다. 꼬삼비 사건

---

19) 『마하왁가』 10:5.

이 주는 교훈은 오늘날 한국불교의 교단현실에서도 여전히 유효한 명제라 하겠다.

사부대중을 구성하는 출가자와 재가자의 상호역할을 제시하면 〈표1〉과 같다.

〈표1〉 출-재가자의 상호 역할과 의무[20]

	출가자에 대한 공양 거부 대상	재가자의 적절한 의무
1	재가자에게 소득 없기를 도모하는 사람	몸으로 친근함을 행한다
2	재가자에게 이익 없기를 도모하는 사람	말로 친근함을 행한다
3	출가자들을 욕하고 매도하는 사람	뜻으로 친근함을 행한다
4	재가자들을 이간시키는 사람	항상 집에 들를 수 있도록 한다
5	삼보를 헐뜯는 사람	수행에 필요한 것들을 제공한다
6	부적절한 곳에서 사람들에게 들킨 사람	
	재가자에 대한 보시 거부 대상	출가자의 적절한 의무
1	출가자에게 소득 없기를 도모하는 사람	나쁜 것으로부터 보호해준다
2	출가자에게 이익 없기를 도모하는 사람	선(善)에 머물도록 권장한다
3	출가자에게 처소 없기를 도모하는 사람	친절한 마음으로 자비롭게 대한다
4	출가자들을 욕하고 매도하는 사람	아직 듣지 못한 법을 설해준다
5	출가자들을 이간시키는 사람	배운 바를 옳게 정정해주며 청정하게 해준다
6	삼보를 헐뜯는 사람	행복한 세계에 나는 방법을 알려준다

---

20) 『앙굿따라 니까야』 8:87 「발우 뒤엎음경(pattanikkujjana sutta)」 ; 8:88 「불신과 불신해제의 경(appasādappasāda sutta)」 ; 『디가 니까야』 31 「싱갈라경(siṅgala sutta)」. 이 경전들과 『사분율』(K0896) 등의 율장에 따르면 재가자로부터 공양을 거부당한 출가자는 하의갈마(下意羯磨)에 따라서 재가자를 찾아가 참회하고 용서를 받아야 출가자로서의 위의를 회복할 수 있다. 또한 출가자로부터 보시를 거부당한 재가자는 복발갈마(覆鉢羯磨)에 따라서 승가에 진심으로 참회해야 재가불자로서의 위상을 회복할 수 있다.

3. 자기통찰[sati]

[point] "불교는 자각(自覺)을 가장 중시한다. 정념정지(正念正知)의 사띠(sati)에 의한 '자등명 자귀의 법등명 법귀의 제행무상 불방일정진'의 확립은 만인의 해탈열반을 지향하는 불교의 사회적 실천과 주체적인 역량이 역설적으로 '자기통찰'에서 출발한다는 사실을 확인해준다."

붓다의 주된 관심사는 우리의 생로병사(生老病死)이다. 지나간 과거나 오지 않은 미래에 집착하지 말고 오직 현재의 삶에 충실하라고 강조한 까닭이다. 불교를 가장 현실주의적인 가르침이요 인간학으로 정의하는 이유도 그것이다. 지금 바로 여기서 해탈·열반·깨달음을 성취해 생로병사, 즉 생사윤회의 괴로움을 소멸시키는 일이 우리의 과제인 것이다. (윤회의) 괴로움과 열반, 두 명제가 곧 붓다의 가르침의 핵심인 것이다. 윤회의 인과는 괴로움의 발생구조요, 열반의 인과는 괴로움의 소멸구조를 말한다. 붓다가 깨달은 십이연기가 그것이요, 초전법륜인 사성제가 그것이다. 이것들은 모두 철저한 자각(自覺)의 범주들이다.

붓다는 이시빠따나 사슴동산에서 다섯 비구와 야사 등 예순(60) 명의 아라한 제자들이 탄생하자 '이제 만인해탈의 길을 떠나라'는 내용의 전법선언을 선포했다.

"비구들이여, 나는 이 세상의 모든 속박[올가미]에서 벗어났다. 그대들도 또한 모든 속박[올가미]에서 벗어났다.
중생의 이익을 위하여, 중생의 행복을 위하여 길을 떠나라. 세상에 대한 자비심을 가지고, 존재하는 모든 것들에 대한 자비심을 가지고, 신들과 인간의 이익과 행복을 위하여 길을 떠나라. 둘이서 함께 같은 길을 가지 마라.

처음도 좋고 중간도 좋고 끝도 좋은, 뜻과 문장이 훌륭한 가르침[dhamma]을 설하라. 그리고 완전하고도 청정한 수행의 삶[청정범행]을 보여주어라. 세상에는 더러움에 덜 물든 사람들도 있다. 다만 그들은 가르침을 듣지 못했기 때문에 멀어졌지만, 만일 그들이 가르침을 듣는다면 그것을 곧 알아들을 것이다.

비구들이여, 나도 또한 가르침을 설하기 위해 우루웰라의 세나니마을로 가야겠다."21)

불교의 존재 이유가 비로소 분명하게 제시되는 내용이 이것이겠다. 붓다는 이 선언문에서 전법의 주체를 위시해 당위 · 목적 · 정신 · 자세 · 방법 · 내용 · 대상 · 목표 등을 제시하면서 스스로 실천수범의 모습을 보여주고 있다. 이에 따르면 전법행각은 철저하게 주체적인 소명에 기반한 자리수행(自利修行)과 이타교화(利他敎化)에 있음을 분명히 하고 있다. 기독교 성서의 전도선언에 나타난 "이방인의 길로 가지 말라" "사마리아인의 마을로 들어가지 말라" "둘이서 짝을 지어 가라" "마치 양을 이리떼 속으로 보내는 것과 같다" "말하는 이는 너희가 아니라 너희 안에서 말씀하시는 아버지의 성령이니라" 등과 같은 선별적인 전도방식과는 비교할 수 없는 불교만의 진취적이고 주체적이고 고유한 교화방법이 제시되고 있는 것이다.

불교의 이러한 주체성은 초기경전 곳곳에서 발견된다. 그것은 붓다의 45년 교화행각이 도전과 응전을 거듭하며 불교의 주체성을 확고히 다진

---

21) 『상윳따 니까야』 4:5 「올가미경」 ; 『마하왁가』 1: 11 ; 『잡아함』 권39, 1096경 「승삭경(繩索經)」.

기간이라는 사실을 반증한다. 전법선언이 불교의 존재 이유를 밝힌 붓다의 최초의 메시지라고 한다면, 만인의 해탈열반을 지향하는 불교의 사회적 실천의 본질은 역설적으로 '자기통찰'에 있다는 사실도 거듭 확인할 수 있다. 붓다는 빠리사 대중들을 향해 '사띠(sati)의 확립을 통해 마음을 통찰하라'고 촉구하면서 이렇게 설하고 있다.

> "아난다여, 그러므로 여기서 그대들은 자신을 섬으로 삼고[자등명自燈明], 자신을 귀의처로 삼아[자귀의自歸依] 머물고, 남을 귀의처로 삼아 머물지 말라. 법을 섬으로 삼고[법등명法燈明], 법을 귀의처로 삼아[법귀의法歸依] 머물고, 다른 것을 귀의처로 삼아 머물지 말라.
>
> 아난다여, 그러면 어떻게 비구는 자신을 섬으로 삼고 자신을 귀의처로 삼아 머물고, 남을 귀의처로 삼아 머물지 않는가? 어떻게 비구는 법을 섬으로 삼고, 법을 귀의처로 삼아 머물고, 다른 것을 귀의처로 삼아 머물지 않는가?
>
> 비구들이여, 여기 비구는 몸에서 몸을 관찰하며 머문다. 세상에 대한 욕심과 싫어하는 마음을 버리면서 근면하게, 분명하게 이해하고 알아차리는 자 되어 머문다.
>
> 느낌에서 느낌을 관찰하며 머문다. 세상에 대한 욕심과 싫어하는 마음을 버리면서 근면하게, 분명하게 이해하고 알아차리는 자 되어 머문다.
>
> 마음에서 마음을 관찰하며 머문다. 세상에 대한 욕심과 싫어하는 마음을 버리면서 근면하게, 분명하게 이해하고 알아차리는 자 되어 머문다.
>
> 법에서 법을 관찰하며 머문다. 세상에 대한 욕심과 싫어하는 마음을 버리면서 근면하게, 분명하게 이해하고 알아차리는 자 되어 머문다.

아난다여, 이와 같이 비구는 자신을 섬으로 삼고, 자신을 귀의처로 삼아 머물고, 남을 귀의처로 삼아 머물지 않는다. 법을 섬으로 삼고, 법을 귀의처로 삼아 머물고, 다른 것을 귀의처로 삼아 머물지 않는다."[22]

　　우리에게 익숙한 '자등명 자귀의'의 실체가 여기서 드러나고 있다. 초기불교도들의 대중견성을 향한 사회적 실천은 이처럼 네 가지 마음챙김, 곧 사념처(四念處)에 대한 사띠(sati)의 확립으로부터 출발하고 있는 것이다.

　　이를 토대로 교화현장에서의 구체적인 행위로서 불교의 주체적인 문제 해결 양상을 보여준 하나의 사례는 붓다의 연쇄살인범 교화사건을 들 수 있다. 한 경(『맛지마 니까야』「앙굴리말라경」)은 꼬살라국의 악명 높은 연쇄살인마 앙굴리말라(Aṅgulimāla)의 전기를 전하고 있다. 앙굴리말라는 진실한 벗이 못되었던 스승으로부터 "사람을 일백 명 죽여 손가락 염주를 만들어 목에 걸면 천상에 태어난다"는 꾐에 빠져 연쇄살인을 저지른 희대의 살인마였다. 100번째 자신의 어머니를 살해하려는 순간 붓다를 만나 교화 받고 아라한이 되었다.

　　당시 붓다가 앙굴리말라를 교화하는 장면은 매우 드라마틱하거니와, 일상의 사띠(sati) 확립이 얼마나 중요한가를 확인해주고 있다. 앙굴리말라는 질주하는 수레와 말과 코끼리를 따라잡을 수 있을 만큼 움직임이 빨랐다. 하지만 온 힘을 다해 달려도 보통 걸음으로 걷고 있는 붓다를 따라잡을 수 없었다. 앙굴리말라는 고개를 갸우뚱하며 걸음을 멈추더니 붓다에게 외쳤다.

　　"수행자여, 걸음을 멈추어라."

---

22) 『디가 니까야』 16 「대반열반경」.

"앙굴리말라여, 나는 멈추었다. 그대도 멈추어라."

"수행자여, 그대는 가면서 '나는 멈추었다'고 말하고, 이미 멈춘 나에게 '그대는 멈추어라'고 말한다. 수행자여, 나는 그대에게 그 의미를 묻는다. 어찌해 그대는 멈추었고 나는 멈추지 않았는가?"

"앙굴리말라여, 나는 언제나 살아있는 일체존재의 살상을 멈추고 있다. 하지만 그대는 살아있는 생명을 죽이면서 멈출 줄 모른다. 그렇기에 나는 멈추었고 그대는 멈추지 않은 것이다."

"오! 위대한 선인이 나를 위해 이 커다란 숲에 나투셨네. 나에게 진리를 가르쳐준 그대의 시를 듣고 나는 참으로 영원히 악함을 버렸네."

마침내 앙굴리말라는 칼과 활을 버리고 붓다의 두 발에 예경했다. 붓다는 마침내 앙굴리말라를 수행자로 받아들였다.

"오라! 수행자여."

어느 날 빠세나디 왕이 5백 명의 군사를 이끌고 앙굴리말라를 잡으러 가는 길에 기원정사에 들러 붓다를 참배했다.

"'대왕이시여, 만약에 앙굴리말라가 머리와 수염을 깎고 가사를 입고 집에서 집 없는 곳으로 출가하여 살아있는 생명을 죽이는 것을 삼가고, 주지 않는 것을 빼앗는 것을 삼가고, 어리석은 거짓말을 일삼는 것을 삼가고, 하루 한 끼 식사를 하고, 청정한 삶을 살고, 착하고 건전한 가르침을 따른다면 그를 어떻게 하시겠습니까?'
'세존이시여, 그가 만약 그러하다면 경의를 표하고 그를 법답게 보살피고 수호할 것입니다.'
이에 붓다는 자신과 겨우 몇 발치 떨어져 있는 곳에 앉아서 수행하고 있는 앙굴리말라를 보여주었다. 빠세나디 왕이 놀라는 기색을

감추지 못하자, 붓다는 '앙굴리말라는 이미 출가한 사문'이라며 왕
을 안심시켰다.

'세존께서는 다스릴 수 없는 자를 다스리고, 고요하게 할 수 없는
자를 고요하게 하시고, 열반에 들 수 없는 자를 열반에 들게 합니
다. 세존이시여, 우리들이 몽둥이와 칼로 다스리는 자를 붓다께서
는 몽둥이도 없이, 칼도 없이 다스립니다.'

빠세나디 왕이 붓다를 찬탄하고 그대로 물러갔다."[23]

　이 경이 전하는 내용은 오늘날의 상식으로는 이해될 수 없을 터이다.
수배 중인 연쇄살인마가 종교에 귀의했다고 해서 아무 일 없었던 듯 용서
받을 수 있는 일이 아니기 때문이다. 당시 빠세나디 왕이 앙굴리말라를
출가자로서 인정하고 붓다의 위신력을 찬탄한 뒤 물러난 사실은 사회문제
에 대한 불교의 주체적인 역량을 보여준 대표적인 사례라 하겠다. 이 일
화에서 우리는 사람이 악을 행하더라도 여전히 더 나은 방향으로 변화하
고 해탈열반마저 성취할 수 있다는 교훈을 확인할 수 있다.

　로히니(Rohiṇī) 강 물싸움으로 일촉즉발 전쟁위기에 직면한 사꺄
족과 꼴리야족의 평화를 되찾게 한 일이나,[24] 마가다국 아자따삿뚜

---

23) 『맛지마 니까야』 86 「앙굴리말라경」.

24) 『법구경 이야기(Dhammapada Aṭṭakathā)』 권3, 19-22쪽. 로히니 강을 사이에 둔
　　사꺄족과 꼴리야족은 옥까까(Okkāka)왕을 동일한 시조(始祖)로 모시고 있는 친족이
　　다. 붓다의 성도 5년째 되던 해에 극심한 가뭄이 들자 강물을 놓고 양 종족의 농부
　　들이 서로 먼저 물을 대려고 언성을 높였다. 불화의 씨앗은 일파만파로 양 종족 간의
　　분쟁으로 번지면서 작은 로히니 강변에 코끼리부대와 기마부대는 물론 칼과 창으로
　　무장한 병사들이 줄지어 늘어섰다. 붓다는 일촉즉발의 전쟁위기 상황을 보고 강둑을
　　거슬러 홀로 전장으로 나섰다. 양 종족의 왕족과 군사들이 붓다를 발견하자 칼과 창
　　을 내려놓고 예를 올렸다. 붓다는 양 종족의 왕족들에게 위엄 가득한 목소리로 "강물
　　과 사람 중에 어느 쪽이 더 소중한가?"를 묻고는, 양 종족사람들에게 사소한 시비 때
　　문에 목숨까지 잃게 된 『판다나 자따까(Phandana Jātaka)』를 들려준 뒤 다투지 말
　　고 화합하며 살라는 게송을 읊었다[『담마빠다』 197~198]. 붓다는 계속해서 다른 이

(Ajātasattu) 왕에게 '파멸하지 않는 일곱 가지 법'을 설파해 왓지연맹에 대한 토벌계획을 포기시킨 일[25] 등도 붓다의 확고한 주체성과 불교의 사회적 역량을 분명히 보여준 사례이거니와, 오늘을 사는 불교인들의 삶의 방식에 큰 울림으로 다가온다.

의 말을 함부로 믿지 말라는 뜻이 담긴 「둣두바 자따까(Duddubha Jātaka)」, 약자도 힘을 합치면 강자를 이길 수 있다는 내용의 「라뚜끼까 자따까(Laṭṭhukika Jātaka)」, 화합의 공덕을 제시한 「룩카담마 자따까(Rukkhadhamma Jātaka)」, 내분으로 파멸한 내용의 「왓따까 자따까(Vaṭṭaka Jātaka)」 등을 설한 후 마지막으로 「폭력을 휘두르는 자에 대한 경(Attadaṇḍa-sutta)」(『숫따니빠따』 4:15)을 설했다. 붓다의 설법을 경청한 양 종족은 깊이 뉘우치고 분쟁 이전의 평화를 되찾았다. 양 종족은 붓다의 덕을 찬탄하며 각각 250명씩의 귀공자들을 선발해 붓다를 시봉하도록 보냈다. 하지만 붓다는 이들 5백 명을 자신의 시봉자가 아니라 담마와 계율에 귀의하는 제자로 받아들여 출가수행자로서의 길을 걷도록 인도하였고, 이들은 모두 아라한을 성취했다. 일창(2012), 『부처님을 만나다–빠알리 성전을 통해 본 부처님 일대기』, 이솔, 289–292쪽 ; 대한불교조계종 교육원(2010), 『부처님의 생애』, 조계종출판사, 234–242쪽 ; 밍군 사야도(2009), 『대불전경(마하붓다왕사)』 VI, 최봉수 옮김, 한언출판사, 84–96쪽 등 참조.

25) 『디가 니까야』 16 「대반열반경」. 마가다국의 아자따삿뚜 왕은 강가강 북쪽 강력한 경쟁국인 왓지연맹을 복속하겠다는 계획을 세우고 대신 왓사까라(Vassakāra)를 붓다에게 보내 의견을 여쭈었다. 붓다는 왕을 뜻을 전하는 왓사까라에게 직접 대답하지 않고 뒤에서 부채질 하고 있는 아난다에게 왓지연맹 사람들이 평소 일곱 가지 삶의 원칙을 잘 지키면서 살고 있는지를 물었다. 첫째, 왓지 사람들은 자주 회의를 열어 서로 논의하는가? 둘째, 왓지 사람들은 윗사람 아랫사람이 서로 화목한가? 셋째, 왓지 사람들은 조상들이 정한 규칙과 법률을 깨뜨리지 않고 중시하는가? 넷째, 왓지 사람들은 부모에게 효도하고 스승과 어른을 공경하는가? 다섯째, 왓지 사람들은 남녀가 고유한 의무를 수행하며 남성들이 여성들을 강압적으로 이끌거나 약탈하지 않는가? 여섯째, 왓지 사람들은 종묘를 받들고 조상을 숭배하는가? 일곱째, 왓지 사람들은 도와 덕을 숭상하고 계율을 지키는 수행자가 찾아오면 후하게 맞이하는가? 아난다는 붓다의 이 물음에 모두가 사실이라고 대답했다. 붓다는 계속해서 "이 일곱 가지를 잘 지키며 위·아랫사람이 서로 화목한다면 그런 나라는 항상 안온하고 강성해 누구의 침략도 받지 않을 것"이라고 일렀다. 붓다와 아난다의 대화에 귀 기울이던 왓사까라가 자리에서 일어나 합장했다. "세존이시여, 일곱 가지 가운데 한 가지 법이라도 존중하고 지키고 실천한다면 결코 파멸하지 않을 것인데, 하물며 일곱 가지를 모두 지키는 나라를 어찌 침범할 수 있겠습니까."라고 아뢰고 물러났다. 왓사까라의 보고를 받은 아자따삿뚜 왕은 왓지연맹의 토벌계획을 포기했고, 두 나라에 감돌던 전운은 소멸되었다. 왓사까라가 돌아간 후 붓다는 라자가하에 머물고 있는 비구들을 불러놓고 이 일곱 가지를 승가에 적용해 법을 설했다. 이 일곱 가지를 파멸하지 않는 법이라고 해서 칠불퇴법(七不退法) 또는 칠불쇠법(七不衰法)이라고 한다.

4. 반(反) 카스트

[point] "교단 안에서 사성계급을 파(破)하고 여성출가를 수락한 붓다의 결단은 대중관계와 그들에게 원력지향을 어디에 두어야 하는가를 분명하게 제시해준다. 이것은 카스트와 여성신분에 관계없이 모두가 사향사과(四向四果)의 원력성취를 담보한다는 사실을 일깨워준다. 한마디로 행위[kamma, 業]로써 평등을 실현한다는 불교의 핵심이념을 말한다."

출-재가 양중의 관계에서 살펴본 바와 같이 불교를 대표하는 사상 가운데 하나가 평등사상의 실천이다. 만해 한용운은 『조선불교유신론』에서 "불교의 주의(主義)는 크게 나누어 둘로 잡을 수 있으니 하나는 평등주의요, 하나는 구세주의"[26]라고 정의했다. 이의 사상적 원리를 살펴볼진대, 평등은 일체중생 실유불성(一切衆生 悉有佛性)을 말함이요, 구세란 상구보리 하화중생(上求菩提 下化衆生)을 말한다.

이에 입각해 붓다의 삶을 들여다보게 되면 만해 한용운의 주장은 한 치의 오차도 없다는 사실을 알 수 있다. 붓다는 바라문의 굳건한 신분제도인 사성계급제도를 파(破)하고 인격평등을 천명했다. 붓다는 반(反)카스트의 입장을 견지하면서 무차별 평등을 이렇게 정의했다. 그것은 와셋타(vāseṭṭha)와 바라드와자(sundarika-bhāradvāja)라고 하는 두 바라문 학인이 '바라문이란 도대체 어떤 사람인가?'를 주제로 논쟁하면서 각각 '계행(戒行)'과 '혈통(血統)'을 주장하는 가운데 결론에 이르지 못하자, 이

---

26) 한용운(1992), 『조선불교유신론』, 이원섭 옮김, 운주사, 31쪽.

를 붓다에게 여쭤보게 되면서 붓다가 대답한 내용이다.

"와셋타여, 세상에서 쓰는 이름이나 성은 명칭의 시설에 지나지 않
습니다. 그 때마다 통하는 명칭으로 생겨나 여기 저기 시설되는 것
입니다. 모르는 사람에게 그릇된 견해가 오랜 세월 잠재됩니다. 모
르는 사람은 '태생에 의해 바라문이 된다'라고 말합니다. 태생에 의
해 바라문인 자나 태생에 의해 바라문이 아닌 자가 되는 것이 아니
라, 행위로 인해 바라문인 자가 되기도 하고 행위로 인해 바라문이
아닌 자도 되는 것입니다. 행위로 인해 농부가 되고, 행위로 인해
기능인이 되며, 행위로 인해 장사치가 되고, 또한 행위로 인해 고
용인이 됩니다. 행위로 인해 도둑이 되고, 행위로 인해 무사가 되
며, 행위로 인해 제관이 되고, 또한 행위로 인해 왕이 됩니다. 현자
들은 이와 같이 있는 그대로 그 행위를 봅니다. 그들은 조건적 발
생을 보는 자로서 행위와 그 과보를 잘 알고 있습니다. 세상은 행
위로 말미암아 존재하며, 사람들도 행위로 인해서 존재합니다. 달
리는 수레가 축에 연결되어 있듯이 뭇 삶은 행위에 매여 있습니
다."[27]

여기서 붓다가 강조하는 행위는 업(業, kamma)이다. 이 세상의 모든
존재는 선천적인 태생에 의해서가 아니라, 오로지 행위에 의해서 존재한
다는 설명이다. 이것은 곧 출신이나 혈통에 의한 신분차별을 결코 인정하
지 않는다는 붓다의 선언이다. 교단 안에서는 모든 사람이 세간에서의 가
문이나 혈통과 상관없이 좋은 벗[善友, kalyāṇamittā]으로서 무차별 평등
관계를 유지했다. 그것은 마치 다양한 이름을 가진 강물이 바다에 이르면
이전의 구분은 사라지고 오직 '바다'로만 불리는 것과 같았다. 붓다는 이

---

27) 『숫따니빠따』 3:9 「와셋타경」.

렇게 말했다.

> "이 세상에는 여러 큰 강이 있다. 즉 강가·야무나·아치라바티·
> 사라부·마티 따위이다. 그러나 그런 강물들이 바다에 이르고 나면
> 앞의 이름들은 없어지고 오직 '바다'라고만 불린다. 그것과 마찬가
> 지로 크샤트리아·브라흐만·바이샤·수드라의 사성(四姓)이 여래
> 가 설한 법과 율을 따라 출가할 경우에는 오직 사문(沙門)이라고
> 불릴 뿐이다."28)

이것은 당시의 세계관을 완전히 뒤바꾸는 혁신적인 부르짖음이었다. 부
당한 사회적 신분제도에 대한 일대 항거요, 새로운 인생관을 천명하는 인
간정신의 대변혁이었다.

불교사상의 핵심이요, 불교가 존재하는 또 하나의 이유인 붓다의 무차
별사상은 또다시 시대를 뛰어넘는 도전과 모험을 현실화했다. 노비와 다
를 바 없는 부정한 존재요 부수적인 존재로 인식되고 규정되었던 여성의
출가를 수락함으로써 인류 역사상 최초의 여성수행자 공동체인 비구니승
가를 출범시킨 사실(史實)이다. 그것은 주어진 것이 아닌, 여성들 스스로
쟁취한 고행의 결실이었다. 붓다는 이렇게 선포했다.

> "아난다여, 여성이 여래의 계율과 가르침에 출가한다면, 그들도 수
> 다원과(예류과)·사다함과(일래과)·아나함과(불환과)·아라한과(무
> 학과)를 성취할 수 있느니라."29)

---

28) 『앙굿따라 니까야』 8:19 「빠하라다경」.
29) 『쭐라왁가』 10.

붓다가 교단 안에서 신분계급을 파(破)하고 여성출가를 수락한 사실(史實)은 부당한 사회에 대한 정의구현과 다르지 않다. 무차별 평등운동을 통해 거대한 사회적 변혁의 물결을 주체적으로 주도해간 역동성은 붓다가 민중들의 대망(待望)과 욕구에 구체적이고 능동적으로 응답한 참모습이다. 예나 지금이나 불교가 사회적 실천운동을 어떻게 전개해야 하는가를 실감 있게 보여준 실제라 하겠다.

불교의 반(反)카스트 정신과 평등사상은 근래 들어 독립인도의 헌법을 기초하고 초대 법무부장관을 지낸 암베드카르(Bhimrao Ramji Ambedkar, 1891~1956)가 불교로 개종하면서 더욱 빛났다. 불가촉천민 출신의 암베드카르는 1956년 10월 14일 나그푸르에서 불가촉천민 50만 명과 함께 불교로 개종하는 거룩한 자리에서 "나는 힌두교도로 태어나서 불가촉제로 인해 고통을 겪었다. 힌두교도로 죽지는 않을 것이다"[30]라고 선언하고, 인간을 불평등하게 취급하는 힌두교를 버리고 무차별 평등을 실현한 붓다의 가르침에 따라 행동하겠다는 22서약[31]을 발표했다. 이를 기점으로 신

---

30) 게일 옴베트(2005), 『암베드카르 평전-간디와 맞선 인도민중의 대부』, 이상수 옮김, 필맥, 108쪽.
31) 암베드카르의 22서약은 이렇다. ①나는 브라만, 비슈누, 마하데바의 신을 인정하지 않고 예배하지 않는다. ②나는 라마와 크리슈나의 신을 인정하지 않고 예배하지 않는다. ③나는 가우리, 가나파티, 그 외 힌두교의 여러 남신, 여신을 인정하지 않고 예배하지 않는다. ④'신은 화신으로 나타난다'라는 것을 믿지 않는다. ⑤'붓다가 비슈누의 화신'이라는 것을 인정하지 않는다. 이 전승은 오류이다. ⑥나는 조령제(祖靈祭)를 행하지 않는다. ⑦나는 불교에 반하는 어떠한 말과 행위도 하지 않는다. ⑧나는 어떤 의식도 브라만의 손을 빌리지 않는다. ⑨나는 '전 인류는 평등하다'는 주장을 인정한다. ⑩나는 평등사회를 이룩하기 위하여 노력한다. ⑪나는 팔정도를 준수한다. ⑫나는 십바라미타를 준수한다. ⑬나는 일체중생에 대한 연민의 마음으로 불살생을 준수한다. ⑭나는 도둑질을 하지 않는다. ⑮나는 헛된 말을 하지 않는다. ⑯나는 삿된 음행을 범하지 않는다. ⑰나는 술을 마시지 않는다. ⑱나는 불교의 지혜, 지계, 삼매에 따라 생활하고자 노력한다. ⑲나는 인간을 불평등하게 취급하는 힌두교를 버리고 불교를 받아들인다. ⑳불교만이 참된 종교라는 것이 나의 신념이다. ㉑나는 '이제 다시 태어났다'는 것을 인정한다. ㉒나는 붓다의 가르침에 따라 행동한다는 것을 신성하게

불교(Neo-Buddhism)시대를 천명한 인도불교는 암베드카르가 1954년에 창설한 인도불교협회를 중심으로 불교인들의 확장을 모색하면서 오늘에 이르고 있다.32)

5. 법[dhamma]의 확립

> **[point]** "삼종외도(三種外道)의 진리관을 비롯한 외도들의 갖가지 세계관_인간관_가치관 등을 십이연기와 중도로써 파사현정(破邪顯正)하다. 이것은 붓다가 법[dhamma]의 진리를 확고히 세워 비판적 설법의 논리로써 62견96종에 이르는 외도들의 사상을 모두 파(破)하고 담마에 기반한 불교의 비전을 확립한 실제이다."

붓다는 우루웰라 세나니마을 정각도량에서 불사의 법문, 감로의 법문을 널리 설하기로 결심하고 와라나시 이시빠따나 사슴동산에서의 초전법륜을 시작으로 45년 교화행각에 나섰다. 붓다는 이 때 세상을 향해 "귀 있는 자는 낡은 믿음에서 벗어나라"33)고 천명했다.

맹세한다. 김미숙(2007), 『인도불교사-붓다에서 암베드카르까지』, 살림, 89-91쪽.

32) 인도불교협회는 불교개혁을 넘어서 인도사회의 변혁을 선도하는 참여불교운동을 지향하고 있다. 인도불교협회를 주축으로 하는 이러한 움직임의 여파는 1991년 아그라에서 70만 명의 자트 카스트(상위계급)들을 신불교로 개종시키는데 결정적인 영향을 주었다. 2001년 뉴델리에서는 람라즈(RamRaj) 全인도불가촉민연합회 의장의 주도로 다시 한 번 집단적인 개종의식이 열렸다. 지금도 인도불교청년회와 불교도발전협회 등을 중심으로 조직적인 활동의 폭을 넓혀가고 있다.

33) 『상윳따 니까야』 6:1 「범천권청경」 ; 『마하왁가』 1:5.

붓다는 우리에게 왜 낡은 믿음에서 벗어나라고 했는가? 낡은 믿음이란 무엇을 말하는가? 붓다 선언의 맥락을 살펴보면 낡은 믿음에서 벗어나는 이것이 바로 붓다가 깨달은 요체임에 분명할 터이다. 다음의 내용을 살펴보자.

"수행자들이여, 세상에는 지혜가 있다고 자처하는 세 가지 부류의 사람들이 있다. 일체가 숙명(宿命)으로 이루어졌다고 하는 주장과, 일체가 존우(尊祐)의 뜻에 의한 것이라는 주장과, 일체가 인(因)도 없고 연(緣)도 없이 이루어졌다는 주장이 그것이다. 그러나 이는 진리가 아니며 옳지 않다. 왜 그러한가. 만약 사람이 행하는 모든 행위가 숙명으로 이루어졌다든가, 존우의 뜻에 의한 것이라든가, 인도 없고 연도 없이 이루어지는 것이라면 사람들은 살생과 도둑질과 사음과 같은 10가지 악행에서 벗어날 수 없다. 왜냐하면 그것은 숙명적인 것이거나, 존우의 뜻에 의한 것이거나, 인도 없고 연도 없는 것이기 때문이다. 따라서 이 세 가지 주장은 진리가 아니며 옳지 않다. 만약 그러한 주장들이 진리라면 사람들은 해야 할 일과 하지 않아야 할 일을 모를 것이며, 거기서 벗어나는 방법도 모를 것이다."34)

붓다는 여기서 각자 자신들의 사상이 진리라고 믿는 세 가지 부류의 사람들, 즉 삼종외도(三種外道)를 거론하고 있다. 붓다는 그들이 주장하는 진리관을 각각 숙명론(宿命論), 존우론(尊祐論), 무인무연론(無因無緣論)으로 정의한 가운데 이를 비판하고 있다. 붓다 당시 바라문을 비롯한 62견96종(또는 363종)의 사상가들은 대체로 이 세 가지 견해에 천착되어

---

34) 『중아함』 권3, 13경 「도경(度經)」(K0648_017_1045b~c).

있었다.

숙명론은 숙작인설(宿作因說) 또는 운명론 내지 결정론을 말한다. 인간의 존재는 전생의 행위[업業]에 의해 태어날 때부터 필연적으로 정해져 있기 때문에 운명을 바꿀 수 없다는 견해이다. 자이나교와 사명외도(邪命外道, Ājivika)가 이에 해당하거니와, 사성계급이 관습화되는 토대를 제공해주었다.

존우론은 존우화작인설(尊祐化作因說)을 말한다. 절대적 존재의 자재력에 의해 세상이 전개된다고 하는 전통적 바라문사상이다. 어떤 신적 존재가 상주한다는 상견(常見)의 입장을 취하고 있다. 동서고금을 통해 신의론(神義論: 신정론神正論)[35] 내지 창조설을 믿는 신앙들이 이에 해당한다.

무인무연론은 우연론(偶然論)을 말한다. 나[我]라는 실체는 물론 세계의 발생과 소멸에는 특별히 직접적 조건[인因]도 없고 간접적 조건[연緣]도 없다는 견해이다. 육사외도 가운데 자이나교를 제외한 다섯 명의 외도들이 대체로 주장한 견해로서, 단견(斷見)의 입장을 취하고 있다.

붓다는 이 세 가지 견해는 전부 진리가 아니라고 강조하거니와, 그 이유로 도덕윤리에 벗어나 있을뿐더러 인간의 주체적인 의지를 부정하고 있기 때문이라고 말한다. 붓다는 계속해서 이렇게 말했다.

> "내가 스스로 알고 스스로 깨달은 바에 의하면 모든 것은 인과 연이 합하여 일어난다. 육계[지地, 수水, 화火, 풍風, 공空, 식識]가 합함으로 인하여 어머니의 태에 태어나고, 그로 인하여 육처[안眼, 이耳, 비鼻, 설舌, 신身, 의意]가 생기고, 육처로 인하여 감각이 생기

---

35) 신은 악이나 화를 좋은 목적을 위한 수단으로 인정하고 있으므로 신은 바르고 의로운 것이라는 이론. 이 세상에 악이나 화가 존재한다는 이유를 들어 신의 존재를 부인하려는 이론에 대응하여 생긴 것이다. 『표준국어대사전』(국립국어원).

고, 감각으로 인하여 집착이 생기며, 집착으로 인하여 괴로움[고통苦痛]이 일어난다. 괴로움을 멸하고 참다운 행복을 성취하기 위해서는 팔정도를 닦아야 한다. 따라서 수행자는 괴로움의 현실을 알아야 하고, 괴로움의 원인을 끊어야 하며, 괴로움이 멸한 상태를 증득해야 하며, 괴로움을 멸하는 도를 닦아야 한다."[36)

붓다는 스스로 깨달은 바의 내용을 인(因)과 연(緣)의 관계로써 설명하고 있다. 괴로움의 발생구조와 괴로움의 소멸구조를 제시하고 있거니와, 이는 십이연기의 순관과 역관을 의미한다는 사실을 알 수 있다. 붓다는 괴로움의 소멸을 위해서는 팔정도를 닦아야 하며, 이를 위해서 네 가지 성스러운 진리[사성제]를 실천해야 한다는 것을 밝히고 있다. 이 모든 상관관계를 조건[인因]과 조건[연緣], 즉 인연의 화합과 소멸구조로써 설명하고 있다. 붓다가 말하는 괴로움의 소멸은 곧 해탈이요 열반이요 깨달음을 일컫는다.

당시의 사상계를 대변하는 삼종외도들의 견해에 비판적 시각을 공식화한 붓다의 사상정립은 이처럼 연기(緣起: 십이연기)로 귀결된다. 이 연기법은 기본적으로 현실극복과 현실개혁을 위한 창조적 비판의 원리를 가르쳐 주고 있는 가르침이다. 그것은 십이연기가 비판의 틀로서 초기경전의 가르침 전체를 이루고 있다고 해도 과언이 아니기 때문이다. 외도(外道)의 갖가지 세계관과 인간관, 또는 가치관이 십이연기로써 적극적으로 비판되고 있는 것이 그것이다. 이러한 의미에서 십이연기는 바로 중도(中道)[37)

---

36) 『중아함』 권3, 13경 「도경(度經)」(K0648_017_1046a-b).
37) 붓다가 설한 중도는 팔정도(八正道: 팔지성도八支聖道)를 말한다. 팔정도는 사성제(四聖諦)의 체계 속에 포함되어 있거니와 다시 사성제를 수렴하고 있어 두 원리는 서로를 품는 상호 삼투적(滲透的) 관계이다. 팔정도는 또한 계(戒)·정(定)·혜(慧), 즉 세 가지 공부[三學, 근본수행방법]의 다발로 구성되어 있거니와, 여덟 가지 각각의 덕목

의 내용을 이루고 있거니와, 이것은 당시의 모든 견해들을 파사현정(破邪顯正)하고 있다는 사실을 말해준다. 이러한 까닭에 불교야말로 이 세상의 어느 종교보다도 비판적인 성격으로 사회적 실천을 담당했던 것으로 볼 수 있다.[38]

6. 사범주(四梵住)

> [point] "사범주는 붓다의 인간적 실체인 자비희사(慈悲喜捨) 사무량심을 말한다. 전법교화에 나서는 주체들의 기본적인 위의로써, 대중을 직접 찾아가 자애와 연민과 헌신과 섬김의 리더십을 발현하는 사상적 기반이다."

붓다의 45년 교화행각을 한마디로 정의하면 무엇일까? 붓다는 성도 이후 반열반(般涅槃) 때까지 45년간 길 위에서 살았다. 대중 속에서 대중과 호흡을 같이 하며 그야말로 끝없는 연민과 희생과 개척을 삶을 살았다. 붓다의 이러한 삶이 없었다면 불교는 아마도 세상 밖으로 출현하지 못했을 지도 모른다. 붓다를 위시한 초기불교도들의 치열하고도 다함없는 대중교화의 삶은 불교가 그 지표를 어떻게 설정해야 하는가를 여실히 확인해준다.

이 다른 덕목을 포섭하는 실천구조로서 정립되어 있다(『상윳따니까야』 56:11 「전법륜경」 ; 『마하왁가』 1:6). 초기불교에서 수행과 실천은 모두 37보리분법으로 정리되어 있으며, 이 가운데 팔정도를 핵심명제로 삼고 있다.

38) 조준호(2002), 「초기불교의 실천사상-사회참여에 대한 교리적 검토」, 『한국불교학』 32집, 한국불교학회, 248쪽.

사범주(四梵住). 네 가지 성스러운 경계에 머물러야 한다는 의미의 불교술어이다. 네 가지 청정한 삶을 뜻해 사범행(四梵行)이라고도 한다. 이 사범주 또는 사범행이 대승불교에 와서 '보살이 지녀야 할 네 가지 한량없는 마음'이라고 해서 사무량심(四無量心)으로 정착되었다.

사범주는 일상의 마음가짐을 자애(慈, metta)·연민(悲, karuna)·함께 기뻐함(喜, mudita)·평온(捨, upekkha)이라고 하는 네 가지 성스러운 경계에 두어야 한다는 가르침이다. 붓다는 이를 한 경(『맛지마 니까야』「쭐라앗사뿌라경」)에서 이렇게 정의하고 있다.

> "사문은 어떻게 합당한 길을 수행하는가? 그는 자애[자慈]가 함께하는 마음으로 한쪽 방향을 가득 채우면서 머문다. 자애가 함께하는 마음으로 두 번째 방향을 가득 채우면서 머문다. 자애가 함께하는 마음으로 세 번째 방향을 가득 채우면서 머문다. 자애가 함께하는 마음으로 네 번째 방향을 가득 채우면서 머문다. 자애가 함께하는 마음으로 위와 아래와 주위와 모든 곳에 빠짐없이 가득 채우면서 머문다. 그는 증오와 악의 없이 무한하고 광대하고 무량한 자애와 함께 하는 마음으로 그를 둘러싸고 있는 온 세상을 가득 채우면서 머문다. 그는 연민[비悲]이 함께하는 마음으로 한쪽 방향을 가득 채우면서 머문다. … 그는 평온[사捨]이 함께하는 마음으로 한쪽 방향을 가득 채우면서 머문다. … 그는 증오와 악의 없이 무한하고 광대하고 무량한 평온과 함께 하는 마음으로 그를 둘러싸고 있는 온 세상을 가득 채우면서 머문다."[39]

이 경이 전하는 내용은 사문은 모든 곳에서 모두를 자신처럼 여기고 모

---

39) 『맛지마 니까야』 40 「쭐라앗사뿌라경」.

든 세상을 자비희사의 네 가지 한량없는 마음으로 가득 채우고 머물러야 한다는 것이다. 이 치열하고도 지극한 자애와 연민과 헌신과 섬김의 삶이야말로 붓다의 45년 교화행각 그 자체라 할 것이다.

한 경(『현우경』「니제도연품」)에 붓다의 이러한 지극한 이야기가 나온다.[40] 붓다 재세 시 니디(Nidhi)라고 하는 인분(人糞)을 치우는 천민이 있었다. 똥통을 메고 사왓띠(사위성)의 거리를 지나던 중 붓다가 가까이 다가오는 걸 보고서 옆으로 비켜서다가 그만 똥통이 벽에 부딪쳐 깨지고 말았다. 인분이 사방으로 튀기면서 붓다의 몸까지 더럽혀졌다. 니디가 몸둘 바를 모르고 인분이 흥건한 땅바닥에 그만 주저앉고 말았다. 붓다는 아무렇지도 않게 니디의 손을 잡고 일으켜 세우더니 개울로 데려가 손수 씻기고 자신도 씻었다. 붓다는 니디에게 이렇게 말했다.

> "니디(Nidhi)여, 염려마세요. 나의 법은 청정한 물이니 그대의 더러움을 깨끗이 씻을 겁니다. 벗이여, 여래의 법은 넓은 바다와 같은 지라 온갖 강물을 받아들이고도 깨끗한 것처럼, 여래의 법은 모두를 받아들이고 더러움에서 벗어나게 합니다. 여래의 법에는 가난한 사람도 부자도, 귀한 사람도 천한 이도, 여자도 남자도, 피부색의 차이도 없습니다. 오직 진리를 구하고 진리를 실천하고 진리를 증득하는 이만 있을 뿐입니다."

니디는 흐르는 눈물을 감추지 못하더니 마침내 "저 같은 더러운 자도 출가할 수 있다면 세존께 출가하고 싶다"고 고하니, 붓다는 이를 수락했

---

40) 이하 본문에서 서술 인용하고 있는 니디(Nidhi)의 이야기는 대정신수대장경(T)에 수록된 『현우경』권6, 30「니제도연품(尼提度緣品)」(T0202_04_0397a-0398a)의 내용을 참고했다.

다. 붓다는 다시 이렇게 일렀다.

> "누린내 나는 아주까리 마찰시키면 불꽃이 피네. 더러운 진흙에서 연꽃도 피어나네. 종족과 신분, 직업으로 가치를 정할 수 없네. 오직 그가 지닌 지혜와 그가 실천한 덕행만이 비구의 가치를 정한다네."

붓다와 니디 간에 있었던 인분사건은 오늘날 우리 사회에서도 적잖게 일어날 수 있는 사례일 것이다. 우리는 어떠한가? 우리에게 유사한 사건이 일어날 경우 대응자세를 묻는 것이다. 아마도 마음 깊은 곳에 내재된 교만이 겉으로 드러나 니디 같은 존재를 무시하기 십상일 터이다. 붓다가 니디를 개울로 데려가 직접 씻겨준 일은 바로 이러한 교만과 아상(我相)의 때[구垢]를 씻어낸다는 의도된 발로이겠다. 그래서 이 경전의 내용은 무릇 니디에게만 설한 게송이 아니다. 붓다가 니디의 출가를 수락하자 대중 가운데 수군수군하는 분위기가 역력했다. 붓다는 바로 이들을 향해 경책의 의미로써 이 게송을 설했던 것이다.

아울러 니디의 인분사건에서 반드시 눈여겨봐야 할 붓다의 행위가 있다. 붓다가 니디를 '벗[kalyāṇamitta]'이라 부르고 있는 것이 그것이다. 벗이라 함은 선우(善友)요 도반(道伴)의 개념을 전제한다. 오늘날에도 좋은 벗의 의미를 살려 출−재가를 떠나 구도자로서의 성취를 서로 견인해주는 진정성이 매우 중요하다고 할 것이다. 언젠가 붓다가 사까족의 나가라까(Nagaraka)라는 마을에 머물고 있었다. 시자인 아난다가 이렇게 여쭈었다.

> "세존이시여. 우리가 좋은 벗을 사귀고 좋은 벗 속에 있다는 것은

이미 성스러운 도(道)의 절반을 성취한 것이나 다름없다는 생각이 듭니다. 저의 이런 생각은 어떻습니까?"[41]

아난다의 질문을 받은 붓다의 생각은 달랐다. 붓다는 아난다의 생각이 온전히 미치지 못했음을 지적하고서 이렇게 말했다.

"아난다여, 그대는 그렇게 말하지 말라. 좋은 벗과 사귀고 좋은 벗 속에 있다는 것은 성스러운 도의 전부이니라. 아난다여, 좋은 벗과 사귀면 여덟 가지 성스러운 길[팔정도]의 성취를 기대할 수 있게 되느니, 이것을 생각하면 명확하지 않겠느냐. 그대들은 나를 좋은 벗으로 삼게 됨으로써 거듭 태어나는 몸이면서 거듭 태어남에서 해탈하고, 늙지 않으면 안 될 몸이면서 늙음에서 해탈하고, 병들지 않으면 안 될 몸이면서 병에서 해탈하고, 죽지 않으면 안 될 몸이면서 죽음에서 해탈하고 있느니라. 이것을 생각하면 좋은 벗을 사귀고 좋은 벗 속에 있다는 것이 성스러운 도의 전부임을 알 수 있지 않느냐."[42]

붓다의 이 확언은 세상의 인간관계를 혁신하는 변혁의 언어이다. 이것은 우리 사회의 뿌리 깊은 차별적 신분체제를 혁신하는 혁명적 언어이다. 이것은 우리의 무의식 속에 뿌리 깊이 잠재해 있는 '내 잘났다' '이것만이 진리다'고 주장하는 어두운 생각, 어두운 고집, 어두운 DNA, 어두운 우월주의를 사그러뜨리는 치유의 언어이다. 이것은 이 세상의 '무차별 대평등'의 정법을 실현해 내는 법의 언어이다. 붓다는 이렇게 대중을 찾아가

---

41) 『상윳따 니까야』 45:2 「절반의 경」.
42) 『상윳따 니까야』 45:2 「절반의 경」.

대중을 섬기는 분이었다.[43]

붓다는 만년에 반열반의 성지인 꾸시나라((Kusinārā)로 가는 길에 대장장이 쭌다(Cunda)의 공양을 받고 식중독에 걸려 극심한 고통을 받는다. 붓다는 사띠(sati)에 들어 고통을 감내하면서 꾸시나라로 향했다. 이때 쭌다를 원망하는 대중과 자책하는 쭌다에게 붓다는 이렇게 일렀다.

> "쭌다여, 내가 병든 것은 그대의 허물이 아닙니다. 오히려 이것은 그대의 큰 공덕입니다. 수자따(Sujātā)가 최초로 내게 올린 공양이나 그대가 마지막으로 내게 올린 공양의 공덕은 똑같아 매우 거룩하고 큰 과보를 가져올 것입니다. 쭌다여, 그대는 이 공양의 공덕으로 장수할 것이고, 얼굴이 아름다워질 것이며, 명성을 드날리고, 천상에 태어나 왕이 될 것입니다."[44]

붓다의 마지막 여정을 담고 있는 『대반열반경』의 이 내용은 사범행(四梵行)의 극치를 보여준다. 자신의 죽음을 재촉하는 원인을 제공한 자에게 자신의 목숨을 살린 이의 공덕과 다르지 않다고 말할 수 있는 사람이 과연 있을까? 진정한 자비(慈悲)의 실천이란 이런 것이 아닐까. 붓다는 예서 멈추지 않고 쭌다에게 공덕의 과보로써 수기(受記)를 잊지 않는다. 수기는 주지하다시피 깨달은 이가 어떤 이에게 다가올 성취를 예견하고 인증하는 것과 같다. 희사(喜捨)의 진정한 가치는 이렇게 나타나고 있음이다. 붓다의 인간적인 실체가 이와 같거니와, 바로 이러한 모습이 인간 붓다의 진신(眞身)이 아니겠는가.

---

43) 김재영(2018), 『붓다의 일생, 우리들의 일생』, 동쪽나라, 390-391쪽.
44) 『디가 니까야』 16 「대반열반경」.

전법은, 교화는 바로 그런 것이다. 그것은 인간을 포함한 모든 존재의 이익과 안락과 행복을 위해서다. 그래서 '담마(dhamma)를 전하는 행위는 자비 중의 가장 큰 자비'라고 한다. 거기에는 자신을 희생하고도 남음이 있는 회향(廻向, pariṇāmanā)[45]의 공덕이 따르기에 옛 선인들은 대중교화를 자신의 생명보다 더 우선시했으며, 그것의 실천을 위해 성불(成佛)마저 미루었던 것이다.[46]

7. 신해행증(信解行證)

[point] 초기불교도들의 담마(dhamma)에 대한 차제적(次第的) 이해와 확신은 전법에 나서는 자세와 신념을 공고히 하는 토대가 되었다. 그들 스스로 전법사가 되어 지행(知行)이 다르지 않는 위의와 원력을 공유하는 가운데 붓다의 중생연민과 치열한 개척의 삶을 그대로 따랐다."

---

45) 회향이라는 말이 처음 사용된 것은 구마라집이 번역한 『소품반야경』 권3, 제7 「회향품」에서이다. 범어 pariṇā manā 를 라집(羅什)·현장(玄奘)·시호(施護)가 모두 회향으로 번역하면서 정형화된 용어이다. 회향의 의미에 대해서는 불교학자들에 따라 변화·소화·유용하다·전용한다 등 해석에 다소 차이를 보이고 있으며, 우리나라의 경우 돌려준다·종료한다·마감한다 등의 뜻으로 알고 또 그렇게 사용하고 있는 게 현실이다. 하지만 회향의 본질적 의미는 '방향을 돌린다'는 뜻이다. 수행의 목적을 나의 이익과 행복에 두고 있는 보편적 가치관을 다른 사람과 세상으로 돌려야 한다는 강한 메시지를 담고 있다. 여기에는 두 가지 의미가 있다. 쌓은 바 선근공덕을 아뇩다라삼먁삼보리로 전환하는 것[회인향과廻因向果]이 그 하나요, 자신의 모든 선업공덕을 일체중생에게 전환하는 것[회자향타廻自向他]이 그 두 번째다(『마하반야바라밀경』 권11, 제39 「수희품(隨喜品)」). 하춘생(2009), 『현대불교사의 이해와 실천사상』, 해조음, 206-208쪽.

46) 하춘생(2016), 앞의 책, 195쪽.

붓다가 보여준 초전법륜 이후 반열반 때까지 45년간의 전법행각은 일체중생의 이고득락(離苦得樂)을 위한 연민과 개척의 여정이었다. 붓다는 초전법륜지인 이시빠따나 사슴동산에서 다섯 비구에 이어서 야사(Yasa)를 비롯한 네 명의 친구47)와 그들의 친구 쉰(50) 명 등 도합 쉰다섯(55) 명을 교화했다. 이로써 붓다 자신을 포함한 총 예순한(61) 명의 아라한 공동체를 형성함으로써 일정한 승가대중의 모습을 갖추게 되었다.

붓다는 이즈음 전법선언을 통해 제자들에게 전법에 나설 것을 당부하고, 자신도 정각도량인 붓다가야의 우루웰라 세나니마을을 다시 찾아 이곳에서 불을 섬기는 사화외도(事火外道, Aggika)인 깟사빠(Kassapa) 3형제48)를 비롯한 그들의 교도 1천 명을 교화했다. 붓다의 상수제자가 되는 사리뿟따(Sāriputta)와 마하목갈라나(Mahāmoggallāna)를 비롯한 250명의 도반들, 붓다의 입멸직후 경전결집을 주도하는 마하깟사빠(Mahākassapa), 교단의 중추역할을 하게 되는 아난다(Ānada) 등 사꺄족 왕자들49)과 그들의 이발사였던 우빨리(Upali) 등이 승가대중에 합류했다. 붓다는 성도 20년 즈음에 웨살리 대림중각정사에서 상시(常侍) 아난다의 간청을 받아들여 이모요 양모였던 마하빠자빠띠 고따미(Mahāpajāpatī-Gotamī)를 위시한 사꺄족 여인 5백 명의 출가를 수락했다. 비구니승가 성립초기에 출가한 대표적인 비구니는 빔비사라 왕비인

---

47) 야사의 절친 4명은 위말라(Vimala) · 수바후(Subāhu) · 뿐나지(Puṇṇaji) · 가왐빠띠(Gavampati)이다.

48) 결발외도(結髮外道, Jatila)라고도 불린 깟사빠 3형제는 우루웰라 깟사빠(Uruvela-Kassapa) · 나디 깟사빠(Nadi-Kassapa) · 가야 깟사빠(Gaya-Kassapa)이다.

49) 이모이자 양모인 마하빠자빠띠 고따미의 친아들로서 붓다의 이복동생인 난다(Nanda), 붓다의 출가 전 아들인 라훌라(Rāhula), 붓다와 사촌형제간인 아누룻다(Anuruddha) · 밧디야(Bhaddiya) · 데와닷따(Devadatta) · 바구(Bhagu) · 낌빌라(Kimbila) · 우빠난다(Upananda) 등을 말한다.

케마(Khemā)와 신통제일로 칭송받는 웁빨라완나(Uppalavannā)를 손꼽는다. 당시 비구니승가의 탄생은 인류역사상 성평등을 실현한 최초의 일이었다.

이처럼 붓다의 대중교화에 힘입어 출가양중의 성립을 보았거니와, 초천법륜지에서 최초로 삼보에 귀의한 야사의 부모를 시작으로 재가자들의 귀의도 이르게 확산되었다. 마가다국의 빔비사라(Bimbisāra) 왕과 꼬살라국의 수닷따(Sudatta anathapindika) 장자는 각각 교단사 최초의 불교사원인 라자가하(왕사성)의 죽림정사와 사왓띠(사위성)의 기원정사[기수급고독원]를 기증했다. 빔비사라 왕을 선두로 꼬살라국 빠세나디(Pasenadi) 왕을 비롯한 주요 나라들의 왕과 왕비를 위시해 우바새로서 찟따(Citta, Macchikā-sandika) · 핫타까(Hatthaka Alavaka) · 욱가(Ugga) 등과 우바이로서 위사카 미가라마따(Visākha Migāramātā) · 꿋줏따라(Khujjuttarā) · 벨루깐다끼야(Velu-kandakiya) 등 수많은 재가양중들이 전법공동체의 일원이 되어 담마의 길(dhamma-road)을 개척하는 데 헌신했다.

담마를 널리 전하는 일[전법傳法]은 예나 지금이나 불자(佛子)의 소명이다. 그것은 대중의 고단한 삶을 안락한 삶으로 이끌어주는 일이거니와, 불교의 영속성을 담보하는 궁극적인 가치이다. 초기경전 곳곳에는 유형화된 정형구가 있는데, 삼귀의(三歸依)의 원형으로 보이는 다음과 같은 내용이 그것이다.

　　　"경이롭습니다. 세존이시여! 거룩하십니다. 세존이시여! 마치 넘어
　　진 자를 일으켜 세우시듯, 덮여 있는 것을 걷어내 보이시듯, 방향
　　을 잃어버린 자에게 길을 가리켜 주시듯, '눈 있는 자는 형상을 보
　　라'고 어둠속에서 등불을 비추어 주시듯, 세존께서는 여러 가지 방

법으로 담마(dhamma)를 말씀해 주셨습니다. 저는 이제 오늘부터 목숨이 다하는 날까지 세존께 귀의하옵고, 또한 담마와 상가에 귀의합니다."[50]

이것은 붓다가 설한 담마를 듣고 난 사람들이 감명 받은 소회를 고백하는 내용이거니와, 그것의 위대함을 찬탄해마지 않으면서 삼보에 귀의하는 장면임을 알 수 있다. 붓다에 대한 그들의 찬탄은 여기서 멈추지 않는다. 붓다의 가르침, 즉 담마가 지니는 기본 성격을 단적으로 표현하는 고백을 하고 있는 것이 그것이다. 그것을 옮기면 이렇다.

> "이에 훌륭한 제자는 부처님의 가르침에 대해 무너짐 없는 청정한 믿음을 성취하였습니다. 법(dhamma)은 부처님에 의해 잘 설해졌나이다. 즉, 이 법은 현실적으로 증험되는 성질의 것이며, 때를 격하지 않고 과보(果報)가 있는 성질의 것이며, 와서 보라고 할 수 있는 성질의 것이며, 열반에 잘 인도하는 성질의 것이며, 또 지혜 있는 이가 저마다 스스로 알 수 있는 성질의 것입니다."[51]

초기경전에서 확인되는 담마의 특성 다섯 가지가 제시된 정형구이다. 붓다담마는 철저하게 현실적인 가르침이며, 인과(因果)에 따른 현생적인 가르침이며, 누구에게나 열린 진리요, 궁극적 목표인 해탈·열반으로 견인하는 가르침이며, 스스로 알 수 있는 자각(自覺)의 가르침이라는 것이다.

붓다담마는 그런 것이다. 붓다의 제자들은 붓다의 가르침에 대해 그 법

---

50) 『상윳따 니까야』 42:6 「아씨반다까뿟따경」.
51) 『상윳따 니까야』 55:1 「왕(王)의 경」.

을 보고, 법을 얻고, 법을 알고, 법을 깨닫고, 의혹을 풀어서, 내가 갈 길이 바로 이것이라는 확신에 이르러 비로소 붓다에 귀의하고 붓다의 제자가 된 것이다. '나를 따르라. 그러면 구원을 얻고 영생을 얻을 것'이라는 이른바 신(神)을 믿는 종교라든가, 어떤 가르침이나 주장에 대해 먼저 이해나 납득 내지 확신 없이 무턱대고 그 불가사의를 믿고 보거나 복을 기원하는 그런 타력적 신앙과는 거리가 먼 것이다.[52] 불교는 그렇게 신해행증(信解行證)의 차제적(次第的)인 공부이거니와, 그의 철저함을 요구하고 있는 가르침인 것이다. '보지 않고 믿는다'거나 '불합리하기에 믿는다'는 것에 지나지 않는 이른바 신이니, 천국이니, 전생이니, 내생이니, 사후세계니 하는 따위의 믿음은 담마에 존재하지 않았음이다. 그렇기에 붓다는 진리에 대한 신해행증의 지표를 이렇게 강조했다.

> "거듭 들어서 얻어진 지식이라고 해서, 전통이 그러하다고 해서, 소문이 그렇다고 해서, 성전에 써 있다고 해서, 추측이 그렇다고 해서, 일반적 원칙에 의한 것이라고 해서, 그럴싸한 추리에 의한 것이라고 해서, 곰곰이 궁리해낸 견해이기에 그것에 대해 갖게 되는 편견 때문에, 다른 사람의 그럴듯한 능력 때문에, 혹은 '이 사문은 우리의 스승이시다'라는 생각 때문에 그대로 따르지는 말라. 스스로 '이들은 나쁜 것이고, 이들은 비난받을 일이며, 이들은 지혜로운 이에게 책망 받을 일이고, 이들이 행해져 그대로 가면 해롭고 괴롭게 된다는 것'을 알았을 때, 그것들을 버리도록 하라. 스스로 '이들은 좋은 것이고, 이들은 비난받지 않을 것이고, 이들은 지혜로운 이에 의해 칭찬받을 일이고, 이들이 행해져 그대로 가면 이롭고 행복하게 된다'는 것을 알았을 때 그대로 받아들여 살도록 하라."[53]

---

52) 하춘생(2016), 앞의 책, 162–163쪽.

이것은 붓다가 꼬살라(Kosala)의 깔라마인들(Kālāmas)이 사는 께사뿟따(Kesaputta)라고 하는 마을에 들렀을 때 깔라마인들이 붓다를 찾아와 "께사뿟따에는 여러 사문과 바라문들이 찾아와 자신들의 이론만을 드러내어 주장하고 다른 사람들의 이론들에 대해서는 비난하고 헐뜯으며 멸시하고 갈가리 찢어 놓는데, 우리는 이들 사문과 바라문들 가운데 누가 진리를 말하고 누가 거짓을 말하는지 혼란스럽다"는 물음에 붓다가 답한 내용이다.

이처럼 붓다는 자신의 가르침마저 무조건적인 믿음에 의해서가 아니라, 시금석으로 순금을 고르듯 탐구하고 분석한 후에 수용하라고 강조했다. 붓다의 위대성, 불교의 숭고함은 바로 여기에 있다. 초기불교도들은 담마에 대한 신해행증의 차제를 통해 확신이 섰을 때 비로소 불교에 입문해 재가자로서 삶과 출가자로서의 삶을 선택했다.

담마에 대한 신념을 확고히 다진 이들의 삶은 안팎으로 치열한 삶일 수밖에 없다. 초기불교 당시 모두 불교도들이 전법사로서의 위의를 갖추고 전법의 횃불을 높이 든 역사적 배경이 그것이다. 그들은 일제히 전법사가 되어 붓다의 전법부촉을 목숨 바쳐가며 실천했거니와, 이것은 다시 오늘의 한국사회에서 불교인 전체의 고결한 소명으로서 작동되어야 한다는 교훈이 되기에 충분하다.

붓다가 부촉한 전법선언은 불교가 이 세상에 왜 존재하며, 사회적 역할이 무엇인가에 대한 명백한 지표를 제시하고 있다. 따라서 우리가 몸 바쳐 전도전법하는 것만이 '많은 사람들의 이익과 행복'을 위하는 최선의 길이요 거의 유일한 길54)이라는 사실을 각인해야 할 것이다.

---

53) 『앙굿따라 니까야』 3:65 「깔라마경」.

54) 김재영(2019), 『붓다의 시대』, 동쪽나라, 412-416쪽.

전법에 대한 초기불교의 이러한 사상성은 대승불교에도 그대로 전승되었다. "사부대중을 위해 담마를 설하고자 하는 선남자·선여인은 마땅히 '여래의 방'에 들어가서, '여래의 옷'을 입고, '여래의 자리'에 앉아서 담마를 설해야 한다"55)고 밝힌 『법화경』「법사품」의 내용은 전법교화의 기본자세를 보여준다. '여래의 방'이라 함은 대중을 의미하는바 자비심이 요구되고, '여래의 옷'이라 함은 '인욕의 갑옷(인욕개忍辱鎧)'를 뜻하는바 욕됨을 참는 것이며, '여래의 자리'라 함은 '제법공(諸法空)의 자리'로써 무차별 평등심을 일컫는다. 붓다를 대신해 담마를 전하는 사람은 붓다의 사상과 교의에 투철해야 한다는 것을 보여주고 있거니와, 전법사는 전법현장에서 사범주(四梵住)에 머물러 있어야 한다는 사실을 알 수 있다. 이것은 붓다가 전법선언에서 "처음도 좋고 중간도 좋고 끝도 좋은, 뜻과 문장이 훌륭한 가르침[dhamma]을 설하라. 그리고 완전하고도 청정한 수행의 삶[청정범행]을 보여주어라"56)고 부촉한 그대로의 행함이다.

---

55) 『묘법연화경』 권4, 10 「법사품」(K0116_009_0761c).
56) 『상윳따 니까야』 4:5 「올가미경」 ; 『마하왁가』 1: 11.

8. 궁극적 지향[전법교화]

> **[point]** "불교의 궁극적 지향은 자각을 통해 해탈열반을 성취하는 '자리증득(自利證得)'과 대중의 자각을 견인해주는 '이타증득(利他證得)'이라는 붓다담마의 본질을 자각하는 일이다. 자리증득은 상구보리(上求菩提)요, 이타증득은 하화중생(下化衆生)이다. 상구보리는 dhamma[法] 따라 사는 것이 곧 깨달음이라는 통찰지혜요, 하화중생은 dhamma[法]를 전하는 일이 곧 자비 중의 자비라는 가르침이다."

붓다는 초전법륜 이후 전법선언[57]을 통해 대중교화의 사상과 이념을 천명하고 그의 실천방법론을 분명히 제시했다. 붓다는 오온적(五蘊的) 자아의식의 속박[올가미]에서 벗어나 연기적(緣起的) 사회의식으로 무장한 예순 명의 비구대중에게 각자의 길을 떠날 것을 간곡히 당부했다. 붓다의 "길을 떠나라"는 목적은 분명했다. 세상과 존재하는 모든 것들에 대한 자비심을 가지고 인천(人天)의 이익과 행복과 안락을 위해서다.

'길을 떠난다'는 의미는 전법선언의 후반부에 구체적으로 명시되어 있다. "처음도 좋고 중간도 좋고 끝도 좋은, 뜻과 문장이 훌륭한 가르침[dhamma]을 설할 것"이며, "완전하고도 청정한 수행의 삶[청정범행]을 보여주라"는 붓다의 당부가 그것이다. 그것은 곧 전법교화의 여정을 의미한다. 그리고 그 여정은 선택적 삶의 가치가 아니라 일상적 삶의 가치로서 공히 출─재가불자들의 사명이라 할 것이다.

---

57) 전법선언의 전문은 각주21)의 본문 참조.

우리는 전법선언에 담긴 붓다의 부촉(咐囑)을 통해 불교가 궁극적으로 지향하는 바가 무엇인지를 확인할 수 있다. 붓다 자신은 물론이고 예순 명의 비구대중이 속박[올가미]에서 벗어났다고 천명한 일은 상구보리(上求菩提), 즉 통찰지혜를 갖췄다는 의미로 이해할 수 있다. '길을 떠나라'는 이하 내용의 붓다의 당부는 담마를 널리 전하는 일, 즉 전법교화로서 자비의 실천을 의미한다.

전법선언 이후 붓다 스스로 전법교화의 수범을 보였던 실제가 바로 정각도량인 우루웰라의 세나니마을[장군촌]로 다시 돌아가 결발외도(結髮外道, Jatila)인 깟사빠(Kassapa) 세 형제를 귀의시킨 일이다. 붓다는 이처럼 담마를 설하고 전하는 일로서 일생을 일관했거니와, 초기불교도들의 일상의 삶도 다르지 않았다. 이는 곧 개인문제를 넘어선 사회적 실천과 변혁의 주인공으로서 붓다의 주체적 삶과 그 삶을 따랐던 초기불교도들의 일상이 그랬던 것처럼 눈에 보이는 구체적인 삶과 행위가 있을 때 비로소 눈에 보이지 않는 마음_자성_자아를 볼 수 있다는 현실적 교훈을 일깨워 준다고 하겠다.

초기불교도들은 이렇듯 불교가 절대자 내지 개인의 욕망중심적인 신앙이 아니라 중중무진법계(重重無盡法界) 속에서도 자각을 성취하는 '자리증득(自利證得)'과 대중의 자각을 견인해주는 '이타증득(利他證得)'이라는 붓다 담마의 본질을 자각하는 일이 무엇보다 중요했다. 자리증득은 자기개혁과 불방일 정진(不放逸精進)을 의미하는 상구보리(上求菩提)요, 이타증득은 연민과 헌신과 베풂의 삶을 뜻하는 하화중생(下化衆生)이다. 상구보리는 담마(dhamma) 따라 사는 것이 곧 깨달음이라는 통찰지혜요, 하화중생은 담마(dhamma)를 전하는 일이 곧 자비 중의 자비라는 가르침이다. 불교의 궁극적 지향이 어디에 있는지를 단적으로 설명해주는 정의가 그것이다.

III. 대중교화로 본 불교리더십의 유형과 논리

주지하는 바처럼 작금의 우리 사회는 4차 산업혁명으로 불리는 문명이기와 코로나19(COVID-19)로 말미암아 더 이상 이전의 삶으로 회귀될 수 없는 팬데믹(Pandemic)[58]에 직면해 이른바 삶의 공황상태를 맞고 있다. 이러한 현상은 향후 사람이 사람답게 살 수 있는 세상을 어떻게 만들어갈 것인가에 대한 심층적인 논의를 요구받는다. 우리 사회의 어느 분야를 막론하겠거니와, 불교계도 미래사회의 환경변화에 전략적 대응방안을 모색할 수 있는 지혜로운 지도자가 강하게 요구되는 배경이 그것이다.

인류사회의 문명적 전환과 삶의 질적 변화가 심화될수록 우리는 점차 심각해지는 불평등과 불확실한 사회적 불안감에 두려움마저 없지 않다. 더욱이 미래 예측은 불확실해지고 사회가 불투명할수록 사람들은 물질문명이기와 물질만능주의에서 벗어날 수 있는 길을 찾게 된다. 여기서 다시 한 번 불교와 시대가 만난다. 불평등을 해소하고, 불확실성에 대한 두려움을 없애주며, 세상을 앞서 내다보는 예지력으로 우리에게 희망을 주고, 개인보다는 명분과 공익을 우선하는, 시대적 전환기를 이끌 리더십을 붓다의 가르침[dhamma]에서 찾을 수 있기 때문이다. 담마에 기반한 대중교화의 실효성을 증장하기 위한 보편적인 지도자 담론이 요구되는 것은 그 때문이다. 현대사회를 이끌어갈 바람직한 불교리더십은 이제 시대적 요청이다.

---

58) 세계보건기구(WHO)가 선포하는 감염병 경고의 최고등급이다. 감염병이 세계적으로 유행하는 상태를 말한다. 우리말로는 '감염병 세계적 유행'으로 사용하고 있다.

1. 붓다의 당부와 지도자 인식

붓다는 반열반(般涅槃) 3개월 전쯤에 상시(常侍) 아난다에게 매우 중요한 유훈을 남긴다. '웨살리 대법문'이다. 그것은 붓다의 생애 마지막 안거가 될지 모르는 웨살리 남쪽 근교 벨루와가마(Beluvagāma, 죽림촌)에서의 일이다. 세수 80노구의 붓다는 안거 도중에 혹독한 병으로 죽음 직전까지 이르렀으나 바르게 사띠(sati)하고 바르게 알면서[正念正知] 회복의 기운을 차렸다. 이 때 아난다가 다가와 "저는 세존께서 교단에 대한 아무 말씀도 없으셨기에 마지막 열반에 들지는 않으실 것이라고 안도했다"[59]고 고하자, 붓다는 이렇게 일렀다.

> "아난다여, 교단이 나에게 무엇을 기대한다는 말이냐? 나는 안팎이 다르지 않은 가르침을 그대들에게 다 설했다. 여래의 가르침에는 감춰진 스승의 주먹(師拳) 같은 것은 없느니라. '내가 교단의 지도자이거나 또는 교단이 내 지도를 따르고 있다'는 생각을 나는 한 적이 없다. 그러니 여래가 교단을 위해 무엇을 말해야 한다는 것이냐?"[60]

붓다는 이처럼 자신이 교단을 이끄는 지도자이거나, 교단이 자신의 지도를 따르고 있다는 생각을 한 적이 없다는 것을 분명히 밝혔다. 붓다는 계속해서 세수 80노구를 낡은 수레에 비유하면서 "눈에 보이는 어떤 것에도 주의를 기울이지 않고 모든 느낌을 소멸해 형상을 떠난 집중에 머물기

---

59) 『디가 니까야』 16 「대반열반경」.
60) 『디가 니까야』 16 「대반열반경」.

때문에 여래의 마음은 더욱 안온하다"고 강조했다. 그리고는 이렇게 당부했다.

> "아난다여, 그러므로 그대들은 자신을 섬으로 삼고[자등명自燈明], 자신을 귀의처로 삼아[자귀의自歸依] 머물고, 남을 귀의처로 삼아 머물지 말라. 법을 섬으로 삼고[법등명法燈明], 법을 귀의처로 삼아[법귀의法歸依] 머물고, 다른 것을 귀의처로 삼아 머물지 말라."61)

붓다는 이 당부와 함께 "'자등명 내지 법귀의'의 방법으로 사념처(四念處)를 있는 그대로 지켜보는 수행[sati]을 하는 자가 비로소 최고의 경지에 이를 것"이라고 덧붙였다.

붓다의 이 유훈은 무엇을 의미하는가. 스승의 주먹(ācariya-muṭṭhi)은 스승이 제자에게 무언가를 비밀스럽게 전해주는 비전(祕傳)을 의미한다. 붓다 재세 시 바라문과 대다수 사문들의 교의는 그렇게 비전되었던 역사를 갖고 있다. 하지만 붓다는 담마에 관한 한 안팎의 구별 없이 모두 설했거니와, 그래서 당당하게 언제 어디서 누구든 '와서 보라(ehi-pāsika)'고 선포할 수 있었다. 붓다는 그렇게 처음부터 '열린 불교'를 지향했으며, 스스로의 의지를 무엇보다 중요시했다. 불교가 자각(自覺)을 가장 중시하는 까닭이요, 자각은 사띠(sati)로부터 출발하고 있다는 것이다. 그래서 붓다는 『담마빠다(Dhammapada)』(법구경)에서 이렇게 읊었다.

> "자신이 참된 자신의 주인일 뿐,

---

61) 『디가 니까야』 16 「대반열반경」.

실로 다른 그 누가 참된 주인 될 수 있겠는가!
자신을 실로 잘 통제했을 때,
얻기 어려운 참된 주인 얻게 되리."62)

불교의 지도자론, 즉 불교리더십을 논하는 첫 머리에 붓다의 이러한 말씀을 먼저 꺼내 든 이유가 그것이다. 붓다 스스로 고백하고 있듯이 붓다는 어떤 경우에도 우상적 존재 내지 신격화를 거부했다. 붓다는 일생을 도사(導師)요 자부(慈父)로서 살았으며, 반열반에 들면서도 그저 중생연민(衆生憐愍)의 인간으로 남아있기를 원했다.

붓다가 어떤 분인가에 대해서는 '여래십호(如來十號)'63)로서 분명하게 확인할 수 있다. 여래십호를 분석하면, 어디까지나 붓다가 위대한 인간임을 찬미한 것은 될망정 신적(神的)인 존재로서 다루어진 흔적은 전혀 없다. 붓다는 어디까지나 사람이지 신의 아들이 아니며, 신과 인간의 중재자이거나 속죄자도 아님이 분명하다. 더구나 심판자이거나 신일 수는 없다. 신격화의 시도는 붓다의 교단에 발을 붙일 여지가 없다고 할 수 있다.64) 따라서 삼귀의에서 붓다에 대한 신앙고백이 첫 항목을 차지하고 있는 것은 붓다가 법을 알고 법을 실천하는 사람이니까 그 지혜와 인격을 마음으로부터 신뢰한다는 것이며, 그 이외의 뜻은 전혀 포함되어 있지 않

---

62) 『담마빠다』 160.

63) 여래십호는 초기경전에 이렇게 유형화되어 자주 나타난다. "붓다에 대해 무너짐 없는 청정한 믿음을 지니노라. 세존께서는 공양 받아 마땅하신 분[응공應供], 완전히 깨달으신 분[정등각자正等覺者 또는 정변지正遍知], 지혜와 실천을 구족하신 분[명행족明行足], 피안으로 잘 가신 분[선서善逝], 세간의 일을 잘 알고 계신 분[세간해世間解], 가장 높으신 분[무상사無上士], 사람을 잘 길들이시는 분[조어장부調御丈夫], 하늘과 인간의 스승[천인사天人師], 진리를 깨달으신 분[불타佛陀], 세상에서 가장 존귀하신 분(세존世尊)이시다."

64) 마스타니 후미오(2001), 『불교개론』, 이원섭 옮김, 현암사, 52-53쪽.

다.[65)]

붓다가 대중에게 남긴 마지막 유산도 '제행무상 불방일정진(諸行無常 不放逸精進)'이다. '생겨난 것은 반드시 소멸하니 게으르지 말고 정진하라'는 이 유언은 곧 '세상을 있는 그대로 보라[여실지견如實知見]'는 것과 '부지런히 사띠(sati)하라'는 말씀이다. 자등명 내지 법귀의의 실제가 그것이며, 붓다가 『담마빠다』에서 '참된 주인'의 의미를 정의한 내용도 그것이다. 후세에 등장하는 실개성불(悉皆成佛)사상의 징조가 이것이겠다.

2. 불교리더십의 유형과 현대적 의미

인간관계에서 리더 또는 리더십에 대한 논의는 사실상 인류역사와 그 맥을 같이 한다고 볼 수 있다. 인간의 속성상 두 사람만 모여도 역할의 선후상하 내지 상보성이 자연스럽게 주어지는 관계설정이 그것이거니와, 집단체로서 조직이 커질수록 단계적 리더와 그들의 리더십은 필수불가결한 덕목으로 작용한다. 그래서 조직의 단합과 소기의 성과를 가름하는 조건으로서 조직의 구심역할을 수임하는 리더와 그의 인간관계는 매우 중요할 수밖에 없다. 리더의 조직운영 방식이 수직적 또는 수평적 방식에 따라 리더와 조직구성원의 인간관계는 독선독재(獨善獨裁) 내지 상의상관(相依相關)의 관계로 갈라질 수 있기 때문이다.

리더십은 우주 공간의 블랙홀과 같다고 한다. 그 확장성과 적용방식에 어떠한 전형도 없으며 또한 알 수도 없다는 말이다. 그 유형도 시대나 영

---

65) 마스타니 후미오(2001), 위의 책, 51-52쪽.

64 · 불교의 대중교화와 리더십

역에 따라 다양하게 변화되어왔거니와, 특성[66]·행동[67]·상황[68] 내지 카리스마(charisma)-변환적[69] 이론 등 유형별로 수백 수천 가지에 이를 정도로 다종다양하다. 그래서 흔히 '그 어느 것도 완벽한 리더십은 없다'고 말한다.

과거 리더십의 개념은 자기중심 지향적이고 권위와 권력에 초점을 맞추다보니 다분히 독재로 흐르는 경향이 강했다. 목적달성을 위해 특정인물의 통솔이나 지시에 따라 구성원들을 움직이게 하는 능력이나 기술 또는 힘을 리더십으로 본 것이다. 그러다보니 리더는 특정인물의 고유권한이고, 조직을 이끄는 소수만이 리더가 될 수 있다고 믿었다. 리더십이 특정인물의 지시나 행위에 의한 상명하복(上命下服)의 관계로 이해된다든가, 상급자만이 리더가 되어야 한다는 주된 인식이 팽배했다.

리더십이 파워(power)·권력(authority)·관리(management)·통제(control) 등과 동의어로 인식된 것은 그러한 의식이 가져다준 결과였다. 하지만 이러한 리더십의 유형은 인격적 평등성에 입각한 수평적 구조를 핵심으로 하고 있는 리더십의 진정한 개념과는 거리가 먼, 헤드십

---

66) 특성 또는 특질이론(traits theory)을 말한다. 리더십의 자질은 타고난다는 이론으로 선천적 리더십이다. 1940년대 후반 이전의 이론이다.

67) 행동이론(behavioral theory)을 말한다. 리더십은 지도자 자신의 행동의 결과로 보는 이론이다. 후천적 리더십의 하나로, 리더십은 개발될 수 있다는 입장이다. 1940년대 후반~1960년대 후반의 이론이다.

68) 상황이론(situational theory)을 말한다. 리더십은 사회적 상황에 따라 달라진다는 이론이다. 후천적 리더십의 하나이다. 1960년대 후반~1980년대 초반의 이론이다.

69) 카리스마적 리더십과 변환적 리더십의 유형을 말한다. 1980년 이후 나타난 이론이다. 급변하는 사회적 상황을 전제로 받아들이고 있는 점에서는 입장을 같이 한다. 다만, 전자는 추종자와의 상호작용 과정에서 추종자로 하여금 리더로 자각되도록 행동해야 한다는 점을 강조하고, 후자는 추종자로 하여금 고차원적인 가치나 이상으로 유도할수록 리더십이 커진다는 점을 강조한다. 하지만 조직의 제도적 측면이나 문화적 측면을 간과하고 있다는 지적을 받는다. 유승무(2002), 「출가자 리더십의 제유형과 그 특성」, 『불교지도자론』, 솔바람, 72쪽.

(headship)이나 보스(boss)적 개념에 더 가깝다고 볼 수 있다. 헤드십이나 보스적 리더십은 수직적 구조에 기반한 통제나 명령체계를 고질화함으로써 수임 받은 권한을 남용하거나 권력화해 상대를 강제화하는 특성을 보인다. 이러한 수직적 관계구조에서 구성원들은 편을 가르고, 눈치보고, 아부함으로써 비굴함과 비열함을 습관화하는 경향이 높다. 진정성과 공공의식을 찾아볼 수 없으며, 이면에서 철저하게 이기적으로 행동한다.

붓다의 현실주의에 입각한 휴머니즘은 초기불교도들의 삶의 나침반이었다. 그들은 붓다의 대중연민과 전법개척의 삶을 일상의 가치로 수용해 만인해탈 대중견성의 깃발을 높이 들었다. 출−재가의 신분을 떠나 담마를 배우고 익힌 모든 불자가 붓다의 전법부촉을 실행에 옮기는 전법사가 되어 주체적이고도 자율적으로 법의 바퀴[dhamma cakka]를 굴리는 셀프 리더(self−leader)로서 거듭난 것이다.

작금의 문명이기로 치닫는 인류사회의 급변과 포스트 코로나(Post−COVID)시대를 이끌어갈 불교리더십이 특정인물 내지 헤드십 개념이 아닌, 보편적 존재가치로 자리매김해야 하는 역사성이 여기에 있다. 초기불교시대 전법교화의 실제를 기본덕목으로 삼아 몇 가지 유형의 불교리더십[70]을 상정하고자 하는 까닭이 그것이다. 본문 Ⅱ장에서 초기불교의 전

---

70) 불교지도자 리더십 관련 선행연구는 김응철·유승무·김영란이 2002년에 공동저술한 『불교지도자론』(솔바람, 65~92쪽)에서 처음 찾을 수 있다. 김응철(중앙승가대)은 「불교지도력의 이론적 연구」에서 지도력의 제이론과 유형을 정리하고, 불교지도력의 유형은 여기에 '정신적 지도력', '간접적 지도력', '학구적 지도력', '온정적 지도력', '전문적 지도력' 등의 특성을 더 갖추고 있다고 밝혔다. 유승무(중앙승가대)는 「출가자 리더십의 제유형과 그 특성」에서 출가자 리더십의 이념형적 유형으로 '수좌형 리더십'과 '보살형 리더십'으로 구분하고, 리더의 역할과 그를 둘러싼 구조적 조건을 기준으로 '현실안주형 리더십', '사회적 역할 확대형 리더십', '승가혁신형 리더십', '사회혁신형 리더십' 등 네 가지를 하위유형으로 분류했다. 다만 사회혁신형 리더십은 극소수에 불과한 점을 감안해 서술에서는 제외했다. ; 손영모는 2004년 연세대 행정대학원 석사학위논문으로 「불교지도자의 리더십에 관한 연구」를 발표했다. 손영모는 논문에

법과 교화활동의 실제를 여덟 개의 주제로 나누어 고찰한 바 그 개요를 정리하면 이렇다.

첫 번째 '사의지(四依止)' 편에서는 멸탐(滅貪)·멸진(滅瞋)·멸치(滅痴)라는 출가 본연의 정신을 담지하기 위한 일상생활방식 네 가지-걸식·분소의·수하좌·부란약-의 이념적 가치를 살펴봤다. 사의지의 가치와 정신은 무너짐 없는 청정한 위의(威儀)를 수호하기 위한 도덕적·윤리적 제어장치로서 오늘날에도 여전히 유효하다는 판단에서이다.

두 번째 '상가&빠리사' 편에서는 출가양중에 의해 '상가(saṅgha)'만이 주장됨으로써 사부대중을 의미하는 무차별 평등개념의 '빠리사(parisā)'가 사장된 역사성을 밝히고, 상보관계로써 출-재가의 이원적 구조를 회복하는 일이 매우 시급하다는 현실적 과제를 제기했다. 출-재가의 원만한 상보관계가 회복될 때 비로소 불교의 영속성은 담보될 수 있다는 상식의 제고를 촉구한 내용이다.

세 번째 '자기통찰[sati]' 편에서는 불교는 자각(自覺)을 가장 중시한다는 근본적 지표를 거듭 확인하면서 정념정지(正念正知)의 사띠(sati)에 대한 실효성을 강조했다. 사띠에 의한 자등명 자귀의 법등명 법귀의의 확립

서 불교지도자 리더십 유형으로 '성과지향 리더십'과 '관계지향 리더십'으로 구분하고, 여기에 수행력을 기반으로 한 실천력을 겸비한 리더십을 검토하고 있다. ; 조기룡은 2005년 동국대대학원 행정학과 박사학위논문으로 「불교지도자의 리더십이 사찰성장에 미치는 영향에 관한 연구」를 발표했다. 조기룡의 이 논문은 주로 사찰성장과 관련한 불교지도자의 역할에 초점을 맞추고 있으며, 불교지도자 리더십의 유형에 대해서는 유승무의 논문을 인용하고 있다. ; 김응철(중앙승가대)은 2009년 『불교평론』(39호)에 「경전에 나타난 이상적 지도자상」을 발표했다. 김응철은 이 기고문에서 경전에 나타난 붓다 재세 시 출가자 리더십 유형을 ①계행적 리더십 ②수행적 리더십 ③지혜적 리더십 ④신통적 리더십 ⑤설법적 리더십 ⑥위의와 가람수호의 리더십 등 일곱 가지로 구분하고, 각 유형별 지도자로서 10대 제자를 위시한 주요 비구·비구니를 배대했다. 재가자 리더십 유형으로는 ①최초 귀의 ②보시행의 실천 ③부처님과 교단에 대한 신심과 봉사 ④설법 ⑤섭수와 실천 ⑥선정수행 등에서 제일인 우바새·우바이를 소개하고 있다.

은 만인의 해탈열반을 지향하는 불교의 사회적 실천과 역량이 역설적으로 자기통찰에서 출발한다는 사실을 확인해주는 내용이다. 이것은 통찰과 예지로써 바르고 확고한 비전[원력]을 공유함으로써 마침내 현실적인 사회문제의 해결은 물론이거니와, 만인해탈 대중견성을 견인하는 주체적 역량을 확립할 수 있다고 보기 때문이다.

네 번째 '반(反)카스트' 편에서는 자신의 행위[kamma, 업業]가 귀천의 신분을 가를 뿐 카스트에 의한 선민적 차별구조는 있을 수 없다는 붓다의 확고한 신념과 인류사 최초의 인격평등을 실현한 초기불교의 역동성을 생동감 있게 서술했다. 교단 안에서 사성계급을 파(破)하고 여성출가를 수락한 붓다의 결단은 대중관계와 그들에게 원력지향을 어디에 두어야 하는가를 분명하게 제시해준다. 이것은 카스트와 여성신분에 관계없이 모두가 사향사과(四向四果)의 원력성취를 담보한다는 사실을 일깨워준다.

다섯 번째 '법[dhamma]의 확립' 편에서는 이른바 삼종외도(三種外道)의 진리관을 비롯한 외도들의 갖가지 세계관·인간관·가치관 등을 십이연기와 중도[팔정도]로써 파사현정(破邪顯正)하는 배경을 밝혔다. 이것은 붓다가 담마의 진리를 확고히 세워 비판적 설법의 논리로써 62견96종에 이르는 외도들의 사상을 모두 파(破)하고 담마에 기반한 불교의 비전을 확립한 실제이다.

여섯 번째 '사범주(四梵住)' 편에서는 끝없는 연민과 희생과 개척의 삶을 살다간 붓다의 인간적인 실체를 자비희사(慈悲喜捨)의 사범주[사무량심]로써 정의하는 인과관계를 밝혔다. 전법교화에 나서는 주체들의 기본적인 위의가 그것이요, 대중을 직접 찾아가 자애와 연민과 헌신과 섬김의 리더십을 발현하는 사상적 기반이 그것이다.

일곱 번째 '신해행증(信解行證)' 편에서는 붓다의 가르침을 받은 이들이 무조건적인 믿음에 의해서가 아니라 담마에 대한 신해행증의 차제확신(次第確信)를 통해 비로소 삼보에 귀의하고 불자로서의 삶을 살았던 정황을 입체적으로 정리했다. 초기불교도들의 담마에 대한 차제적 이해와 확신은 전법에 나서는 자세와 신념을 공고히 하는 토대가 되었다. 그들 스스로 전법사가 되어 지행(知行)이 다르지 않는 위의와 원력을 공유하는 가운데 붓다의 중생연민과 치열한 개척의 삶을 그대로 따랐다.

여덟 번째 '궁극적 지향[전법교화]'편에서는 자각을 통해 해탈열반을 성취하는 '자리증득(自利證得)'과 대중의 자각을 견인해주는 '이타증득(利他證得)'이 곧 붓다담마의 본질이라는 사실을 역설했다. 자리증득은 상구보리(上求菩提)요, 이타증득은 하화중생(下化衆生)이다. 상구보리는 담마(dhamma, 法) 따라 사는 것이 곧 깨달음이라는 통찰지혜요, 하화중생은 담마(dhamma, 法)를 전하는 일이 곧 자비 중의 자비라는 가르침을 다시금 일깨웠다.

초기불교도들이 전법교화현장에서 보여준 원력과 지표와 역동성의 실제가 그와 같다. 이것을 오늘날의 바람직한 불교지도자의 자질과 사회적 실천의 전거로 삼아 불교리더십을 유형화하면 대체로 다음과 같은 몇 가지 유형의 공통분모가 형성된다.

그것은 곧 △윤리성과 합리성에 입각한 윤리-준법적 책임과 삼업청정(三業淸淨)으로써 도덕적 권위를 담보하며, △연기법에 입각한 인과(因果)의 상호관계성을 중시하고 절대권위를 인정하지 않는 상대주의 원리와 무차별 평등의 인간존엄가치를 우선하는 밝은 눈을 가졌으며, △하심(下心)과 담마(dhamma)의 이념적 가치를 토대로 앎과 실천의 불이적(不二的) 진정성을 통해 공동선을 지향하며, △담마의 골수인 사제팔정도로써 바르고 확고한 비전[원력]을 공유하고 전법륜의 주체로서 만인해탈을 향도할 수 있는 불교리더십을 말한다.

이를 유형화하면 첫 번째는 위의청정형이고, 두 번째는 관계존중형이며, 세 번째는 지행합일형이고, 네 번째는 원력공유형이다. 붓다의 깨달음의 내용과 사상과 성품을 반영하고 있는 불교의 핵심교의 몇 가지를 인용해 설명을 붙임으로써 유형별 리더십 원리의 전거를 밝혔다. 물론 붓다의 45년 교화행각과 팔만사천법문이 모두 그 원리가 되고 지표가 되겠으나, 이 글에서 제시한 유형별 사상적 원리는 우리에게 익숙하지만 실천면에서 놓치고 있다고 판단되는 내용 두 가지씩을 제시했다. 다만, 이 유형들은 독립적 개념으로서 각각의 리더십 이론을 전개한 것이 아니라, 불교지도자가 갖춰야 할 자질론의 실제로서 상즉상입(相卽相入)의 전일론적 이해가 요구된다고 하겠다.

가. 위의청정형 리더십

최근 우리 사회는 이른바 '가짜뉴스(사이버 위법게시물)'로 몸살을 앓고 있다. 가짜뉴스는 기성언론의 인터넷판 보도형태를 띠고 있기에 그 분야의 전문가가 아닌 일반사람들은 구별해내기가 쉽지 않다는 특징을 갖고 있다. 지식정보화시대, 정보공유의 형태가 이렇게 왜곡되어 사람들을 현혹하고 사회를 혼란 속으로 침몰시킨다.

초연결사회로 접어들면서 인터넷망에 사생활이 공개되고 각종 사이버범죄가 발생하는 등의 부정적 현상도 만만찮다. 여기에 인간의 능력에 도전하는 각종 테크놀로지 활용이 활발해지면서 인간존엄의 가치를 위협받는 윤리성이 심각한 문제로 대두되고 있다. 물론 이러한 사회적 환경변화의 전반에서 인간에 대한 윤리적 가치는 전적으로 인간의 몫일뿐이다.

다가올 미래는 천재적인 기계의 시대가 될 것이며, 그런 기계와 협력해서 일하는 인간이 가장 성공할 것이다. 기술적으로 역동적인 부문에 종사하는 소수의 사람들과 그 저편을 다수의 사람들이 차지하면서 평균의 시대는 종식될 것인지.[71] 인간이 기계와 팀워크를 이룰 것인지, 아니면 전쟁할 것인지의 선택의 문제로서 우리에게 다가서고 있는 것이다.

바로 이 지점에서 인간은 과연 어떻게 살 것이며, 어떻게 행동할 것인가에 대한 삶의 궁극적인 물음, 즉 윤리학의 기초적 개념으로 다시 돌아온다. 우리가 윤리적이어야 하는 이유는 사회적 질서, 이기적 만족감, 양심, 개인적 결단 등에 따른 사회학적 또는 심리학적 당위로서 나타나지만, 보다 궁극적인 까닭은 인격적 존재로서 인간이기 때문이다. 인간은 이성과 자유와 내재적 가치의 존재이거니와, 행위의 결정과 선택과 책임지는 존재로서 윤리성의 당위를 확보하고 있다는 것이다.[72]

4차 산업혁명시대가 주는 사회적 교훈의 하나는 초연결사회로서 수평적 구조가 보편화되었다는 사실이다. 수평적 사회에서 요구받는 리더십의 원천은 윤리성과 합리성이다. 위의청정형 리더십은 수평적 리더십의 원천인 윤리성과 합리성에 입각한 윤리-준법적 책임과 신·구·의(身口意) 삼업청정(三業淸淨)으로써 담보되는 도덕적 권위의 상징이다. 도덕성·윤리성은 인간신뢰의 가장 기본이요 본질로서 동서고금 내지 세간·출세간이 다르지 않기 때문이다. 지위가 주어졌다고 권위도 그저 주어지는 것은 아니다. 도덕적 권위는 공식적 권위를 진심으로 인정하게 만드는 핵심요건이

---

71) 타일러 코웬(2017), 『4차 산업혁명, 강력한 인간의 시대』, 신승미 옮김, 마일스톤, 373쪽.
72) 박이문(2008), 『자비윤리학』, 철학과현실사, 88-121쪽.

다. 이 리더십의 이념적 원리요 사상적 전거는 불교의식(儀式)을 대표하는 자자(自恣)와 탁발(托鉢)에서 확인할 수 있다〈표2 참조〉.

〈표2〉 위의청정형 리더십의 원리와 핵심명제

위의청정형 리더십	윤리성과 합리성에 입각한 윤리-준법적 책임과 삼업청정(三業淸淨)으로써 도덕적 권위를 담보하는 리더십	
원리	핵심명제	
'자자'로 본 불교리더십	대중공의주의/청정지계, 참회, 이타	
'탁발'로 본 불교리더십	탈권위주의/무탐무욕, 무소유, 평등	

1) '자자'로 본 불교리더십

인간 붓다 석가모니부처님의 재세 시부터 승가에서 행해오고 있는 주요한 의식(儀式) 가운데 '자자(自恣)'가 있다. 안거 마지막 날 대중이 한 곳에 모두 모여 서로 잘못을 지적하고 참회하고 다시금 청정수행을 다짐하는 불교의 독특한 의식이다.

자자 의식이 제정된 배경[73]에는 대중생활의 오해에서 비롯되었다. 당시 많은 대중은 함께 안거수행 할 때 어떻게 생활하는 것이 서로 친근하게 화합하면서 편안하게 안거를 보낼 수 있는가 고민한 끝에 서로 묵언하면서 각자 할 일만을 하자는 이른바 '벙어리 수행'을 대중생활방식으로 채택했다.

이 얘기를 들은 부처님은 "참으로 어리석은 사람들"이라고 비구대중을

---

73) 『마하왁가』 4편.

호되게 꾸짖었다. 벙어리 수행은 외도들이 행하는 계율이거니와, 짐승들이 모여 사는 모습일뿐더러 게으른 사람들이 모여 사는 것에 지나지 않는다는 게 그 이유였다. 부처님은 계속해서 비구대중에게 일렀다. 안거 마지막 날에는 대중이 한 곳에 모여 서로에 대해서 세 가지를 말해달라고 요청해야 한다는 지적이었다.

내용인 즉 이렇다. '자신에 대해 잘못된 무엇인가를 보고, 듣고, 의심되는 것이 있는지 부디 자비로써 말씀해주시면 참회하고 다시는 반복하지 않겠다'고 다짐하는 공개적인 참회의식이다. 한마디로 위의의 청정성을 담보하는 대중공의적인 절차였다. 이 의식은 붓다도 예외가 아니었다. 붓다를 위시해 법랍 높은 장로부터 새로 계를 받은 대중 순으로 세 번씩 묻는 절차에 따라 진행되는, 청정수행을 위한 불교만의 수행방식이었다.

자자에서 볼 수 있는 붓다의 조직마인드는 지극히 인간적이라는 사실이다. 절대자 내지 권위자로서 대중 위에 군림하지 않았던 성품을 확인할 수 있다. 도덕성에 입각한 수평적 리더십을 중시했거니와, 매우 대중적이고도 합의적인 리더십을 보여주었다. 이는 한마디로 서로가 서로의 거울이 되어주는 윈-윈의 관계설정, 즉 자리이타적 리더십의 전형이라 할 수 있다.

2) '탁발'로 본 불교리더십

불교에서 출가자를 일러 비구·비구니라고 호칭한다. '음식을 빌어먹는다'는 뜻의 '탁발(托鉢)'로 말미암아 '걸식자'라는 의미로 개념화된 술어이다. 무욕과 무소유를 실천함으로써 청정한 위의를 수지하는 생활방식이요 수행방식이다. 물론 오늘날에는 단지 남·녀의 승려를 통칭하는 말로 변용되어 본래적 의미를 상실한 지 오래다. 시대와 지역성을 감안한다고 하더라도 그 정신을 계승하는 일은 여전히 유의미하겠으나, 탁발이 함유하고 있는 형식과 정신이 모두 박제화한 현실을 부정할 수 없다. 탁발에 대한 경전의 내용을 옮기면 이렇다

> "탁발을 한다는 것은 가장 낮은 형태의 생계수단이다. 그런데도 훌륭한 가문의 아들들이 타당한 이유에서 그런 삶의 길을 선택했다. 그대들이 선택한 삶의 길은 왕이 강요해서도 아니며, 강도에게 쫓겨서도 아니며, 빚졌기 때문도 아니며, 두려움 때문도 아니며, 생계를 유지하기 위해서도 아니다. 그렇다면 무슨 이유 때문인가? '나는 생로병사에 헤매며, 슬픔과 고통과 절망에 빠져 있다. 나는 괴로움에 빠져 있고, 괴로움에 싸여 있다. 이 모든 괴로움의 덩어리를 끝내는 길을 알아야 하겠다'라는 이유 때문이다."[74]

이 경전의 내용에서도 엿볼 수 있듯이 붓다 재세시 대중이 탁발에 나서는 일은 괴로움으로부터의 해탈을 전제로 하는 매우 엄숙한 수행의식(儀式) 중 하나였다. 탁발의식에는 붓다 자신도 늘 직접 발우를 들고 대중과 함께 나섰다. 지도자라는 의식에 휩싸여 권위를 앞세우며 앉아서 음식을 받아먹는 게 아니라, 자신부터 출가자의 규칙을 솔선수범한 것이다. 도덕적 권위를 몸소 보여준 이러한 사실은 『금강경』 서분에 해당하는 「법회인유분」 첫 부분에서 탁발에 나선 부처님의 행적을 통해 어렵지 않게 확인할 수 있다.[75]

---

74) 『상윳따니까야』 22:80 「걸식 경」.
75) 如是我聞 一時 佛 在舍衛國祇樹給孤獨園 與大比丘衆 千二百五十人俱 爾時 世尊食時

아울러 붓다가 까시 바라드와자라는 이름의 바라문으로부터 탁발행위를 놓고 무위도식한다는 논쟁76)에서 신념과 자신감으로 당당하게 맞섰던 일화는 탁발의식의 진정한 의의와 무게감을 알게 해준다. 그에 따르면 탁발은 그저 음식을 빌어먹는 행위가 아니라, 차별과 분별과 탐욕과 집착과 번뇌를 넘어 해탈과 열반과 깨달음의 경계에 들어서게 하는 선교방편(善巧方便)이다. 논밭을 갈며 직접 생산활동으로 출가교단에 경제적 후원을 하는 재가자와, 마음 밭을 갈며 풍요로운 정신적 수확으로 재가대중의 정신적 갈망을 채워주는 출가자 간의 관계구조를 예시해준다. 이를 통해 우리는 탁발수행의 사상성과 그 이념이 무엇인지를 살필 수 있다.77)

이처럼 붓다의 탁발행각은 자자에서도 볼 수 있듯이 붓다 자신이 권위자 · 절대자 · 지도자 · 구원자가 아니라, 승가대중의 한 사람으로서 평등성과 합리성과 윤리성에 입각한 수평적 사고의식의 발로였다고 볼 수 있다.

나. 관계존중형 리더십

인공지능이 의사결정을 한다. 자동차 운전뿐만 아니라 조언을 제공하기 위해 과거의 상황을 통해 학습하고 미래의 복잡한 의사결정 과정을 자동화하여 데이터와 과거의 경험을 바탕으로 더욱 쉽고 빠르게 결정을 내릴수 있게 해준다.78) 인공지능 회계사 · 변호사 · 증권전문가 · 의사 · 간호사

着衣持鉢 入舍衛大城乞食於其城中 次第乞已 還至本處 飯食訖 收衣鉢 洗足已 敷座而坐.

76) 『상윳따니까야』 7:11 「까시 바라드와자 경」.

77) 하춘생(2016), 앞의 책, 49-50쪽.

78) 클라우스 슈밥(2016), 『4차 산업혁명』, 송경진 옮김, 새로운현재, 217쪽.

를 위시해 음성인식 개인비서와 가사도우미 로봇 등 인간과 같이 살게 될 미래 인공지능들의 유형들이다.[79]

인공지능의 등장은 인간의 적잖은 일자리를 대체할 것이다. 하지만 인공지능이 인간의 지능을 아무리 뛰어넘는다고 해도 둘 사이에 동일할 수 없는 간극이 있다. 인공지능이 인간보다 뛰어난 능력은 정확성이겠지만, 인간이 서로 존중하고 신뢰하고 소통하는 공감능력을 따라갈 순 없다. 인공지능을 다스리는 창의적인 주체는 인간이겠거니와, 인공지능과 인간이 갈라지는 분기점이 바로 인간성이기 때문이다. 그래서 현대사회는 인간과 인간 사이의 존중과 신뢰와 소통이 그 어느 때보다 중요한 시대라고 할수 있다. 인본주의, 곧 휴머니즘 리더십이 더욱 절실한 것이다.

한국불교의 대표종단인 대한불교조계종은 「종헌」 제8조에 종단구성 원칙을 승려(비구·비구니)와 신도(우바새·우바이), 즉 사부대중으로 구성한다고 밝혀놓고 있다. 하지만 종단운영체제는 거의 출가1중, 즉 비구의 몫으로 관례화되어 있다. 종헌에 명시된 제도적 차별성을 조항별로 보면, 종헌 제20조(종정 자격) 대종사급 원로비구, 종헌 제26조(원로의원 자격) 대종사급 원로비구, 종헌 제53조(총무원장 자격) 종사급 이상 비구, 종헌 제59조(교육원장 자격) 종사급 이상 비구, 종헌 제67조(포교원장 자격) 종사급 이상 비구, 종헌 제74조(호계원장 자격) 종사급 이상 비구, 종헌 제73조(호계위원 자격) 3급 이상 비구, 종헌 제80조(법계위원 자격) 대덕이상 비구 등 주요 교역자직을 아예 '비구'로만 명시하고 있다. 관례적으로는 본사주지·종회의원·선거권·총무원교역직 등의 자격도 대체로 비구 중심으로 되어 있다. 재가양중에게는 참정권은 물론이고 피선거권마저

---

79) 최호진(2017), 「AI(인공지능) 기술의 현황과 미래」, 한국불교학회 「불교와 4차 산업」 1차 월례워크숍(2017.3.25).

없다. 『종헌』제8조의 내용이 무색할 정도이다.

급변하는 시대, 교단이 사회흐름과는 같이 하지 못할지언정 우리 사회에서 거의 유일한 인권사각지대로서의 오명을 문제의식 없이 고집한다면 미래지향성은 요원할 수밖에 없다. 교단을 구성하고 있는 종도들마저 포용하지 못하는 시스템으로 미래를 논하고, 성장을 논하고, 역할을 논하는 것 자체가 모순이다. 사회적 역량을 강화하고 확립할 수 있는 조건을 초기에 봉쇄하고 있는 것이다. 교단내부 구성원들의 관계설정부터 다시 시작하는 일이 시급하다는 성토가 무성한 까닭이 그것이다.

우리는 학교를 비롯한 다양한 공동체에서 동료학습·집단학습·관계학습 등을 통해 지식축적과 관계성을 배우고 익힌다. 빠른 적응력과 창의성을 지식축적의 범주라고 한다면, 관계성이라 함은 공감과 협력을 추구하는 상호적인 소통이다. 이것은 자율성과 평등성을 전제로 한다. 불교에서 담마(dhamma, 법)으로 표징되는 연기법과 무차별 평등주의를 실현한 반(反)카스트 및 여성출가에서 이 리더십의 이념적 원리요 사상적 전거를 찾을 수 있다〈표3 참조〉.

존재의 법칙이요 인과의 법칙인 연기법을 여실히 보게 된다면 인과업보의 필연적인 존재를 확실하게 이해할뿐더러, 절대권위를 인정하지 않는 상대주의 원리와 인간존엄가치를 인식함으로써 인간관계에 있어서 존중과 신뢰와 소통능력을 소중한 덕목으로 삼을 수 있게 된다. 그것은 곧 지혜와 자비를 동시에 갖추는 일이다. 교단내부에서의 신분계급제도 철폐는 물론이거니와, 여성출가의 수락과정에서 엿볼 수 있는 붓다와 시자 아난다가 보여준 진정성 있는 소통은 작금의 교단에서 절실히 요구되는 지도자의 자질이다.

<표3> 관계존중형 리더십의 원리와 핵심명제

관계존중형 리더십	연기법에 입각한 인과(因果)의 상호관계성을 중시하고 절대권위를 인정하지 않는 상대주의 원리와 무차별 평등의 인간존엄가치를 우선하는 리더십
원리	핵심명제
'연기'로 본 불교리더십	휴머니즘—상대주의/인과, 소통, 신뢰
'반 카스트 및 여성출가'로 본 불교리더십	무차별 평등주의/연민, 경청, 섬김

1) '연기'로 본 불교리더십

이것이 있으므로 저것이 있고 (此有故彼有차유고피유)

이것이 생기므로 저것이 생긴다(此生故彼生차생고피생)

이것이 없으므로 저것이 없고 (此無故彼無차무고피무)

이것이 멸하므로 저것이 멸한다(此滅故彼滅차멸고피멸)[80]

연기법의 기본 공식이다. 불교의 핵심사상이다. 연기송이라고도 하거니와, 인간 붓다 석가모니부처님의 오도송이다. 그래서 연기법을 바로 알지 못하면 불교의 다른 교설들도 바로 이해할 수 없다. 그런데 우리는 그 사실을 잊고 있다. 너무나 상투적인 게송이라서 도리어 대수롭지 않게 생각하는 경향이 있는 것이다.

이 연기송은 상호의존적 연기와 조건발생적 연기로 구성되어 있다. 상

---

80) 『상윳따니까야』 12:41 「다섯 가지 증오와 두려움 경」 ; 『우다나』 1:1~3 「깨달음의 경」.

호의존적 연기는 '이것이 있으므로 저것이 있고, 이것이 없으므로 저것이 없다'는 내용이고, 조건발생적 연기는 '이것이 생기므로 저것이 생기고, 이것이 멸하므로 저것이 멸한다'는 내용이다.

상호의존적 연기는 법계연기(法界緣起)로 설명할 수 있듯이 이 우주법계는 거미줄처럼 그물망처럼 인드라망의 세계로 형성되어 있어 존재와 존재 사이에는 원인과 결과를 동시에 함유하고 있는 상의상관성(相依相關性)이 있다는 것을 의미한다. 조건발생적 연기는 교리적으로는 십이연기의 유전연기(流轉緣起)와 환멸연기(還滅緣起)의 인과성을 뜻하거니와, 현실적으로는 주체적 인간(육근六根)과 객체적 세상(육경六境) 사이에서 발생하는 인과법칙을 의미한다.

이러한 연기는 불교의 기본교설인 오온·십이처·십팔계·삼법인 등의 구조를 모두 포섭하고 있거니와, 그래서 연기를 바로 본다는 것은 마음과 마음작용으로 일어나는 이 세상을 있는 그대로 본다[여실지견如實知見]는 말과 다르지 않다.

상호의존적 연기를 보게 되면 권위나 권력에 대한 절대성을 배제하고 인간존중의 휴머니즘 리더십이 강화된다. 모든 존재의 소중한 가치를 이해하게 되기 때문이다. 존중하고 배려하는 마음이 싹트고, 공감경청을 통해 소통능력이 향상되며, 코칭으로써 잠재능력 개발에 도움을 주며, 간섭과 통제 등의 권한보다 자율적 책임과 권한위임(empowerment)으로 신뢰성과 헌신도를 높인다.

조건발생적 연기를 보게 되면 인과를 두려워하게 된다. 인과를 두려워한다는 것은 육근의 감각을 자극하는 탐진치(貪瞋癡) 삼독(三毒)에 의해 불선업(不善業)을 자행하지 않는 경향이 높아진다는 것을 뜻한다. 나를 바꾸지 않고서 상대를 바꾸고 세상을 바꾼다는 것은 어불성설이다. 백장회해(百丈懷海, 720~814)의 불매인과(不昧因果) 교훈도 있거니와 인과법칙을 잘 알아 걸림 없는 행위를 한다는 것은 지계지율(持戒持律)을 일상의 벗으로 삼는 이치와 같다. 이는 공경과 신뢰감을 높이는 요인으로 작용하는 바, 불교지도자로서 갖춰야 할 리더십의 필수덕목이다.

2) '반(反)카스트 및 여성출가'로 본 불교리더십

> "부처님, 만일 여성도 부처님의 계율과 가르침 아래 출가하면 수다원과 내지 아라한과를 성취할 수 있습니까?"
> "아난다여, 성취할 수 있느니라."
> "부처님, 만일 여성도 수다원과 내지 아라한과를 성취할 수 있다면 그 첫 번째 인연이 어머니이신 고따미에게 주어지길 바랍니다."[81]

붓다는 마침내 아난다(Ānanda)의 청을 받아들여 「비구니 팔경법」을 받아 지닐 것을 전제로 마하빠자빠띠 고따미(Mahāpajāpatī-Gotamī) 등 사까족 5백 여인들의 출가를 허락했다. 이로써 불교교단사에서 최초로 비구니가 탄생되었으며, 뒤를 이어 여성출가자들의 급속 확산에 힘입어 비구니승가가 성립되기에 이르렀다.[82]

붓다가 견지한 반(反)카스트의 입장은 본문 Ⅱ장 4절에서 상술하고 있거니와, 교단사에서 여성출가는 가히 혁명적인 결단이었다. 당시 인도의 바라문사회 구조와 초기불교교단의 내부사정을 들여다볼 때 여성출가는 가정을 파괴하고 사회기반을 무너뜨린다는 통념이 팽배했다. 실제로 바라

---

81) 『쭐라왁가』 10편.
82) 하춘생(2016), 앞의 책, 59-60쪽. 첫 여성출가에 따른 비구니승가의 탄생과 관련한 에피소드는 이 책 52-66쪽에 상세히 기술되어 있다.

문과 그의 교도들이 "사문 고따마가 집안의 남자들을 빼앗고 과부들을 만 듦으로써 가정을 파괴하고 있다"고 비난했을 뿐더러, 거기에 당시 출가를 원하던 여성들의 다수가 비구들의 출가 전 부인들이었기에 바라문을 위시 한 외도들이 비난할 수 있는 빌미가 되기에 충분했다.[83]

여하튼 비구니승가는 탄생했고, 이후 비약적인 성장을 통해 사향사과 (四向四果)의 경지에 오른 비구니가 적지 않았거니와, 불멸 후에도 전승되 어 마우리야왕조 아소까왕(B.C.E 268~232 재위) 당시 남-북방의 불교 권으로 속속 전파되었다.[84]

여성출가를 수락하는 과정에서 붓다가 결심하게 된 배경의 핵심은 도과 (道果)의 성취다. 깨달음에 남녀차별이 있을 수 없다는 지극히 상식적이고 인격적인 행위가 당시의 사회적 정서와 관습에서는 혁명과도 같은 것이었 다. 두 번째 배경은 무차별 평등성에 입각한 의지의 표출이었다. 비구승 가 성립 당시에 사회적 신분제도를 혁파하고 득도수계(得度受戒) 순으로 질서를 삼은 연장선상에서 이해할 수 있다. 붓다의 여성에 대한 깊은 사 려와 배려, 사회적 모순을 향한 도전의식을 보여준 진정한 지도자의 덕목 을 엿볼 수 있다.

여기에 붓다의 결심에 결정적인 역할을 담당한 아난다의 리더십도 시사 하는 바 크다. 기필코 출가하기를 갈구했던 여성들의 자율적인 열망을 가 슴깊이 공명(共鳴)하고, 자신이 모시던 분을 진정성 있는 간언으로 마침내 설득해내는 당당함이 지도자로서의 잠재력을 확인해주고 있다. 오늘날 중 요한 덕목으로 부각되고 있는 연민과 감성, 경청과 긍정, 섬김과 설득의

---

83) 이와 관련한 자세한 내용도 하춘생(2016), 위의 책, 62-66쪽에서 살필 수 있다.
84) 다만 남방불교권의 비구니승가는 11~13세기 이후 소멸되어 그들의 전통규정에 따라 아직까지 복원되지 못하고 있다.

리더십이 고스란히 발현되었음이 그것이다.

이렇듯 반(反)카스트와 여성출가에서 확인할 수 있는 붓다의 도전의식과 진취적인 모습은 작금의 불교교단은 물론 우리 사회에서 절실히 필요한 리더십의 전형이다. 이 두 가지 명제는 가장 현실적인 문제의식의 발현으로서, 오랜 세월 정체되고 모순된 사회적 정서와 관습과 제도를 (교단 안에서) 일시에 해소함으로써 불교가 본질적으로 지향하는 구세주의와 평등주의를 현실구현한 지도자로서의 진정한 덕목이라 하겠다. 구세주의는 상구보리 하화중생(上求菩提下化衆生)이요, 평등주의는 일체중생 실유불성(一切衆生悉有佛性)으로 정의할 수 있다.

다. 지행합일형 리더십

"비구야, 너는 무슨 병에 걸렸느냐?"

"부처님, 저는 이질에 걸렸습니다."

"그런데 너를 간호하는 사람이 있느냐?"

"없습니다. 부처님."

"왜 비구들이 너를 간호하지 않느냐?"

"저는 비구들에게 아무 도움이 되지 않기 때문입니다."

"아난다, 가서 물을 가져오너라. 이 비구를 목욕시켜야겠구나."[85]

인간 붓다 석가모니부처님이 이질에 걸려 고생하고 있는 어떤 비구와 나눈 대화의 일단이다. 이 비구는 설사를 자주해 누워있는 자리가 지저분하기 이를 데 없었다. 비구들의 방사를 둘러보다가 이를 본 붓다가 시자

---

85) 『마하왁가』 8편.

인 아난다(Ānanda)와 함께 병든 비구를 직접 씻긴 후 다른 비구들을 불러놓고 말하기를, "누구든지 나에게 시중들 사람이 있다면 먼저 병든 비구를 돌봐라. 만일 그에게 은사가 있다면 은사는 그를 평생토록 돌봐야 하며, 방을 함께 쓰는 비구나 제자가 있다면 이들이 병자를 돌봐야 한다. 병자에게 이런 사람이 아무도 없다면 그때는 승가가 병자를 돌봐야 한다. 만약 승가마저 이를 돌보지 않는다면 계를 범하는 것이 되느니라"고 일렀다.

붓다의 인간성을 엿볼 수 있는 장면이다. 붓다의 이러한 인간적인 모습은 초기경전 곳곳에서 확인할 수 있다. 지행합일(知行合一)이라 함은 아는 것과 행위가 서로 맞는다는 뜻이다. 즉, 지식은 반드시 실천이 따라야 한다는 말이다. 진정성은 그로부터 시작된다.

인간의 존재를 무력화시킬지도 모른다는 두려움의 대상, 인공지능과 로봇의 출현은 세상의 관심을 촉발시키기에 부족함이 없다. 하지만 분명한 것은 인간의 가슴과 영혼마저 이들이 대신할 수 없다는 사실이다. 진정성은 바로 인간의 가슴과 영혼에서 우러나오는 진실한 성품이다. 모든 세상이 스마트화되면 될수록 사람들은 궁극적으로 서로의 진심을 원할 것이다. 개인의 인간관계는 물론 학교 · 기업 · 사회 · 정부 · 종교에 이르기까지 인간을 먼저 챙기는 따뜻함과 공동선을 먼저 생각하는 맑은 정신의 소유자를 더욱 신뢰하고 존경할 것이다.

오늘날 지도자의 자질로 요구받는 핵심적 리더십으로 서번트 리더십(servant leadership)[86]과 진정성 리더십(authentic leadership)[87]을 든

---

86) 세계적인 컨설턴트 로버트 그린리프(Robert Greenleaf, 1904~1990)가 창안한 리더십. '섬기는 리더십'으로 해석되며, 이전의 권위적 · 수직적 유형의 리더십 이론과 차

다. 다른 분야의 지도자들보다 하심과 진실함을 생명성으로 삼고 있는 종교인들이 우선적으로 갖춰야 할 리더십의 전형이거니와, 도사(導師) 내지 자부(慈父)로서 45년 교화현장에서 보여준 대중섬김의 삶, 즉 붓다의 휴머니즘이 그것과 다르지 않을 터이다.

불교교단사에서 이러한 리더십과 맥을 같이 하는 지행합일의 대표적 인물이 아난다(Ananda)다. 오늘날 비서실장[참모장]에 해당되는 붓다의 상시(常侍)로서, 25년간 붓다를 가장 가까이서 시중들며 간언하는 역할에 충실했다. 시자 요청을 받고 수락하는 과정에서 내세운 네 가지 원하는 것[청원請願]과 네 가지 원하지 않는 것[불원不願] 등 도합 여덟 가지 조건은 아난다의 성품과 정체성을 알게 해주는 매우 시사적인 내용이다.

"지도자로서의 자질은 선천적으로 서번트적 기질이 있는 사람에게만 주

별되는 분기점을 만들었다. 이 아이디어는 헤르만 헤세의 『동방순례』라는 소설에서 착안해 구체화했다. 진정 위대한 지도자는 얼핏 순박한 모습으로 보일 수도 있지만, 이것이야말로 '위대함'의 핵심이라고 보았다. 로버트 그린리프(2006), 『서번트 리더십 원전』(출간 25주년 기념판), 강주헌 옮김, 참솔, 저자소개편.

87) '진성리더십' 또는 '진실의 리더십'이라고 한다. 자신의 생각과 감정과 가치관이 일치되도록 행동하는 진정성을 보여줌으로써 팔로워가 리더를 신뢰하게 되고, 팔로워도 진성 팔로워가 되어 구성원 모두가 행복하고 지속적인 성과를 내는 리더십을 뜻한다. 자아인식(self-awareness)과 자아규제(self-regulation)로 구성되며, 자아규제는 다시 도덕성·투명성·균형된 프로세스로 세분된다. 이 리더십의 패러다임 정립은 『진실의 리더십』의 저자 빌 조지(Bill George, 1942~현재)의 영향이 컸다. 조지는 세계적인 최첨단 의학기술 전문기업인 메드트로닉 최고경영자(CEO) 출신의 하버드대학교 경영대학원 교수이다. 그는 진실한 리더의 요소로서 5가지를 제시하고 있다. 첫째, 자신의 목적을 정확하게 알고 있으며, 목적을 공유해 구성원들에게 사명의 불씨를 제공한다. 둘째, 어려운 상황에서도 지켜야 할 정직하고 확고한 가치관을 실천한다. 셋째, 구성원들을 머리로 이끌기보다 연민의 마음으로 이끈다. 넷째, 구성원들과 지속적인 관계를 구축한다. 다섯째, 끊임없이 자신을 훈련시키며 책임감 있게 성과를 높여간다. 빌 조지(2004), 『진실의 리더십(authentic leadership)』, 윈윈북스, 정성묵 옮김, 28-39쪽, 52-61쪽. ; 진정성리더십은 지금까지 알려진 특성·행동·상황·감성·카리스마·변혁적·슈퍼·민주적 리더십 등 모든 리더십 유형의 뿌리로서 '진정성 있는 품성'을 강조하는 바 근원적 리더십이라고도 한다. 윤정구(2012), 『소크라테스가 세상의 리더들에게 묻다: 진정성이란 무엇인가』, 한언, 23쪽.

어진다"[88]는 서번트 리더십의 비조 로버트 그린리프(Robert Greenleaf)의 말처럼, "진실한 리더는 권력이나 돈, 명성보다 리더십을 통해 남을 섬기기를 진심으로 바란다"[89]는 진정성 리더십의 비조 빌 조지(Bill George)의 말처럼, 아난다는 어쩌면 진정성 넘치는 서번트 리더십의 원형이 되는 인물일 수도 있겠다. 그의 시자수락 8조건을 통해 불교리더십의 전형을 제시한다〈표4 참조〉.

〈표4〉 지행합일형 리더십의 원리와 핵심명제

지행합일형 리더십	하심(下心)과 담마(dhamma)의 이념적 가치를 토대로 앎과 실천의 불이적(不二的) 진정성을 통해 공동선을 지향하는 리더십
원리	핵심명제
'아난다의 4청원'으로 본 불교리더십	책임주의/공공의식, 경청, 공유
'아난다의 4불원'으로 본 불교리더십	비권력주의/탈권위, true to self

1) '아난다의 4청원'으로 본 불교리더십

아난다가 시자 요청을 받고 수락조건으로 붓다께 허락해달라고 말씀드린 네 가지 원하는 것[청원]은 책임의식의 발로다. 그 내용은 ①아난다가 초대받은 자리에 붓다를 모시고자 청했을 때 동행해 주시는 일, ②먼 곳에서 붓다의 설법을 듣고자 찾아온 이들을 기쁘게 맞아주시는 일, ③아난다가 법[dhamma]에 대한 의심이 생겼을 때 언제든지 질문을 허락하시는

---

88) 로버트 그린리프(2006), 앞의 책, 25쪽.
89) 빌 조지(2004), 앞의 책, 19쪽.

일, ④아난다가 없는 자리에서 설한 법문을 다시 청하면 기꺼이 말씀해주시는 일 등이다. 논자는 이를 각각 아난다청·대중청·의심청·재청이라고 명명했다.

첫째, 아난다청은 아난다가 재가대중의 초대를 받더라도 혼자 가지 않고 붓다를 필히 모시고 가겠다는 뜻이다. 이는 시자 자리가 교만해지기 십상인 자리라는 점에서 시자로서의 역할에 충실하겠다는 의지의 표출이다. 오늘날 리더십의 유형으로 보면 서번트(servant), 즉 '섬김의 리더십'의 발현이다.

둘째, 대중청은 붓다의 법문을 듣고자 먼 길 마다하지 않고 찾아온 대중에게는 불가피한 경우가 아닌 이상 기쁘게 맞아 담마를 설해달라는 요청이다. 흔히 조직사회에서 비서실장이 수장의 일정을 관리하며 권한을 담보하는 경향이 크다. 아난다는 이 권한을 아예 처음부터 내려놓겠다는 것을 붓다께 청하고 있는 것이다. 아울러 붓다께 은연 중 대중을 향한 연민심을 이끌어내고 있다. 대중의 입장에서는 이보다 고마울 수 없는 것이다. '이타적 리더십'의 유형으로 볼 수 있겠다.

셋째, 의심청은 의문나는 담마의 내용에 대해서는 그냥 모르고 지나치지 않겠다는 학구적 의욕이다. 담마를 아는데서 그치지 않고 담마의 뜻을 제대로 파악해 자신의 것으로 완전히 소화하겠다는 열정의 소산이다. '경청리더십' 또는 '오픈 리더십'의 유형이다.

넷째, 재청은 아난다가 없는 자리에서 설하신 법문을 자신에게 반드시 다시 설해달라는 요청이다. 여기에는 상시(常侍)가 되기 전에 설했던 법문 일체를 포함한다. 아난다가 훗날 다문제일(多聞第一)로서 경전결집을 통해 지법전승(持法傳承)의 소명을 다하게 되는 중요한 덕목이 이로부터 가능했다. 시자로서 역할에 충실한 자세이거니와, 전법륜(轉法輪)의 의지를 불태운 모습이다. 수장의 측근으로서 권력의 힘을 더욱 키워가는 욕망의 소유자들과 근본이 다른 성품을 보여준다. 이를 리더십 이론으로 '공유 리더십'이라고 한다.

조직의 수장과 비서[참모] 관계를 설정하는 과정에서 보이고 있는 아난다의 네 가지 원하는 조건을 현대적 입장에서 바라본다면 어떤 의미로 받아들일 수 있을까? 그것은 지도자의 역할과 리더십의 발현을 통한 개인과 조직의 향상을 공동모색한 공공의식의 발로라고 할 것이다. 진실한 마음으로 공익을 위하고, 공정하며, 투명하고, 대중의식이 강한 바른 리더십의 지표를 그대로 투영하고 있음이다.

2) '아난다의 4불원'으로 본 불교리더십

아난다가 시자 요청을 받고 수락조건으로 붓다께 허락해달라고 말씀드린 네 가지 원하지 않는 것[불원]은 비권력주의 또는 탈권위주의의 전형을 보여준다. 그 내용은 ①붓다께서 보시 받은 옷을 아난다에게 주지 않는 일, ②붓다께서 공양 받은 음식을 아난다에게 주지 않는 일, ③붓다께서 거처하는 방사에서 아난다와 함께 지내지 않는 일, ④붓다를 초대한 자리에는 아난다와 동행하지 않는 일 등이다. 논자는 이를 각각 의불원·식불원·주불원·미동행이라고 명명했다.

이러한 네 가지 원하지 않는 조건들은 아난다 스스로 붓다를 진심으로 존경하고 좋아서 시봉하는 것인데, 다른 사람들이 '붓다께 드리는 좋은 음식·가사·거처 등을 탐내서 시자를 맡은 것'이라고 비난하는 구업(口業)을 짓지 않도록 한다는 생각에서 요청한 내용들이다. 자신의 의도와는 무관하게 다른 사람들로부터 오해 내지 곡해 받을 수 있는 여지를 미리 예방하고자 하는 지혜로운 처신이 아닐 수 없다. 여기에는 아난다 자신을 우선하는 것이 아닌, 대중의 입장을 먼저 생각하는 자세를 보이고 있다는 점에서 아난다의 배려와 이타심을 엿볼 수 있다.

4불원을 오늘날의 의미로 환치하면 의복은 권위와 견줄 수 있으며, 음식은 권력과 등치되고, 주택은 명예나 위엄의 표식이며, 미동행은 과시나 호가호위(狐假虎威)하지 않겠다는 다짐이다. 이는 아난다가 애초부터 비서실장에게 주어질 권위와 권력과 명예를 아예 내려놓겠다는 임파워먼트(empowerment: 권한위임)에 강한 의지를 천명한 내용이거니와, 아난다는 이를 시자가 된 이후 평생 지켰다. 지도자로서의 수범적인 자세를 일관되게 지향했음을 알 수 있다.

국내 30대 그룹 사장 다수는 비서실 출신일뿐더러, 삼성그룹 사장단 47%가 비서실 출신이라고 한다.[90] 보좌에서 매니지먼트에 이르기까지 팔방미인이자 멀티플레이어로 활동한 다양한 경험과 체험은 그들이 지도자의 자리에 올랐을 때 바람직한 리더십을 발휘할 수 있는 자산으로 작용했다. 아난다는 자신의 능력에 확신을 가졌던 인물로 보인다. 시자의 수락 조건을 붓다께 당당히 요청하는 모습에서 충분히 그러한 자신감과 예지가 묻어나오기 때문이다.

자신에게 진실하게(true to self) 행동하는 실천가. 아난다가 바로 이러한 유형의 지도자이겠다. 아난다는 붓다 입멸 후 마하 깟사빠(Maha-Kassapa)가 잠시 교단을 이끈 이후의 교단을 계승해 오래도록 법이 유지되고 전승되는 토대를 갖췄다. 로버트 그린리프는 진정한 지도자의 자질

---

90) 「이코노믹리뷰」 297호 ; 「매경이코노미」 1149호.

을 이렇게 정의하고 있다.

> "누가 적이란 말인가? 사악한 사람이 아니다. 어리석은 사람, 무관심한 사람도 아니다. 시스템도 아니다. 목소리 높여 항의하고 혁명을 꿈꾸는 사람, 체제에 반항하는 사람도 아니다. 진정한 적은 착하고 영리하며 활기찬 사람일 수 있다. 지도자 위치에 있으면서 지도자의 역할과 지도자로서의 서번트이기를 포기할 때, 사회를 병들게 하는 적이 되는 것이다. 지도자적 잠재력을 지녔음에도 지도자의 길을 걷지 않는 사람, 곧 서번트이면서 서번트이기를 포기한 사람들이다. 그들이 고통에 시달릴 때, 사회도 더불어 고통에 시달린다."91)

이에 따르면 아난다는 진정성 있는 서번트로서 불교리더십을 지혜롭게 발현한, 교단사에서 붓다를 닮은 손꼽을만한 리더십의 소유자였다.

라. 원력공유형 리더십

급격한 사회변화, 문명사적 변환기를 맞는 시대에도 불교계는 슬로우 비디오(slow video)다. 사회변화에 둔감하다는 것은 그만큼 전법포교에 책임감을 느끼지 못한다는 말과 같다. 세상 사람들의 육체적 고통을 치료할 수 있는 다양한 복지·의료시설의 확장도 중요하거니와, 정신적 고뇌를 치유해주는 일도 전법포교와 다르지 않을 터인데, 세상의 흐름에는 도리어 둔감하기를 자처한다.

---

91) 로버트 그린리프(2006), 앞의 책, 76-78쪽.

그래서다. 갈수록 속도가 빨라지고 있는 우리 사회의 역동적인 변화를 읽을 줄 알고, 교단과 사회의 모든 분야에 걸쳐 인식과 이해를 높여 현재는 물론 미래까지 공동의 담론을 이끌어낼 수 있는 통찰력과 예지력 높은 지도자가 절실하다. 통찰의 지혜로 바른 결정을 내리는 일은 지도자의 가장 큰 덕목이다.

예지력도 지도자가 가져야 하는 덕목이다. 지도자가 이 덕목을 갖추지 못해 일이 벌어진 다음에야 수습하려 나선다면 그런 지도자는 이름만 지도자일 뿐이다. 눈앞에 닥친 일을 해결하는 데에만 급급한 지도자는 오랫동안 그 자리를 지킬 수 없다. 합리적으로 판단했더라면 충분히 예측할 것을 예측하지 못한 탓에, 또한 훨씬 자유롭게 행동할 수 있을 때 적절한 대응책을 강구하지 못한 탓에 리더십을 잃고 마는 상황들이 종종 일어난다.[92]

개인의 꿈이 모여 조직의 비전이 되는 것은 상식이다. 이렇게 공유된 공동비전을 실현시키는 지도자를 우리는 훌륭하다고 찬탄하거니와, 지도자가 반드시 갖춰야 할 능력이다. 4차 산업혁명이 현실과 상상력의 융합으로 일궈낸 혁신이듯이 비전도 그렇게 수립된다. 비전이 도전적이고 창의적인 당위로 나타나는 이유가 그것이다. 비전을 창출하고 공유하고 강화하고, 그래서 공동비전으로 확장시켜 마침내 실현시키는 일! 그 주인공이 원력공유형 지도자이다.

원력공유형 리더십은 통찰과 예지가 깊은 정견(正見)의 지혜로써 바르고 확고한 원력[비전]을 공유하면서 미래지향적 담론을 견인한다. 마침내 담마를 확신하게 된 불교도들이 스스로 전법륜(轉法輪)의 주체가 되어 셀

---

92) 로버트 그린리프(2006), 위의 책, 50–51쪽.

프 리더십으로 만인해탈 대중견성을 향도하는 비전성취형 리더십이다. 이
리더십의 이념적 원리와 사상적 전거는 불교의 존재이유를 천명한 붓다의
전법선언을 위시해 불교의 근본교의와 수행의 합집합인 사제팔정도에서
확인할 수 있다〈표5 참조〉.

〈표5〉 원력공유형 리더십의 원리와 핵심명제

원력공유형 리더십	통찰과 예지가 깊은 정견(正見)의 지혜로써 원력을 공유하고 전법륜의 주체로서 만인해탈을 향도하는 리더십
원리	핵심명제
'전법선언'으로 본 불교리더십	글로벌리즘—구세주의/자유, 평등, 평화
'사제팔정도'로 본 불교리더십	리얼리즘—수행주의/인과, 정견, 바른 결정

1) '전법선언'으로 본 불교리더십

자비 중의 자비는 담마(dhamma)를 전하는 일이라고 했다. 그것은 인
간 붓다 석가모니부처님의 간절한 당부이거니와, 사부대중이 받아 지녀야
할 사명이자 당위다. 후세 사람들은 전법행각을 붓다의 은혜를 갚는 일로
알았다.

대승불교의 기반을 확립한 나가르주나(Nāgārjuna, 龍樹)는 일찍이 아
비담마—초기대승—인도사상을 망라하고 있는 그의 주저(主著)『대지도론』
에서 전법(傳法)의 중요성을 다음과 같이 설파한 바 있다.

가령 부처님을 머리에 이고 수억 겁을 돌거나
[가사정대경진겁假使頂戴經塵劫]

몸으로 의자를 만들어 부처님을 모신다고 해도
[신위상좌편삼천身爲床座遍三千]

만약 전법에 나서 중생을 제도하지 못한다면
[약부전법도중생若不傳法度衆生]

끝내 부처님의 은혜를 갚았다고 할 수 없으리
[필경무능보은자畢竟無能報恩者]

　　나가르주나의 이 전법게는 불교의 향방과 불자들의 삶의 가치가 어디에 있는가를 분명하게 제시해준다. 여기서 알 수 있듯이 전법은 곧 중생교화요, 이것은 불교의 생명과 직결된다.

　　붓다의 전법선언에 담긴 전법의 정신과 이념은 눈물겹다. 전법을 떠나는 목적이 오로지 이타행을 위해서다. 괴로움 속에서 헤매고 있는 중생을 생각하면 급하고 급할 따름이다. 연민심이 마치 제 목숨을 아끼는 것과 같다. 둘이서 함께 가지 말라는 당부는 그만큼 전법의 속도와 범위를 빠르고 넓게 하라는 뜻이다. 배려하고 소통하고자 하는 노력이 감동적이다.

　　전법선언에 나타난 전법의 방법론은 오늘날도 지표로 삼기에 필요충분조건을 충족하고 있다. 중생을 대하는 마지막 순간까지 열정과 인내와 자애심을 갖고 조리 있고 적절한 표현으로 담마를 잘 설하는 일이 얼마나 중요한가를 일러주고 있다. 응병여약(應病與藥)의 눈높이 설법을 위해 힘써 정진하라는 당부말씀이다. 아울러 수행자로서 청정한 위의는 전법이 성공할 수 있는지의 가장 기초적인 요건임을 밝히고 있다. 전법은 위의설법으로부터 시작된다는 가르침이다. 마지막으로 담마를 들으면 곧 깨달음으로 나아갈 수 있는 중생마저 그 인연을 만나지 못하면 괴로움 속에서 영원히 살아야 한다는 사실을 인식하지 않으면 안 된다는 소명의식을 불러준다. 불자 모두가 그들의 인연처로서 자리매김해야 한다는 교훈이다.

전법선언은 예서 끝나지 않는다. 붓다 스스로 실천행을 몸소 보여주는 모습에서 진정한 지도자로서의 신뢰성과 훌륭함을 담보한다. 예순 명의 비구대중에게 길 위로 나설 것을 당부한 붓다는 우루웰라의 세나니마을로 돌아가 마침내 교단의 급성장을 불러온 깟사빠 3형제와 그의 교도 1천명을 교화한다. 우루웰라는 붓다가 보리수 아래서 해탈열반의 등정각을 성취했던 바로 그 지역이다.

탐진치를 내려놓으니 집착할 게 없다. 집착할 게 없는 이 몸과 마음은 그야말로 자유다. 행복이 다른 데 있지 않다. 내가 향유하고 있는 이 자유를 모든 다른 사람들도 마땅히 공유할 이유가 있고 가치가 있다. 무차별 평등성은 우주의 시공간에 애초부터 주어진 모든 존재들의 권리다. 모든 존재가 우주의 시공간에서 인연 따라 형성되었다가 인연 따라 사라지기를 반복하고 있기 때문이다. 그렇게 자유로운 존재가 또 다른 자유로운 존재와 어울림마당에서 담마의 리듬에 맞춰 더불어 기쁨을 누리니 이처럼 평화로울 수가 없다. 세계일화(世界一華)다.

모름지기 불교지도자이기를 자처한다면 생각과 행위가 그래야 한다. 자연인 개인도 이기본위(利己本位)의 속성을 버리지 못하고 공공성을 담보하지 못하면 비난을 면치 못하는데, 하물며 불교지도자로서의 위의는 두말을 요하지 않는다.

인공지능이 인간의 지능을 뛰어넘는 시점이 점점 다가오고 있다는 4차 산업혁명시대, 인간의 성품은 더욱 고결해지고, 그 지혜는 더욱 맑아야 하며, 누구보다 앞서 미래 사회를 읽어내는 통찰력과 예지력이 요구된다. 전법선언이 주는 현재적 교훈은 그러한 모든 것을 갖춘 글로벌 리더로서의 구세의지를 당당하게 천명하고 있음이다.

2) '사제팔정도'로 본 불교리더십

이것이 괴로움의 성스러운 진리다(고성제苦聖諦)

이것이 괴로움의 일어남의 성스러운 진리다(집성제集聖諦)

이것이 괴로움의 소멸의 성스러운 진리다(멸성제滅聖諦)

이것이 괴로움의 소멸로 인도하는 도닦음의 성스러운 진리다(도성제道聖諦)[93]

연기송과 함께 우리에게 익숙한 전형구다. 바로 네 가지 성스러운 진리, 사성제다. 연기법의 핵심이요 축소판이다.

고성제는 인생 자체가 괴로움 아닌 것이 없다는 현실의 속성을 통찰하는 것이요, 집성제는 괴로움이 발생하는 근본원인인 욕망과 집착을 여실히 보는 것이요, 멸성제는 괴로움의 근원이 되는 욕망과 집착을 소멸함으로써 안온한 경지에 이르는 것이요, 도성제는 감각기관을 잘 통제해 멸성제에 이를 수 있는 여덟 가지 바른 길[팔정도]이다. 사성제를 닦으면 차례로 사향사과(四向四果)의 경지를 얻는다. 이 길을 성취하면 명(明)이 발생한다. '명'이란 실재하는 것, 발견되는 것 등의 뜻이다. 이러한 명에 대한 무지가 무명(無明)이다. 무명은 가장 근본적인 번뇌로서 십이연기의 근원이다.

사성제는 이처럼 바른 수행의 기준이 되는 인과의 가르침이거니와 원력을 창출하고[고성제], 공유하고[집성제], 강화해[도성제], 마침내 실현시키는[멸성제] 원력공유형 리더십의 원리를 잘 제시해준다고 하겠다. 여기서 도성제는 팔정도(八正道)[94]를 일컫는 바, 이것은 해탈·열반을 성취하는

---

93) 『상윳따니까야』 56:11 「전법륜경」.

전조가 되고 선구가 되는 불교의 가장 핵심적 가치요 실천강령이다. 붓다가 처음과 마지막에 힘주어 설한 가르침이거니와 붓다담마의 골수를 이룬다. 그래서 리즈 데이비즈(Rhys Davids)[95]는 일찍이 "세계의 훌륭하다고 하는 종교조직들 가운데 팔정도를 능가하는 것은 없다"[96]고 단언한 바도 있거니와, 팔정도는 붓다가 설한 모든 가르침의 바탕을 이룬다고 해도 과언이 아니다. 모름지기 지도자가 갖춰야 할 실천적 덕목의 전부라고 할 수 있다.

지도자의 행위 가운데 핵심은 바른 결정이다. 지도자의 결정은 개인문제로 끝나는 게 아니라 수십 수백 수천의 인간[사물]들에게 영향을 미치거니와, 잘못된 판단은 재앙을 불러올 수도 있기 때문이다. 그래서 리더십이란 결단을 내리되 바른 결정을 내리는 것이다. 바른 결정을 내리려면 바른 눈, 즉 정견(正見)을 가져야 한다.[97]

정견은 교리적으로는 팔정도 가운데 지혜의 덕목이고, 이는 곧 사성제와 연기에 대한 통찰지혜를 뜻한다.[98] 사성제와 팔정도는 그렇게 서로를 품는 상호 삼투적(滲透的) 관계이다. 그래서 사성제를 알면 정견을 갖춘 것이고, 사성제를 모르면 사견(邪見)에 빠질 확률이 높다. 현실적으로 정

---

94) 여덟 가지 성스러운 도(道)를 나타내 팔지성도(八支聖道)라고 한다. 정견(正見)·정사유(正思惟)·정어(正語)·정업(正業)·정명(正命)·정정진(正精進)·정념(正念)·정정(正定)을 말하며, 이 가운데 핵심은 정견이다.

95) 1881년 영국의 빠알리성전협회(Pali Text Society)를 창설한 주인공이다. 동·서양의 유능한 학자들의 도움과 협력을 견인해 빠알리 니까야와 주석서들을 로마자와 영어로 번역 출판하는 공적을 남겼다. 이는 서양인이 불교를 위한 일 가운데 가장 큰 공헌이다.

96) William Peiris(1973), *The Western Contribution to Buddhism*, India, 10쪽 ; 일아(2008), 『한권으로 읽는 빠알리 경전』, 민족사, 725쪽에서 재인용.

97) 달라이 라마·라우렌스 판 덴 마위젠베르흐(2009), 『리더스 웨이』, 김승욱 옮김, 문학동네, 22쪽.

98) 『디가 니까야』 22 「대념처경」 18–21.

견은 편견 내지 선입견을 버리는 것을 말한다. 「광수생각」 박광수의 "주인도 안 가리고 마구 물어대는 미친개의 이름은 편견"99)이라는 말처럼, 편견이나 선입견은 인간이든 사물이든 진실을 있는 그대로 보지 못하게 하는, 그래서 눈뜬장님이 되게 하는 어리석음의 대명사다.

사성제가 리더십의 원리로서 갖는 현실적 의미는 무엇인가. 그것은 '바른 결정을 내리기 위한 네 가지 단계'로 설명할 수 있다. 1단계는 사실은 무엇이고, 무엇이 문제인가? 2단계는 문제의 원인은 무엇인가? 3단계는 내가 이루고자 하는 것은 무엇인가? 4단계는 어떻게 하면 그것을 이룰 수 있는가?100)이다.

이처럼 현명한 지도자는 어떤 목표나 일의 원인[집성제/도성제]과 결과[고성제/멸성제]를 먼저 살핀다. 그것이 옳은지, 적절한지, 진실인지, 거짓인지를 잘 살피는 것이다. 혼자 고독하게 서있는 믿음은 속임수에 넘어가거나 판단착오를 일으키기 일쑤다. 또 감정 상태에 따라 쉽게 흔들린다. 지혜가 없으면 인간들이 하는 말이 옳은지 그른지 따져보지 않고 무조건 믿게 된다.101) 그래서 통찰지혜[정견]는 지도자에게 너무나 중요한 덕목이다.

지도자는 인간들에게 바른 믿음을 주어야 하거니와, 달성하고자 하는 목표가 분명하고 지혜로써 이를 실천할 수 있어야 한다. 그리고 바른 결정을 내리기 위해 마음수련을 해야 하는 것은 지도자의 필수 덕목이다. "명심하라. 부정적인 생각이 아주 강할 때는 중요한 결정이나 돌이킬 수 없는 결정을 내리지 말라"는 달라이 라마의 '바른 결정'을 위한 조언을 들

---

99) 서백(2011), 『시민교양 리더십 강의』, 책나무, 21쪽.
100) 달라이 라마·라우렌스 판 덴 마위젠베르흐(2009), 앞의 책, 122쪽.
101) 달라이 라마·라우렌스 판 덴 마위젠베르흐(2009), 위의 책, 98쪽.

어보자.

> "결정을 내리는 가장 큰 이유는 무언가를 변화시키기 위해서다. 변화는 하나의 상황이 다른 상황으로 바뀌는 것이라고 흔히들 생각한다. 그러나 이것은 위험할 정도로 단순한 생각이다. 현재의 상황은 수많은 원인과 조건에서 비롯되었으며, 또 수많은 원인과 조건에 의존하고 있다. 상황은 항상 변하기 때문에 무상하다. 이러한 상호의존과 상호연관성을 깨닫고 나면 우리 마음에는 겸손이 자리잡는다. 마음이 겸허해지면 성공적인 변화를 이끌어내는 것이 얼마나 어려운 일인지 알게 된다. 또 편협한 시각이 아니라 전일론적으로 변화를 바라보게 된다. 즉 결정을 내리기 전에 다양한 각도에서 결과를 예측해보게 되는 것이다. 그리고 무상을 인정하면 자신의 결정이 어떻게 실행되고 있는지 더 엄격하게 응시하게 된다."[102]

바람직한 리더십의 전제가 되는 바른 눈, 즉 정견을 통해 사성제가 주는 현실적 교훈이 이것이겠다.

---

102) 달라이 라마·라우렌스 판 덴 마위젠베르흐(2009), 위의 책, 41쪽.

Ⅳ. 결어

불교의 존재이유는 전법선언에 담긴 중생의 이익과 행복과 안락을 위한 붓다의 간곡한 당부와 다르지 않다. 출-재가 가릴 것 없이 중생연민과 전법개척의 횃불을 높이 들어야 하는 당위가 그것이다. 스스로는 인격과 품위와 상식을 갖추고 다른 사람들의 근심과 슬픔과 정신적·육체적 고통을 함께 나누며 어루만져주는 일이거니와 일방적 신앙의 강요가 아닌 붓다담마(Buddha-dhamma)의 올곧은 실천, 그것이 바로 전법교화의 현대적 의의요 교훈일 것이다.

출-재가의 모든 불자가 전법교화의 활동적 주체라고 한다면, 교단과 사찰은 제도적 주체로서 활동적 주체들의 역동성을 추동하는 시·공간적 지원기구라 할 수 있다. 수행과 교화의 구심점이 되는 이러한 주체들은 우리 사회에서 가족과도 같은 개념이다. 가족이 붕괴되면 사회도 국가도 성립될 수 없듯이 활동적·제도적 주체들이 제 기능을 찾지 못하면 교단의 사회적 역량과 불교의 생명성을 상실하게 되어 급기야 역사의 저편으로 사라질 수 있다. 초기불교의 전법과 교화활동의 실제를 살펴 정면교사(正面敎師)로 삼고자 한 까닭이 그것이다.

불교의 본질적 기능인 수행과 교화의 양 수레바퀴가 여법하게 굴러가기 위해서는 전법륜의 1차적 주체가 되는 출가대중의 위의청정이 절대적인 관건이다. 출가자로서 위의가 청정하다는 것은 신구의(身口意) 삼업(三業)이 지계지율(持戒持律)에 원만하다는 뜻이다. 대중일반의 신뢰를 얻는 첫 걸음이 그것이다. 이러한 이계위사(以戒爲師)는 안팎이 정제된 지행합일의 일상을 담보하거니와, 이것은 누구도 누릴 수 없는 도덕적 권위를 공인받게 된다.

출가대중이 도덕적 권위를 담지하면 재정확보에 일정한 청신호를 부르는 출–재가의 상보성을 확장시킨다. 사부대중 관계가 원만하고 원활해지면 수행과 교화의 역량이 강화되고, 이러한 역량강화는 사회적 실천의 토대를 형성함으로써 불교의 생명성을 영속시킨다. 이것은 붓다가 당부한 만인해탈 대중견성을 향한 원력을 공유하는 가운데 출–재가의 상보적 관계정립과 교단의 기능적 비전을 극대화하는 순기능을 더욱 활성화한다.

이처럼 위의청정, 관계존중, 지행합일, 원력공유의 실제가 작동하는 리더십은 개인과 사찰, 교단과 사회의 선순환기능을 원활하게 작용하도록 함으로써 불교의 사회적 실천과 역량을 더욱 증장시키는 인과관계를 담보해준다. Ⅱ장에서 고찰한 바와 같이 초기불교도들이 담마의 사상적 가치를 역동적으로 실천한 전법교화현장에서의 여덟 가지 행동유형은 대중교화와 보편적 셀프 리더십의 함수관계를 여실히 보여준다.

담마를 보고, 담마를 얻고, 담마를 알고, 담마를 깨닫고, 마침내 의혹을 풀어서 내가 갈 길이 바로 이것이라는 확신에 이르러 비로소 붓다에 귀의한[103] 당당한 셀프 리더십의 주인공들. 중생연민과 전법개척의 삶에서 그들이 보여준 바람직한 불교리더십의 네 가지 유형은 오늘의 한국사회에서도 각별히 요구되는 지도자상이거니와, 우리 모두가 일상적 삶의 가치로 끌어안아야 하는 바로 그것이겠다.

마하트마 간디(Mahatma Gandhi, 1869~1948)는 일찍이 "우리 자신이 우리가 세상에서 찾고 있는 변화가 되어야 한다"고 강조한바 있다. 인간이 공상하는 그 이상을 현실로 만들어가고 있는 21세기 문명사적 변환기,

---

103) 하춘생(2016), 앞의 책, 162-163쪽.

4차 산업혁명시대가 던져주는 시사성은 물론이거니와, 작금의 팬데믹 (Pandemic) 현상은 더더욱 모든 것을 빠르게 변화시키고 있다. 인간이 변화를 주도하거니와 인간이 그 변화 자체가 되고 있다. 우리 사회의 모든 분야에서 새로운 가치의 틀이 시급한 이유이다.

그래서다. 문명이기를 딛고 인간 고유의 가치를 보전하고 함양할 수 있는 진정한 지도자는 시대적 요청이다. 일생을 길 위에서 사신 붓다처럼 현장중심의 실천력으로 솔선궁행하고, 좋은 벗(kalyāṇamitta)이 되어 비전(해탈열반)을 공유하며, 진정성 넘치는 지행합일로 화합공동체를 형성하고, 중도적 휴머니즘의 열정으로 공감소통하는 지도자가 절실한 것이다.

세계적인 컨설턴트로 저명한 경영학자 스티븐 코비(Stephen Covey, 1932~2012)는 지도자의 역할을 네 가지로 제시했다. △기대하지 않아도 신뢰가 형성되는 '개인의 도덕적 권위'로서 모범보이기(양심) △명령하지 않고도 질서를 만들어내는 '비전의 도덕적 권위'로서 방향설정하기(비전) △선포하지 않고도 비전과 임파워먼트(empowerment)를 정착시키는 '제도의 도덕적 권위'로서 한방향 정렬하기(규율) △외부동기를 이용하지 않고 잠재능력을 이끌어내는 '문화의 도덕적 권위'로서 임파워해주기(열정) 등이 그것이다.[104]

이 글을 통해 제시한 불교리더십의 몇 가지 유형은 스티븐 코비가 제시한 지도자 역할론의 모태가 되기에 충분한 지도자의 자질론이다. 좀 더 사실에 접근하면 이 글은 중언부언의 언설이요 장광설을 문자로 옮겨놓은 것에 불과하다. 최상의 바람직한 리더십은 붓다의 생애에 고스란히 담겨 있거니와 불교의 핵심명제인 지혜[자리]와 자비[이타]를 성취해가는 원력

---

104) 스티븐 코비(2005), 『성공하는 사람들의 8번째 습관』, 김경섭 옮김, 김영사, 165 -170쪽, 372-374쪽.

과 그 노정에서 자연스럽게 발현될 수 있기 때문이다.

'문제의식이 없는 게 더 큰 문제'라고 지적되듯이 백 가지 지도자론이나 리더십의 제유형은 그 논리에 머무는 것을 벗어나 현장에서 실천으로 옮겨졌을 때 진정한 가치를 부여받을 수 있다. 중국 당나라 때 선사 조과도림(鳥窠道林, 741~824)과 시인 백거이(白居易, 772~846)의 대화로 유명한 칠불통계(七佛通誡)[105]의 일화가 주는, '삼척동자 팔십노인 운운'의 교훈이 그것이거니와, 전법교화의 원력을 구현해가는 시·공간에서 불교리더십의 제유형이 그러한 생명성을 얻을 수 있기를 기대한다.

---

105) 『담마빠다』 183, "諸惡莫作 衆善奉行 自淨其意 是諸佛教". 석가모니불을 포함한 과거 일곱 분의 붓다가 공통적으로 설하신 가르침.

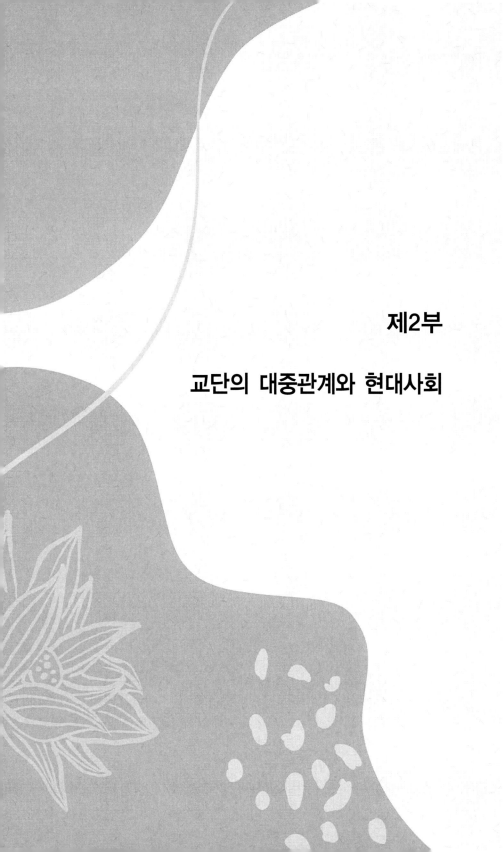

제2부

교단의 대중관계와 현대사회

Ⅰ. 서언

우리는 현대사회를 흔히 가상과 현실의 경계가 무너지고 있는 정보시대 또는 디지털문명시대 내지 4차 산업혁명시대라고 부른다. 인류의 역사는 그동안 원시적 채집사회를 거쳐 인간을 정착하게 만든 농업혁명−농업사회와 대량생산구조를 불러온 산업혁명−산업시대를 거치며 일대 전환기적 시대를 맞이한 바 있다. 이제 현대사회는 지식정보혁명을 거쳐 정보사회(information society)로 대변되는 새로운 전환기적 패러다임 속으로 들어와 있다.

일찍이 앨빈 토플러는 『제3물결』에서 "제1물결 변화인 농업혁명은 수천 년에 걸쳐서 나타났고, 제2물결인 산업혁명이 대두하는 데에는 300년 밖에 안 걸렸다. 오늘날은 제3물결이 수십 년 동안에 역사를 휩쓸어 생산자와 소비자 간의 역사적 불화를 해소하고 장차 '생산소비자(prosumer)' 경제학이 형성될 길을 열어줄 것이다. 제3물결의 문명은 우리가 조금만 현명하게 협력한다면 역사상 최초의, 진실로 인간적인 것이 될 것"[1]이라고 예견한 바 있다. 제3물결은 지식정보가 중심이 되는 제3의 문명을 의미한다.

주지하다시피 '정보'라는 용어는 현대사회에서 가장 흔하게 듣고 쓰는

---

[1] 앨빈 토플러(1989), 『제3물결』, 이규행 감역, 한국경제신문사, 27-28쪽 ; 또한 제3시대의 사회변천은 정보혁명의 전개를 통해 정보의 대량생산과 활발한 유통이 이루어지며, 사회조직은 보다 확대되고 복잡해지며, 동시에 자유와 계획과의 창조된 조화에 기초를 둔 최적 사회조직형태로의 모색과 관리시대로의 이행이 시작되며, 정보산업의 발달을 통해 고도지식사회로 변천하게 된다고 한다. 이러한 사회를 사회학자 다니엘 벨은 정보화사회 또는 탈공업화사회로 정의하고 있다. 다니엘 벨(1984), 『정보화사회의 사회적 구조』, 이동만 옮김, 한울, 6쪽.

말이다. 현대사회에서 통용되고 있는 어떤 다른 말과 서로 붙여 써도 전혀 낯설지 않은 단어가 바로 '정보'이다. '정보'는 그 개념정의를 논하기에 앞서 이미 우리 사회의 모든 분야에서 공유되고 있는 가장 보편적인 가치를 상징하고 있는 것이다. 현대사회가 정보사회와 동의어로 통용될 정도로 '정보'는 작금의 인류사회 그 자체를 의미하고 있다.

그렇듯 정보사회가 현대사회의 제반구조를 포괄하고 있는 복합적 개념으로 정의된다면, 정보사회는 시·공간의 모든 존재와 현상이 상호의존적으로 관계되어 있다는 의미를 내포한다고 볼 수 있다. '정보'라는 매개체를 중심으로 영역간의 상호작용과 소통이 전개됨으로써 우리 사회를 더욱 유동적으로 변화시킨다고 보기 때문이다. 주관과 객체는 서로 무관한 것이 아니며, 시·공간 역시 분리된 객관적 실체로서 존재하지 않는다는 불교교의적 함의(含意)를 확인할 수 있는 것이다. 그래서 우리가 사는 세상을 중중무진법계(重重無盡法界)로 설명하고 있는 화엄의 세계관은 현대 정보사회의 네트워크 관계구조를 잘 반영해준다.

정보산업에서 일고 있는 엄청난 과학기술의 혁신은 개인이나 집단들로 하여금 공간의 제약과 사회, 문화적 장벽을 넘어서서 상호 막힘없는 의사소통을 가능하게 하고 있다. 인터넷 시스템을 통해 세계의 모든 네티즌들에게 열린 정보공간은 화엄적 세계가 인간사회에서도 그대로 현실화되고 있다는 느낌을 주기에 충분하다. 이 정보공간에 들어가는 사람은 모두 서로 정보를 교환하면서 누구에게나 열린 존재가 된다. 마치 저 유명한 인드라망의 구슬들이 중중무진 서로를 반영하고 있는 것과도 같은 것이다.[2]

이처럼 정보사회를 중중무진법계의 화엄세계와 결부지어 접근한다면 우

---

2) 길희성(1997), 「화엄적 세계관과 사회갈등의 문제」, 『21세기 문명과 불교』, 동국대학교, 306쪽.

리는 어렵지 않게 가상과 실재, 범부와 붓다가 둘이 아니라는 관계구조를 이해할 수 있다. 열린 존재, 열린 공간, 막힘없는 소통구조는 붓다가 서원했던 자유(佛)·평등(法)·평화(僧)의 현실구현이 승가공동체의 근원적 실체였다는 사실을 반영해준다. 동일한 지표와 서원을 공유한 승가공동체가 열린구조 평등관계로서 당당히 존립해야 한다는 당위가 강조되는 까닭을 여기서 찾을 수 있다.

주지하듯이 붓다는 신(神)에 의해서건 인간에 의해서건 사회적 불평등을 합리화하는 어떠한 이론도 인정하지 않고 모든 것은 원인에 따라 결과가 나타날 뿐 일체가 평등함을 설파하셨다. 붓다는 『열반경』에서 "모든 중생은 다 불성을 가지고 있다[일체중생 실유불성一切衆生悉有佛性]"고 천명함으로써 원리상 평등의 범위를 모든 중생에게 확대시켰고 그 지위를 붓다의 성품으로 고양시켰다. 붓다의 평등사상은 부자나 가난한 자나 지배자나 피지배자 그리고 죄 지은 자나 죄 짓지 않은 자나 모두 자비정신으로 평등하게 구원하는 것을 서원으로[3] 삼았던 것이다.

이에 출가양중을 형성하고 있는 비구승가와 비구니승가의 폐쇄적 차별성을 상징하거니와 서로간의 좁힐 수 없는 간극의 근원이 되는 팔경법(八敬法)을 현대사회에서도 그대로 적용하는 것이 타당한가를 살펴보는 일은 오늘날 전법의 본질과 대중교화의 지향과 관련해서 매우 긴요하고도 유의미한 일이 될 것이다.

---

3) 정천구(2013), 「금강경의 정치철학적 함의」, 『한국교수불자연합학회지』 19권 2호, 한국교수불자연합회, 21-22쪽.

Ⅱ. 팔경법에 나타난 교단의 대중관계

한국불교사에서 비구니에게 팔경법(八敬法)이 적용된 사례는 삼국시대 불교수용 이후 줄곧 지속되어왔다. 이는 곧 교단의 출가양중을 형성하고 있는 비구와 비구니의 관계구조가 자율성과 평등성을 잃었다는 반증이요, 남존여비(男尊女卑)라는 유교적 이념을 불교교단이 무분별·무비판적으로 수용했다는 전거이다. 한국불교사에서 팔경법이 적용된 역사성과 조선시대 폐절(廢絶)된 이후 근래에 다시 복원된 의미 등을 살펴 팔경법이 교단 안팎에 던져주는 실상을 교훈삼아 보고자 한다.

1. 팔경법의 역사성과 적용 사례

팔경법은 붓다의 이모이자 양모인 마하빠자빠띠 고따미(Mahāpajāpatī-Gotamī)를 비롯한 석가족 500여인들이 출가의 허락을 받는 과정에서 그 전제로 제시된 여덟 가지 법을 말한다. 이 팔경법은 전해오는 불전 가운데 비구와 비구니의 차별성을 명시하고 있는 대표적인 내용이다. 『사분율』권48 「비구니건도」에 명시된 팔경법의 내용을 정리하면 다음과 같다.4)

---

4) T22, 923상–중. 현하 한국불교교단[대한불교조계종]이 『사분율』에 의거해 수구(受具) 의식을 행하고 있는 현실을 반영해 『사분율』로 전거를 삼았다. 『사분율』 외에도 『마하 승기율』·『십송율』·『오분율』·『근본설일체유부비나야잡사』·『빠알리율장』 등 6부의 광율과 『중본기경』「구담미래작비구니품」·『구담미경』·『불설구담미기과경』·『대애도 비구니경』·『율이십이명료론』 등 적지 않은 경론에서도 팔경법의 내용을 확인할 수 있

① 비록 백세의 비구니라 할지라도 이제 갓 수계한 비구를 보면 모름지기 일어서서 우러러 예를 갖추고 깨끗한 자리를 펴서 내주며 청하여 앉게 할지니, 이 법을 존중하고 공경 찬탄하여 목숨이 다하도록 지킬지니라[비구니만백세(比丘尼滿百歲)]

② 비구니는 비구를 욕하거나 책망하지 말아야 한다. 계를 범했다, 소견을 깨뜨렸다, 위의를 깨뜨렸다 하지 말라. 이 법을 존중하고 공경 찬탄하여 목숨이 다하도록 지킬지니라.[비구니불득매비구설추죄(比丘尼不得罵比丘說麤罪)]

③ 비구니는 비구의 죄를 드러내거나 기억시키거나 자백시키지 못하며, 비구들이 죄를 찾는 일이나 설계하는 일이나 자자하는 일을 막지 못한다. 또 비구니는 비구를 꾸짖지 못하나 비구는 비구니를 꾸짖을 수 있다. 이 법을 존중하고 공경 찬탄하여 목숨이 다하도록 지킬지니라.[폐비구니언로(閉比丘尼言路)]

④ 식차마나니계를 꼭 배운 뒤에 비구에게 구족계를 받으라. 이 법을 존중하고 공경 찬탄하여 목숨이 다하도록 지킬지니라.[이세학계이부승중수구족(二歲學戒二部僧中受具足)]

⑤ 비구니가 승잔죄를 범했거든 출가양중 앞에서 보름마다 마나타 갈마

다. 팔경법은 달리 팔중법(八重法)·팔경지법(八敬支法)·팔존사법(八尊事法)·진형수불가과법(盡形壽不可過法)·팔불가월법(八不可越法)·필추니팔존경법(苾芻尼八尊敬法)이라고도 한다.

를 행하라. 이 법을 존중하고 공경 찬탄하여 목숨이 다하도록 지킬
지니라.[반월행마나타(半月行摩那埵)]

⑥ 비구니는 보름마다 비구들에게 포살하는 교수를 해주기를 청하라.
이 법을 존중하고 공경 찬탄하여 목숨이 다하도록 지킬지니라.[반월
문포살구교계(半月問布薩求敎誡)]

⑦ 비구니는 비구가 없는 곳에서 안거를 하지 말라. 이 법을 존중하고
공경 찬탄하여 목숨이 다하도록 지킬지니라.[무비구주처불득안거(無
比丘住處不得安居)]

⑧ 비구니가 안거를 마치거든 비구들에게 가서 보고 듣고 의심한 세 가
지 일을 마음대로 들추어 자자해주기를 청하라. 이 법을 존중하고
공경 찬탄하여 목숨이 다하도록 지킬지니라.[안거경이부승중구자자
(安居竟二部僧中求自恣)]

이상의 내용으로 보아 팔경법은 비구니들의 수행생활이 어떻게 이루어
져야 하는가를 극명하게 보여준다. 한결같이 비구와의 관계에서 비구니들
만의 행보와 관련한 엄격한 규칙을 전제하고 있는 사실을 확인할 수 있
다. 그것은 오늘날까지도 남-북방 불교권 전역에 걸쳐 비구니의 비구에의
예속 내지 종속관계의 근거로서 작용하고 있다. 지역적·시대적 상황과
변화에도 불구하고 팔경법만큼은 마치 불변상속해야 하는 철칙처럼 인식
되고 있는 이러한 교단구조는 비구니의 역할 및 위상문제와 직결된다는
점에서 끊임없는 문제제기의 원인을 제공해주고 있다.

한국불교사에서 팔경법이 비구니에게 언제부터 적용되었는지는 전해오는 구체적인 사료가 없어 일목요연하게 확인하기가 쉽지 않다. 다만, 일본에 전하는 사료 가운데 『원흥사가람연기』를 살펴보면 용명2년(587, 위덕왕34)에 백제의 사신들이 비구니의 수계의식을 설명하고 있는 내용을 확인할 수 있는데, 한국불교사에서 비구니의 수계의식에 관한 최초의 기록으로 보인다. 그에 따르면 비구니들은 먼저 비구니 사찰에서 열 명의 니사(尼師)를 모시고 수계한 뒤 곧바로 법사사(法師寺, 비구사찰)로 가서 열 명의 비구법사를 모시고 열 명의 니사와 함께 총 스무 명의 스승으로부터 구족계를 수지해야 한다는 것이다. 사신들은 또한, 일본에는 니사만 있고 법사사와 법사가 없으므로 만약에 비구니들이 법대로 수계하려면 법사사를 세우고 백제국의 승니들을 초청해 계를 수지해야 할 것이라고 말했다.[5]

『원흥사가람연기』의 이러한 내용에 의거하면 백제에서 비구니의 수계는 팔경법 제4칙인 '이세학계이부승중수구족(二歲學戒二部僧中受具足)'에 해당하는 비구와 비구니 양중수계[이부승수계]로 진행되었다는 사실을 알 수 있다. 비구니의 양중수계가 팔경법에 의거하고 있다는 점을 감안하면 『원흥사가람연기』에 나타난 백제사신의 전언은 백제에서 팔경법이 그대로 적용되었다는 내용으로 보아도 무방할 것이다. 이는 백제의 인도 구법승인

---

5) 「원흥사가람연기」, 『일본불교전서』 신85권, 사지부3, 2상. 이와 관련해 일본불교를 잠깐 언급하면, 일본의 최초 여성출가자는 당시 일본에 와있던 고구려승 혜편(惠便)에게 584년경 삭발염의한 선신(善信)·선장(禪藏)·혜선(惠善) 등이다. 이들 세 니승(尼僧)은 일본 출가승의 시초가 된다. 당시 일본의 대신 소아마자(蘇我馬子)가 백제의 승려를 청해 수계의 법을 물었으며, 선신 등 세 니승이 588년 백제로 건너와 3년간 계율을 공부한 뒤 구족계를 수지하고 590년 돌아갔다. 이로부터 일본에도 출가승들이 급증했다고 한다. 이때 남성출가자들도 선신 등을 통해 출가득도한 것으로 보이는데, 선신의 동생으로 추정되는 덕제(德齊)가 일본의 첫 비구가 된다. 조동종니승사편찬회(1955), 『조동종니승사』, 조동종니승단본부, 115쪽.

겸익(謙益)이 범본율부(梵本律部)를 갖고 귀국한 백제 성왕 4년(526) 이후 72권의 율부 번역과 36권의 율소(律疏)가 저술되는 등 활발발했던 계율연구와 무관하지 않은 것으로 보인다.

신라에서는 자장(慈藏)이 선덕여왕 12년(643)에 7년간의 당(唐) 유학을 마치고 귀국할 때 중국에서 『사분율』의 일가를 이룬 도선(道宣)의 남산율맥을 들여온 사실에서 계율전래의 시초를 확인할 수 있다.6) 이후 자장은 선덕여왕 15년(646)에 통도사를 창건하고 금강계단을 세웠는데, 신라에서의 비구와 비구니의 수계의식은 이로부터 비롯되었을 것으로 본다. 자장이 신라에 남산율맥의 전통을 세우고, "승려가 되려는 사람은 모두 부처님의 진신사리를 모신 금강계단에서 계를 받아야 한다[위승자 통이도지爲

---

6) 현재 대한불교조계종의 율사들이 전지(傳持)하고 있는 율맥은 『사분율』에 의거한 중국의 남산율맥이다. 이와 관련해 학담은 「용성진종선사의 원돈율사상과 선율겸행의 선풍」 제하의 논문에서 "중국의 남산율종은 소의경전과 종지종통을 가지고 『사분율』 중심의 율법을 전승했다면, 자장 이래 우리 율법의 전승은 화엄·범망 등 대승경을 의지처로 심지계법(心地戒法)을 설하면서 출가교단의 구족계맥을 이어왔다. 중국 남산율종과 자장율사의 오대산 상서감응을 통한 통도사 금강계단 설치는 아무런 인연관계가 없다"며 자장과 남산율맥은 무관하다고 밝히고 있다. 학담은 "자장이 선덕여왕 5년(636)에 칙명을 받고 제자 승실(僧實) 등 10여명과 함께 중국 당나라에 들어가 청량산(오대산)에서 문수보살의 감응으로 범게(梵偈)와 가사·사리를 받았고, 태화지의 용신(龍神)에게서는 본국에 돌아가면 황룡사에 구층탑을 세우라는 말을 들었다"는 『삼국유사』(「의해」 제5 '자장정율')의 기록에 의거해 오대산에서의 서상수계(瑞祥受戒 : 자서수계自誓受戒)를 주장하고 있는 것으로 보인다. 학담은 또, 환성지안(喚惺志安, 1664~1729) 이후 끊어진 율법을 중흥한 조선후기 대은낭오(大隱朗旿, 1780~1841)의 수계와 관련해서도 "우리나라 율법이 쇠퇴함을 걱정하여 스승 금담선사와 같이 지리산 칠불암에서 범망경에 의지해 기도정진하던 중 대은낭오 화상의 정수리에 서상의 빛이 비추므로, 스승 금담선사가 율법으로는 낭오율사의 제자가 되었다"며 서상수계를 거론하고 있다. 학담(2007), 「용성진종선사의 원돈율사상과 선율겸행의 선풍」, 『대각사상』 10호, 대각사상연구원, 376-403쪽. 이에 따르면 현하 조계종의 비구율맥은 초전(初傳)과 중흥 당시의 전지(傳持)가 모두 서상수계로써 오늘에 이르고 있다는 사실을 말해준다. 서상수계에 의해 율맥이 이어졌다고 하는 기록은 가산지관(2005), 『한국불교계율전통』, 가산불교문화연구원, 244쪽에도 명시되어 있는바, 서상수계로써 율맥을 복원하기 전에는 끊어져 있었던 것으로 이해된다. 비구니로 하여금 양중수계를 위시한 팔경법의 수칙을 전통복원이라며 차별의식을 고취하고 있는 교단현실이 아이러니하다.

僧者通而度之]"거나 "모든 진리를 회통하여 중생을 제도한다[통만법 도중 생通萬法度衆生]"라는 통도사의 의미와 유래[7])에서 그러한 역사성을 유추해볼 수 있기 때문이다. 7세기 후반에서 8세기 초반에 활동한 신라승 의적(義寂)이 『범망경』 제8경계인 '존비차제계(尊卑次第戒)'를 설명하면서 팔경법 제1칙에 해당하는 비구와 비구니의 차별관계를 언급하고 있는 점[8])도 신라시대에 팔경법 준수와 그에 따른 양중수계가 시행되었다는 사실을 반증해준다고 하겠다.

고려에서도 대체로 『사분율』에 의거함에 따라 팔경법이 시행된 것으로 보고 있다. 고려후기 승려인 운묵무기(雲黙無奇)[9])가 충숙왕 15년(1328)에 쓴 『석가여래행적송』[10])에서 "비구니가 수명이 다할 때까지 팔경법을 잘 지키면 정법이 다시 1,000년을 머물 것"이라고 밝힌 내용으로 보아, 비구니의 양중수계를 비롯한 팔경법이 고려 말까지도 시행되고 있었다는 사실을 알게 해준다.

숭유억불시대인 조선조에서는 구체적인 기록을 찾아볼 수 없으나 고려 말의 제도를 대체적으로 계승하지 않았을까 추정할 뿐이다. 왕실은 불교에 대한 유생들의 견제와 핍박 속에서 비구니원의 치폐를 반복하면서도

---

7) 이기영 · 김동현 · 정우택(1991), 『빛깔있는 책들: 통도사』, 대원사, 11쪽.

8) 의적, 『보살계본소』 권하, 『한국불교전서』2, 292-293쪽. 이 내용의 한글번역문을 옮기면 다음과 같다. "이 경문에서는 노소를 불문한다고 했으므로 그 생년의 차례를 따르지 않는다. 비구와 비구니란 이중으로서 모두 각각 계 받는 것으로써 차례를 삼는 것이지, 먼저 받은 비구니가 나중에 받은 비구의 위에 앉는다는 것은 아니다. 남녀의 존비는 본래 뒤섞일 수 없기 때문이다."

9) 운묵은 자가 무기이며 호가 부암(浮庵)이다. 백련사에서 출가하고 불인정조(佛印靜照)에게 득도했다. 백련결사를 주도했던 원묘요세(圓妙了世, 1163~1245)의 법맥을 계승한 고려후기 고승으로, 「경책」을 지어 국가불교에 따른 교세확장과 정치승들의 범람에 따른 출가교단의 타락성을 철저하게 비판했다.

10) 운묵무기, 『석가여래행적송』, 『한국불교전서』6, 484-540쪽.

비구니승가를 끝내 유지시켰다. 하지만 저변에서의 흥불 경향이 지속되었다고 하더라고 비구니의 수계의식이 어떻게 이루어지고 계단이 어떻게 유지되었는지 확인할 수 있는 자료는 아직 찾지 못하고 있는 실정이다.[11]

근래에 이르러 자운성우(慈雲盛祐, 1911~1992)[12]가 1982년 초 양중수계의 제도화를 조계종단에 건의하면서 그해 6월 중앙종회 차원에서 '비구니 이부승구족계수계제도'를 종법으로 정하고, 이 제도에 따라 10월 15일부터 20일까지 범어사 대성암에서 구족계 수계산림을 거행했다. 한국 비구니승가의 이부승구족계수계의식이 다시금 복원된 신기원을 여기서 찾을 수 있다. 하지만 이부승수계의식의 절차 자체가 비구와 비구니의 차별성을 의미한다는 점에서 양중수계의 복원을 마냥 반길 수만은 없다.

2. 양중수계 복원과 팔경법 단상

억불척승(抑佛斥僧)의 조선조를 거치는 동안 단절된 것으로 보이는 비구니의 양중수계의식이 복원된 것은 근래의 자운성우(慈雲盛祐)에 의해서다. 자운은 『사분율』에 의한 계목을 작성하는 등 전통적인 불가의 모습을 되찾는데 기여한 당대의 지계제일 율사였다. 일제강점기' 오대산 적멸보궁

---

11) 하춘생(2013), 『한국의 비구니문중』, 해조음, 66-67쪽.

12) 자운성우가 봉녕사와 진관사 등의 비구니도량에서 10여 차례 비구니계율 특강을 시행하면서 이부승수계의식의 제도화에 일대 전기를 제공한 사실은 전통을 계승한다는 차원에서 매우 고무적인 일로 평가받았다. 자운성우는 비구율사인 일우종수(一愚宗壽)·동곡일타(東谷日陀)·가산지관(伽山智冠)·무봉성우(無縫性愚)·석엽철우(石葉鐵牛) 등에게 계맥을 전수하는 한편, 비구니 보월정행(寶月淨行)·원허인홍(圓虛仁弘)·법계명성(法界明星)·세주묘엄(世主妙嚴) 등에게도 계맥을 전수해 비구니 별소계단을 통한 이부승구족계수계산림을 전승하도록 하였다. 하춘생(2013), 위의 책, 67쪽.

에서 100일 기도를 하면서 계율홍포의 원(願)을 발한 적이 있는데, 이후 서울 대각사에 머물면서 국립도서관을 찾아 율장을 일일이 사서하고 내용을 섭렵했다.[13] 수십 만 권의 계본을 인출해 단일계단 수계산림의 기초를 다진 것이 이로부터다. 근·현대기에 접어들면서 비로소 단일계단이 설치되고 이를 통해 율장에 의거한 출가양중의 수계절차가 이루어지기 시작한 배경이 이와 같다.[14]

자운은 한국전쟁이 한창이던 1951년 통도사에서 소수의 비구·비구니에게 율서를 가르쳤는데, 이 때 비구니 묘엄(妙嚴, 1932~2011)·묘영(妙英, ?~1955)·묘희(妙熙, 1935~2007)가 율서를 배우기 시작했다. 세 비구니는 통도사에서 가까운 보타암에 방 하나를 얻어 함께 기거하며 큰절로 통학하면서 율서를 배웠다. 맨 처음 『사미니율의』를 배웠고, 『사분비구니계본』에 이어서 『범망경』을 배웠다. 그 당시 한문율서들의 한글번역판은 없었고, 세 비구니들 또한 한문율서를 읽을 능력이 없었다. 자운이 계율조항 한문단어 하나하나를 한글로 새기면 이를 따라 새기는 일을 반복하면서 계율을 공부했다.[15] 훗날 비구니계단의 복원을 위한 비구니아사리의 양성은 이렇게 이루어졌다.

자운에 의해 조계종 단일계단이 복원된 것은 1981년 2월 17일 제1회 사미·사미니계 수계산림을 거행하면서부터다. 비구니 양중수계의 복원과 관련해서는 1982년 초 자운의 제안과 6월 중앙종회의 제도입법에 따라

---

13) 당시 국립도서관은 명동에 있었는데, 율장을 열람할 수 있는 유일한 곳이었다고 한다. 자운이 사서한 율장은 석암(昔岩)에게 전해져 현재 부산 내원정사 도서관에 보관되어 있다.

14) 하춘생(2013), 앞의 책, 91쪽.

15) 묘엄스님 증언(2005년 6월). 석담(2007), 「현대 한국 비구니 이부승 구족계 수계제도의 부활」, 『세주묘엄주강오십년기념논총』, 봉녕사승가대학, 484-485쪽에서 재인용.

그해 10월 15일~20일 범어사 대성암에 시설된 단일계단 별소계단에서 마침내 양중수계의식을 거행한 일로부터 비롯된다. 당시 비구니 삼화상은 전계아사리 정행(淨行, 1902~2000), 교수아사리 묘엄, 갈마아사리 명성(明星, 1931~현재) 등이었다. 비구니의 양중수계는 『사분율』의 수계작법에 의거하고 있는바, 이는 곧 팔경법의 준수를 의미한다는 점에서 비구니의 비구에의 예속 내지 종속을 비구니승가 스스로 수용하는 모습에 다름 아니었다.

팔경법이 논쟁의 핵심으로 급부상하게 된 것은 이즈음부터다.[16] 이로 보면 역사 속에 묻혀 있던 팔경법이 다시 수면 위로 부상하면서 비구와 비구니의 차별성 논쟁에 불을 지핀 기간이 그리 길지 않다. 더욱이 당시는 우리 사회에 여성학이 도입되고 페미니즘 물결이 급류를 타던 시기로서,[17] 정보화 사회로 접어들기 시작하던 초입시기에 불교교단은 율장에 명시된 비구니 양중수계 절차에 대한 모든 조항들을 준수하겠다는 전통복원의 명분만을 내세우다 보니, 시대성에 역행하는 동시에 오늘날 출가양중의 차별성과 그로 인한 상호대립구조를 고착시키는 원인으로 작용하게

16) 팔경법의 문제점을 처음으로 제기한 논문은 리영자(1985), 「불교의 여성관의 새로운 인식」(『한국여성학』 창간호, 한국여성학회, 56-82쪽)과 전해주(1986), 「비구니교단의 성립에 대한 고찰」(『한국불교학』 제11집, 한국불교학회, 311-340쪽)이 대표적이다. 이와 함께 세등(2002), 「팔경법의 해체를 위한 페미니즘적 시도」(『성평등연구』 제6집, 가톨릭대학교 성평등연구소, 35-56쪽) ; 이수창(2006), 「비구니 팔경법에 대한 고찰」(『불교학연구』 제15호, 불교학연구회, 187-222쪽) 등의 논문을 참고할 수 있다.
17) 이와 관련해 유엔은 1975년부터 10년간을 '세계여성의 해'로 정했으며, 우리나라는 1983년 유엔의 '여성에 대한 모든 형태의 차별철폐에 관한 협약'에 서명했다. 이후 국회는 1987년 남녀고용평등법 제정·1989년 가족법 개정·1993년 12월 성폭력처벌법을 통과시켰다. 정치·경제·사회·문화·교육·행정 등 모든 분야에서 여성에 대한 일체의 차별을 철폐하기에 이른 것이다. 하지만 불교교단(조계종)은 비구니의 양중수계로 대표되는 구성원간의 차별성을 위시해 교역직 소임을 비롯한 종단활동의 전반에 걸쳐 지금까지도 비구니의 참여를 제도적으로 인정하지 않고 있다.[대한불교조계종 「종헌」 20, 26, 53, 59, 67, 73, 74, 80조 참조]

된 사실을 간과한 것이다.

당시 비구니승가는 종단의 제도적 방침에 따라 비구니율사로 임명된 비구니들이 '이부승수계제도 복원위원회'를 선도하며 전통복원에 나선 일을 매우 고무적으로 평가하고 이를 환영하는 모습을 보였다. 한마디로 자승자박(自繩自縛)이 된 것이다. 물론 양중수계를 위시한 팔경법의 복원의의를 전혀 배제할 수 없는 것도 사실이다. ①전통의 계승 ②의식의 통일화 ③의제 및 사상의 단일화 ④승가의 정체성 확립 ⑤전문율원 개원 및 율맥의 독립적 전승 등은 율장에 따른 수계작법의 복원 이후 이루어진 소중한 가치들이다.

이러한 몇 가지 의의 가운데 전통율장의 계승 외의 항목들은 과연 팔경법의 영향으로만 확립될 수 있는 가치들일까. 비구니의 양중수계 복원으로 다시 불거진 팔경법 문제와 관련해 몇 가지 단상을 통해 문제의식을 제고하고자 하는 이유가 여기에 있다.

첫째, 팔경법의 제정취지와 당시의 시대적 상황을 살펴보는 일이다. 율장에 명시된 전통의 복원과 전승의 의의를 차별성 논란의 가치보다 우위에 두어야 한다면, 그에 앞서 더더욱 팔경법 제정 당시 붓다의 진의(眞意)를 통찰해볼 필요가 있다. 이는 마하빠자빠띠 고따미 등 석가족 500여인이 출가할 당시 교단안팎의 상황을 검토해봄으로써 일정한 접근이 가능하다. 먼저 비구니승가의 성립시기를 보면 비구승가보다 20년 정도 늦게 이루어졌다.[18] 붓다가 석가족 여인들의 출가요청을 처음부터 받아들이지 않

---

18) 미즈노 고갠(1972), 『석존의 생애』, 도쿄, 춘추사, 205쪽, 211-212쪽에 따르면 비구니승가의 성립 시기는 석가모니부처님이 보리수 아래에서 위없는 원만하고 완전한 깨달음을 성취한[무상정등정각] 이후 20년이 되는 세수 55세, 마하빠자빠띠 고따미의 세수 75세 전후로 보고 있다. 전해주(1986), 앞의 책과 이창숙(1993), 「인도불교의 여성성불사상에 대한 연구」(동국대대학원 박사학위논문)도 동일한 입장을 취하고 있다.

은 이유로 흔히 '정법기간 오백년 감소설'[19])을 비롯해 '여인오장설'[20])과 '변성남자성불설'[21]) 등을 거론한다. [22])

하지만 이것은 표면상 대의명분이었을 뿐 실제로는 두 가지 이유가 제기된다. 당시 바라문사회의 반대와 승단내부의 보수적인 비구들의 반대였다. 바라문사회에서 여성이 집을 나와 유행생활을 한다는 것은 사회기반 자체를 무너뜨리는 것이었기에 분명히 큰 저항이 있었을 것으로 본다. 붓다는 당장 여성출가를 허락하고 싶었지만 사회적 반응을 좀 더 지켜보기로 했다. 당시 사회의 근간을 흔드는 제도를 급진적으로 개혁하려다 오히려 사회로부터 불교승가 전체가 외면당할 수도 있었기 때문이다. 또한 승단내부 바라문 출신의 보수적인 비구들도 여인이 승가에 합류하는 것을

---

19) 정법기간 오백년 감소설을 기술하고 있는 불전은 『중아함』 제28 「구담미경」(T1, 605하-607중) ; 『비니모경』(T24, 803중) ; 『근본설일체유부비나야잡사』권29(T24, 350하) 등이다.

20) 여인오장설은 여인의 몸으로 제석·범천·마천·전륜성왕·붓다 등 다섯 가지는 될 수 없다는 뜻이다. 이에 대해 구체적으로 이유를 설명하고 있는 경전으로 『불설초일명삼매경』권하(T15, 541중)이 있다. 이밖에 『중본기경』(T4)·『오분율』(T22)·『법화경』 「제바달다품」(T9)·『대지도론』권9(T25) 등이 여인오장설을 언급하고 있으나 구체적인 이유는 명시되어 있지 않다. 후대에 삽입된 내용으로 보이는 여인오장설의 문제성 등을 고찰한 논문으로 안옥선(1998)의 「초기경전에 나타난 여성성불 불가설의 반불교성 고찰」(『철학연구』 68집, 대한철학회, 165-191쪽)이 있다. 이 논문에서 안옥선은 빠알리어 경전에 명시된 '여성은 다섯 가지가 될 수 없다(anavakasa)'는 뜻에 입각해 '여인오장설'이라는 말보다 '여인오불가설'이라는 말이 어의를 더 잘 살리고 있다면서 여성성불 불가설에 대해 초기경전의 문제점을 집중 논증하고 있다.

21) 변성남자성불설을 주장하고 있는 불전은 『대반야경』(T7, 833하) ; 『법화경』(T9, 35하) ; 『화엄경』(T9, 606상) ; 『대보적경』(T11, 414상) ; 『이구시녀경』(T12, 96상) ; 『대집경』(T13, 217하) ; 『약사여래본원경』(T14, 401하) ; 『무소유보살경』(T14, 694중-하) ; 『무극보삼매경』(T15, 507중) ; 『보여래삼매경』(T15, 518중) ; 『대승보운경』(T16, 283중) ; 『금광명최승왕경』(T16, 415중) ; 『불승도리천위모설법경』(T17, 797중) ; 『대승불사의신통경계경』(T17, 928상) 등이다.

22) 불교교단에서 여성차별문제와 여성출가를 곧바로 허락하지 않았던 교단안팎의 배경에 대해서는 신성현(1995), 「율장에 나타난 남녀차별의 문제」, 『불교학보』 32, 동국대 불교문화연구원, 243-260쪽을 참고할 수 있다.

원치 않는 분위기였다.[23]

아울러 최초 여성출가자들인 석가족 500여인과 당시 비구들과의 세간 인연을 보면 붓다 자신을 비롯한 다수가 부부의 연을 맺었던 관계였다. 이는 바라문들을 비롯한 외도들이 불교교단을 향해 비난의 목소리를 높일 수 있는 빌미였다. 당시 바라문사회의 관습상 남성[비구]이 나이[세수;법랍]가 적더라도 여성[비구니]에게 먼저 예경하는 일은 더더욱 받아들일 수 없는 일이었다. 신체적 조건에서도 여성이 유행생활을 한다는 것은 맹수에게 목숨을 잃거나 남성에게 겁탈을 당할 수 있다는 우려가 있었다.[24] 따라서 비구들은 교단의 여성보호에 따른 책임문제에서 자유롭지 못했을 수도 있다.

당시 교단안팎의 이러한 정서를 모르지 않았던 붓다는 심사숙고 끝에 팔경법을 제시함으로써 양쪽의 비난을 모두 잠재울 수 있었으며, 마침내 마음속에 두고 있었던 여성출가를 허락함으로써 비구니승가를 탄생시킬 수 있었다. 따라서 팔경법은 여성출가를 허락하기 위한 방편설로서, 교단 안에서의 성적(性的)인 남녀차별을 명시하기 위한 불평등 제도가 아니었다는 사실을 상기할 필요가 있다. 불멸 후 후대에 보수적인 비구들에 의해 팔경법의 내용이 일부 수정·가필[25]되었다고 하더라도 당시 여성출가자들

---

23) 이수창(2006), 앞의 책, 206-207쪽.

24) 『마하승기율』권29(T22, 465중).

25) 이러한 시각은 비구니승가 성립 당시 석가족 여인들의 최초 구족계 수지상황을 살펴봄으로써 추청해볼 수 있다. 구족계를 받을 당시의 석가족 여인들은 식차마나가 아니었을 뿐더러, 육법계를 지키며 2년 동안 수행하는 과정 또한 거치지 않았다. 게다가 그녀들의 구족계는 이부승가에 의해 이루어지지도 않았다. 언뜻 보기에는 원칙과 시행 사이에 불일치가 있었다고 생각하기 쉽다. 그렇지만 사실 이 최초의 비구니 구족계는 극히 예외적인 경우로 고려되어야 하기 때문에 이 경우는 표면상의 모순일 뿐이다. 더욱이 주지해야 할 사항은, 팔경계는 즉각 실행되어야 할 계율이 아니라 뜻하지 않게 만들어지게 되었던 한 조직에 부여된 어떤 규제 조문들이었다는 점이다. 즉,

의 입장에서 팔경법 각각의 수칙항목을 대비해보면 팔경법이 비구들로 하여금 비구니들을 차별화하거나 제도적으로 비구니의 지위를 낮춰보라는 내용이 아니다.

당시 최초 여성출가자와 비구들과의 과거 부부연에 따른 공경심의 발로[『사분율』「비구니건도」에 명시된 팔경법 2,3칙], 비구들의 여성보호 책임성 요구[7,8칙], 이제 갓 출가한 비구니들이 세수를 초월해 앞서 20년 동안 승가를 이루고 있던 비구들에게 대선배 또는 스승의 예를 갖춰 여법하게 배우고자 했던 열의[1,4,5,6칙] 등 인지상정의 모습에 다름 아니었을까 싶은 것이다.

특히 팔경법 제1칙의 비구와 비구니의 차례문제[비구니만백세比丘尼滿百歲]와 관련해서는 당시의 교단사정을 먼저 이해할 필요가 있다. 붓다가 주로 비구승가에 머물렀던 관계로 자주 친견할 수 없었던 비구니들은 붓다 대신 대선배 내지 스승의 위의에 있던 비구들을 보름마다 설법사로 모시고 법을 청해들었다. 이 때 설법을 듣는 비구니는 설법을 해주는 비구가 아무리 젊더라도 예배를 해야 한다는 것이다. 남성이라는 '성적(性的) 권위'에 복종하는 것이 아니라 붓다 대신 설법하는 '법사의 권위'에 귀의하라[26]는 붓다의 의중이 반영된 것이었다.

둘째, 팔경법 준수에 따른 출가양중의 차별성을 비구니 스스로 수용할

그것들을 적용하기에 필요한 조건들이 초기에는 아직 갖춰지지 않았다. 가령 식차마나들을 교육시킬만한 비구니들이 아직 없었고, 게다가 아직 비구니승가가 형성되기 이전이었으므로 이부승가 구성을 위한 필요조건이 갖춰지기 이전이었다. 유일한 해결책은 비구승가로 하여금 구족계를 주도록 하는 것이었다. 초기불교의 비구니들에게는 사미니계도 없이 구족계라는 단 하나의 수계만 있었으며, 이 사실은 비구승가에게도 마찬가지였다. 모한 위자야라트나(1998), 『비구니승가-비구니승가의 탄생과 변화』, 온영철 옮김, 대한불교조계종 교육원, 54쪽.

26) 홍사성(2005), 『마음으로 듣는 부처님 말씀』, 장승, 96-97쪽.

수 있는가에 대한 물음에 답할 수 있어야 한다. 비구니승가 구성원 전체가 팔경법 준수를 양중차별로 보지 않는다면 문제는 달라진다. 율장에 의거한 전통의 계승을 자랑스럽게 이어가면 될 뿐이다. 하지만 구성원 일부라도 이의를 제기하고 차별적 요소가 있다고 수긍한다면 공론의 장을 상설해 합리적인 대안을 마련하는 일이 시급하다. 이를 위해 팔경법 제정취지와 당시의 시대적 상황을 거듭거듭 면밀히 고찰해 붓다의 참뜻을 파악하는 일이 긴요할 것이다. 설령 당시 바라문사회의 관습이 일정하게 작용했다고 가정하더라도, 우리 사회의 모든 분야에서 여성의 역량이 강화되고 남자조직으로만 각인되었던 3군 사관학교를 비롯한 군대조직에서조차 여성이 허용되고 있는 작금의 시대에 2,600년 전의 인도관습을 견지해야 한다고 고집하는 인식구조는 무엇을 의미하는지 곱씹어볼 일이다. 종교가 일반사회를 선도하지는 못할지언정 보편적 인식마저 가로막는 성역(?)이 된다는 것은 대중과의 괴리를 자초함으로써 교단존립의 명분을 상실하게 될 것이다.

셋째, 교단안팎에서의 다각적인 활동과 관련해 팔경법 준수가 비구니의 자율성과 역동성에 걸림돌이 될 수 있다는 지적도 되새길 필요가 있다. 논자는 일전에 한국 비구니승가의 위상과 관련해 '한국불교의 보루는 비구니'라고 천명한 바 있다. 그것은 청정도량 가꾸기에서부터 이익중생을 향한 사회구제사업과 전법·수행에 이르기까지 비구니들이 보여주고 있는 현실의 모습에서 한국불교의 미래를 담보해도 부족하지 않다는 논자 나름의 확신이었다. 그것은 또, 지계(持戒)와 수선(修禪)과 강학(講學)의 전통 승풍을 진작하며 한국불교의 희망을 담보했던 근·현대기 비구니 선지식들의 행장을 기획발굴하면서 그들의 처절했던 구도열정을 직접 확인한 데 따른 신념의 결실이었다.27) 하지만 팔경법은 정보화시대에 들어선 21세기 현대사회에서도 여전히 위세를 잃지 않은 채 비구니들의 자율성을 훼철(毁撤)하고 사회적인 교화역량에 일정한 한계를 드리우고 있다. 시대착오적인 이러한 완고한 현실은 비구들의 인식변화가 시급하겠지만, 비구니들의 수구적인 자세가 바뀌지 않는 한 지속될 수밖에 없다는 점에서 비구니들의 소명을 묻고자 한다.

넷째, 비구니의 자존과 관계되는 내용으로 은연 중 비구[남성]에게 의지(依支)하고자 하는 여성성의 발로로 보는 시각이다. 기실, 시공간을 초월한 인류사의 관습적인 남존여비사상은 그 뿌리가 워낙 깊다보니 지금도 여전히 여성계 일각에서는 스스로 남녀차별을 심각한 문제로 여기지 않는 현상을 낳고 있는 게 사실이다. 19세기 영국의 철학자이자 논리학자인 J.S 밀(Mill, John Stuart: 1806~1873)은 일찍이 "지금까지 남성은 여성을 강요된 노예[a forced slave]가 아니라 자발적인 노예[a willing slave]로 길들이는 문화만을 창조해 왔다"고 주장한 바 있다. 인류사가 보여준 여성차별의 근본이 어디에 있는가를 단적으로 보여주는 명언이다.[28] 이 또한 비구니 스스로 자문해볼 일이다.

팔경법에 대한 이상의 몇 가지 단상은 팔경법이 여성출가를 수락하기 위한 방편설로서 제시되었을 뿐, 교단 내 여성차별을 인정하고 우열의 관계를 유지해야 한다는 바라문사회의 관습을 적용하기 위한 것이 아니었다는 사실을 알게 해준다. "불교의 경전도 시대적·사회적인 산물이기 때문에 그 시대마다 처해있던 상황에 따라서 변질될 수밖에 없었다"[29]는 리영

---

27) 하춘생(1998), 『깨달음의 꽃1』, 여래, 13-19쪽 ; 하춘생(2001), 『깨달음의 꽃2』, 여래, 264-270쪽.
28) 하춘생(2013), 앞의 책, 282쪽.
29) 리영자(1985), 앞의 책, 78쪽.

자 교수의 지적처럼 종교도 역사적 산물임을 부정할 수 없다면, 팔경법 제정당시는 물론이거니와 작금의 정보사회에서는 더더욱 전통계승이라는 명분이라든가 자구(字句)에 얽매여 법려(法侶)의 구법의지를 위축시키거나 서로간의 갈등을 야기하는 일은 더 이상 없어야 한다. 갈수록 천주(天主)의 메시아가 팽배해지고 있는 작금의 한국사회에서 화합승가를 이루고 대중 간의 원활한 소통을 모색해 불교의 미래지향적인 비전을 강구하는 일은 더 이상 방관할 수 없는 급무일 것이다.

3. 팔경법과 불교의 평등주의

현대사회는 그야말로 찰나(刹那)를 다투는 급변(急變)과 주-객체간의 관계망(網)에서 정보의 습득을 통한 평가-선택-효용성 등의 순환과정을 거치며 끊임없이 새로운 지식을 창출하는 사회이다. 이러한 순환과정에서 가장 최우선으로 중시되는 덕목은 커뮤니케이션(소통화합)과 평등성이다. 정보와 새로운 지식 사이에서 교량역할을 하는 관계망이 커뮤니케이션이요, 이들 간의 원만한 교류를 담보해주는 상호가치가 평등성에 있기 때문이다.

이러한 정보사회의 관계구조는 붓다가 기필코 구현하고자 했던 대중의 평등성과, 계율덕목보다도 우선으로 중시했던 소통화합의 교훈과 일맥상통하는 바가 있다. 따라서 현대 정보사회와 불교사상이 만나는 접점에서 이 글의 핵심가치인 팔경법의 현실적용에 관한 타당성을 살펴보는 일은 매우 유의미한 일일 수 있다. 『사분율』「비구니건도」에 명시된 팔경법의 수칙항목을 중심으로 현대사회에서의 적용문제를 살펴보자.

제1칙 비구니만백세(比丘尼滿百歲)는 비구와 비구니의 차례(次例)관계를 제시한 덕목이다. 비구승가가 지극히 축자적(逐字的)으로 해석해 여성을 비하하는 증거로 삼았던 대표적인 수칙조항이다. 그에 따르면 법랍이 아무리 높은 비구니라고 할지라도 이제 갓 수계한 비구에게도 예를 갖춰야 한다는 내용으로, 현대사회의 정서와 가장 배치되는 항목이다. 주지하다시피 우리나라는 1983년 유엔의 '여성에 대한 모든 형태의 차별철폐에 관한 협약'에 서명한 이후 1987년 남녀고용평등법 제정을 비롯해 그동안 세계에서 유일하게 유지해왔던 호주제도30)마저 2008년 폐지하기에 이르기까지 정치·경제·사회·문화·교육·행정 등 제분야에서 여성에 대한 차별적인 내용을 모두 폐기함으로써 성차별제도를 온전히 퇴출시켰다. 따라서 불교교단이 여성폄하의 내용으로 일관하고 있는 팔경법을 고수할 경우 사회적 시각은 따가울 수밖에 없을 것이며, 결국은 일반대중으로 하여금 불교에 등을 돌리게 할 수 있다는 사실을 자각해야 할 것이다.

제2칙 비구니불득매비구설추죄(比丘尼不得罵比丘說麤罪)와 제3칙 폐비구니언로(閉比丘尼言路)는 비구에 대해서 비구니는 범계(犯戒)행위를 위시

---

30) 호주제와 관련해 외국에서는 보통 각 개인별로 자신의 신분증명문서를 갖는 1인1적 제도를 가장 많이 선택하고 있다. 호주제는 그동안 '남성우선적인 호주승계순위, 호적편제, 성씨제도'와 같은 핵심적인 여성차별조항이 있어 문제가 되어왔으며, 가족 내 주종관계를 제도적으로 보장하고 있다는 비판과 아울러 이혼·재혼가구 등의 증가에 따른 현대사회의 다양한 가족형태를 반영하지 못한다는 문제점을 안고 있었다. 이에 따라 호주제 폐지를 위한 민법 개정이 추진되었으며, 2005년 3월 2일 호주제 폐지를 골간으로 하는 민법 개정안이 국회를 통과했다. 이에 따라 1958년 민법 제정 이후 여성계의 폐지요구를 받아왔던 호주제는 개정 민법이 시행되는 2008년 1월부터 사라지게 되었다. 우리나라의 호주제는 부계혈통을 바탕으로 하여 호주를 기준으로 '가(家)' 단위로 호적이 편제되는 것으로 일제강점기에 도입되었다. 하지만 일본에서는 1947년 '가(家)' 제도를 폐지하는 가족법 개혁으로 호적에 기록하는 가족범위를 부부와 그들의 미혼자녀로 축소하고(3세대 호적금지) 호주제를 없앴다. 이에 따라 우리나라는 세계에서 유일하게 호주제도를 채택하고 있는 국가로 남아 있었다.(『시사상식사전』, 박문각)

한 어떠한 경우라도 욕하거나 책망할 수 없으며, 비구의 죄를 드러내거나 기억시키거나 자백시키거나 꾸짖을 수 없다는 계목이다. 반대로 비구니에 대해서 비구는 이 모든 것을 행할 수 있다. 그야말로 비구니승가는 비구 승가의 부수물에 지나지 않는다는 강한 메시지로 다가선다. 우리나라 속담에 '장님 3년, 벙어리 3년, 귀머거리 3년'이라는 말이 있다. 한마디로 '보지 말고, 말하지 말고, 듣지 말라'는 것이다. 팔경법의 2,3칙은 이 속담의 실천을 명시해놓은 듯한 내용이다. 너무도 비현실적인 조항을 작금의 한국사회에서 수지하라는 주장은 설득력을 얻기에 억지스러울 따름이다. 비근한 예로서 종단의 총무원 교역직에 비구니가 있고, 중앙종회에 전체 의원숫자 대비 많지 않은 비율이지만 열 명의 비구니가 의정활동을 하고 있는 현실이고 보면, 언로를 폐쇄시킨다는 것 자체가 모순이거니와 정보시대의 가장 특징적 가치인 커뮤니케이션, 즉 소통화합에 반하는 내용이 아닐 수 없다. 강조하건대, 우리는 태어나면서부터 조건 지워진 어떤 환경의 영원한 포로가 아니라, 그것을 바꾸기 위해 생각할 수 있고 말할 수 있으며 또한 행동할 수 있는 윤리적 존재들[31]이라는 사실을 거부해선 안 된다.

　　제4칙 이세학계이부승중수구족(二歲學戒二部僧中受具足)은 현재 대한불교조계종이 제도적으로 시행하고 있는 비구니 수구의식(受具儀式)의 핵심이다. 식차마나(sikkhamānā, śikṣamānā: 정학녀)가 2년 동안 구족계를 배우고 6계를 수지한 후 비구니승가의 수구의식에 따른 비구니 3사7증으로부터 구족계를 먼저 받은 다음, 다시 비구의 처소로 가서 비구 10사와 비구니 10사 등 이부승 20사로부터 구족계를 수지해야 비로소 비구니의

---

31) 허남결(2011), 「불교윤리의 일상생활화 방안 모색」, 『한국교수불자연합학회지』 17권 1호, 한국교수불자연합회, 115쪽.

자격을 얻을 수 있는 절차이다. 즉 양중수계의식을 말한다. 이는 초기불교 당시 비구승가보다 20년 뒤늦게 성립된 비구니승가에 대한 위계의식 고취와, 여성성이 갖는 내밀하고도 예민한 특징에 따른 여성출가자 예우 차원에서 제정된 취지를 곡해한 결과, 제1칙과 함께 축자적(逐字的)인 해석에 함몰된 대표적인 계목이다.

기실, 사미니와 비구니 사이에 남성에게는 없는 식차마나 제도를 둔 것도 일종의 성차별이다. 여성이 임신을 했는지 안했는지 확인하기 위해 2년 동안 관찰한다고 되어 있으나, 관찰만을 위한다면 사미니의 상태에서도 충분하기 때문이다. 일부러 이렇게 여성특유의 조건을 내세워 절차를 복잡다단하게 하는 것도 비구니승가를 신뢰하지 않는 남성들의 자세를 나타내는 것으로 보인다.[32] 하지만 최초 비구니승가 성립 당시에는 식차마나가 존재하지 않았다. 초기불교 당시 석가족 여인들의 구족계 수지상황을 살펴보아야 양중수계가 왜 제정되었는지를 파악할 수 있는 이유이다.

빠알리율장 대품[마하왁가] 비구니건도에 따르면 비구니승가 성립초기 여성출가자들에게는 비구의 구족계 조건과는 달리 별다른 금지조문이 없었기 때문에 그들에게 신체적 · 정신적 상태의 여법함을 묻지 않았다. 시간이 흐를수록 점차 출가를 희망하는 여성들이 다수 출현했는데, 24장법(障法: 구족계를 수지할 수 없는 조건)에 저촉되는 여성이 상당수 있었다고 한다. 예를 들어 남자 같은 여성, 성별이 불분명한 여성, 양성자, 나병, 간질, 악성습진 등을 보유한 여성들이었다. 이를 알게 된 붓다가 "비구니 구족계 수계자에게도 비구의 구족계 금지조문을 시행하라"고 주문했다. 이에 따라 비구면접관이 여성들에게 24장법에 의거해 여성성에 대한

---

32) 사사키 시즈카(2007), 『출가, 세속의 번뇌를 놓다』, 원영 옮김, 민족사, 311-312쪽.

긴밀하고도 예민한 내용까지 묻게 되면서 예기치 못한 상황이 전개되었다. 자존에 상처를 입고 수치심을 느낀 여성들이 분노하거나 두려워하거나 수줍어하는 등 동요하면서 적법한 절차의례를 더 이상 진행할 수 없게된 것이다. 이에 붓다가 다시 "먼저 비구니승가에서 여법함을 확인해 수계한 후 비구승가에서 최종 추인하도록 하라"는 방안을 내놓았다.[33]

양중수계를 시행하게 된 배경이 이와 같다. 이 내용은 비구니승가 성립 당시 최초 석가족 500여인들에게 적용된 절차의례가 아니라는 점에서 팔경법의 양중수계 규정은 후대에 수정·가필된 내용으로 추정할 수 있다. 양중수계 절차가 출가를 희망한 여성들의 자존과 수치심을 보호해주기 위한 방편으로 차용되었다는 점에서도 이 조항은 철칙일 수 없다는 주장이 설득력 있게 다가선다. 더더욱 시대와 지역성을 달리하는 오늘날 한국의 사회적 분위기와는 부합되지 않는 성차별적 요소가 다분하다고 하겠다.

제5칙 반월행마나타(半月行摩那埵)와 제8칙 안거경이부승중구자자(安居竟二部僧中求自恣)는 계율에 저촉된 행위를 한 비구니가 대중 앞에서 참회해야 한다는 내용이다. 문제는 5칙의 경우 보름마다,[34] 8칙의 경우 안거해제 시 비구대중 앞에서도 공개참회의식을 치러야 한다는 것이다. 이는 앞서 살펴본 바와 같이 양중수계가 제정된 배경에 비추어 참회내용이

---

33) 초기불교 비구니승가의 구체적인 득도절차는 모한 위자야라트나(1998)의 앞의 책(53-74쪽)과 하춘생(2016)의 『붓다의 제자 비구니』(국제문화재단, 68-79쪽)에 상술되어 있다.

34) 빠알리율장에 의하면 승잔을 범한 자는 마낫따(mānatta)라고 불리는 근신기간을 지낸 후 20인 이상의 승단구성원에게서 승인을 얻어야만 비로소 죄가 없어진다고 한다. 근신기간이 비구의 경우는 7일간, 비구니는 14일간이지만 비구니가 두 배나 더길게 근신해야 하는 합리적인 이유는 어디에서도 찾아볼 수 없다. 이유가 불분명한 것은 유독 마낫따에만 한정된 것이 아니라, 대체로 비구니의 규칙은 비구보다 엄하게되어 있으면서도 그 대다수가 이유를 알 수 없는 것들이다. 사사키 시즈카(2007), 앞의 책, 310쪽.

자칫 비구들의 조롱거리로 변질되어 오히려 비구니들에게 수치심을 불러일으키는 부작용으로 나타날 수 있다. 이 또한 열린 구조의 현대사회에서는 현실성이 없는 항목이라고 할 수 있다.

제6칙 반월문포살구교계(半月間布薩求教誡)는 보름마다 비구들에게 포살을 묻고 교계를 구하라는 덕목이다. 역시 후대에 수정가필된 것으로 의심되는 규칙으로서, 비구에게 보름마다 지계지율(持戒持律)의 상황을 점검받고 그에 따른 가르침을 받아야 한다는 내용이다. 이 때 비구로부터 받는 교계 가운데 반드시 빠지면 안 되는 내용이 바로 팔경법이다.[35] 이른바 세뇌교육인 셈이다. 이 목적이 아니라면 오늘날 보편적 교육이 가능하게 됨으로써 비구니 스스로의 계율학습과 독립적인 율맥전승이 이루어지고 있는 현실에서는 의타적으로 비구승가에 포살을 묻고 교계를 청하지 않아도 된다는 것을 인정할 수밖에 없는 내용이다.

제7칙 무비구주처불득안거(無比丘住處不得安居)는 안거수행할 때 비구승가와 멀지않은 곳에서 행하라는 계목이다. 4,5,6,8칙과 직접적으로 연관되어 있는 수칙조항이다. 축자적으로 해석하면 비구니승가는 비구승가의 지도관리를 받아야 한다는 내용이다. 하지만 이 규칙은 비구로 하여금 여성보호책임을 요구받는 내용으로, 여성의 신체적 조건과 당시 인도사회의 열악한 환경에 따른 위험성을 염려한 붓다의 배려로 해석하는 것이 더 타당하다고 할 것이다.

이상에서 살펴본 팔경법의 내용을 요약하면, 제1칙은 비구와 비구니의

---

35) Vin IV, 52-53쪽. 여기에 교계(教誡)의 구체적인 방법이 설명되어 있다. 빠알리율장과 같이 팔경법의 설시가 의무로 되어 있는 율장은 오분율 · 사분율 · 십송율이 있다. 근본유부율과 마하승기율에는 특별히 팔경법을 설하는 것이 의무로 되어 있지 않다. 사사키 시즈카(2007), 위의 책, 309쪽 각주5에서 재인용.

차례를 제시한 것이고, 제2,3칙은 비구니의 비구에 대한 언로를 원천 차단한 것이다. 4,5,6,7,8칙은 모두 이부승 제도에 관한 수칙조항들로서, 비구의 관리감독 하에서 비로소 비구니의 승가활동이 가능하다는 것을 말해준다.

하지만 붓다 재세 시 계율의 제정이 수범수제(隨犯隨制)였다는 특징을 지니고 있고, 불멸 후 전통계승의 전거가 되는 광율(廣律)마다 내용이 일정하게 일치하지 않는 사실은, 이를 각기 다른 시대 다른 지역의 승단에 동일하게 적용할 수 없다는 것을 의미한다. 더욱이 붓다가 입멸에 즈음해 아난다에게 "소소계(小小戒)는 버려도 좋다"고 유촉[36]하신 진정한 뜻이 어디에 있을까를 성찰한다면, 아마도 대중의 화합과 평등성이 판단의 기준이 될 것이다.

과연 팔경법이 대중의 화합과 평등을 위한 절대적 요소인가? 시각을 밖으로 돌려, 자유(佛)·평등(法)·평화(僧)를 핵심요소로 삼고 있는 교단이 팔경법을 고집할 경우 과연 우리 사회에 투영될 수 있는 바람직한 교육적 모습인가? 이 두 가지 물음에 불교교단은 주저없이 당당하게 답을 할 수 있어야 한다.

주지하는 바처럼 불교교단에서는 출신계급이나 직업을 따지지 않고 출가한 뒤의 연륜(年輪)과 수행결과에 의해 교단에서 새로운 서열이 정해진다. 이 점은 바라문교가 계급의 우열을 엄중히 하고 베다의 학습이나 제사 등을 사성계급 가운데 상위 세 계급에게만 허용하고 천한 노예계급은 소나 말 같이 여겨 그들에게는 베다성전을 들려주거나 가르치는 것을 엄격히 금지하였고, 그들과 결혼하고 교제하거나 식사를 함께 하는 것도 허

---

36) 『남전』7, 142쪽 ; 『장아함』권4(T1, 26상).

용하지 않았던 것과는 전혀 다르다.[37]

이처럼 고대 인도사회 속에서 붓다가 그 수위의 정도에 상관없이 사성 계급 제도를 비판하고 있다는 사실은 인종이나 사회적 지위에 따른 차별이 불합리하다는 태도로 귀결된다는 점을 말할 수 있다. 비록 사회 속에서 담당하는 기능적 역할에 대한 차이는 인정한다고 하더라도 선행·정진력·지혜의 성취라는 불교적 가치에 도달하는 데는 차별이 있을 수 없다는 붓다의 태도[38]를 우리는 불전에서 어렵지 않게 확인할 수 있기 때문이다.[39]

이렇게 볼 때 바라문교의 계급우열과 별반 다르지 않는 팔경법은 21세기 정보사회로 대변되는 현대사회의 전반적인 분위기와 패러다임(paradigm),

---

37) 미즈노 고갠(1985), 『원시불교』, 김현 역, 지학사, 181쪽 ; 이병욱(2009), 「불교사회 사상의 현재적 의미」, 『한국교수불자연합학회지』 15집 2호, 한국교수불자연합회, 265 쪽에서 재인용.

38) 김준호(2013), 「다문화 사회와 초기불교적 관점」, 『한국교수불자연합학회지』 19권 1호, 한국교수불자연합회, 209쪽.

39) 교단 내 성차별이 붓다의 진의와는 무관하다는 사실은 많은 경전을 통해서 확인할 수 있다. 93인의 여성출가자가 최고경지인 아라한과를 증득한 사실을 기록한 『장로니게(Therīgāthā)』를 비롯해 뛰어난 비구니 50인에 대해 붓다가 직접 찬탄하는 장면을 볼 수 있는 『증일아함』 「비구니품」, 마하깟사빠의 부인인 밧다까삘라니가 마하빠자빠띠 고따미에게 구족계를 수지하고 범행을 닦아 아라한과를 얻는 광경을 설하고 있는 『불본행집경』 「발타라부인연품」, 아라한과를 얻고 삼명육통과 8해탈을 구족한 보주(寶珠)·선애(善愛)·백정(白淨)·수만(須曼) 등의 비구니 이야기를 담고 있는 『찬집백연경』 「비구니품」, 붓다가 장자 아들들의 성차별적 행위를 단호히 거부하고 여성들에게 평등법문을 설하고 있는 『불설중본기경』 「도나녀품」, 붓다가 마하빠자빠띠 고따미와 야소다라, 그리고 학무학(學無學) 비구니 6천인에게 수기한 사실을 수록하고 있는 『법화경』 「권지품」, 대승경전 다수가 여인의 변성남자성불설을 주장하고 있는 반면에 비구니 내지 여성이 그대로 선지식이 되어 선재동자를 일깨우고 있는 『화엄경』 「입법계품」, 장엄화(莊嚴華)라는 마왕과 무량한 천신들이 여인의 몸으로 중생을 제도하겠다는 서원을 세우고 당래작불(當來作佛)의 수기를 받는 내용을 담고 있는 『대집경』 「수기품」, 남녀차별 내지 분별이 단지 환상에 지나지 않는다는 것을 가르쳐주고 있는 『유마경』 「관중생품」 등 적지 않은 경전의 내용이 그것이다. 하춘생(2013), 앞의 책, 281-282쪽.

남녀 간의 관계구조 차원에서도 시급히 탈각해야 할 구습(舊習)으로 다가
선다. 그래서 앞서 살펴본 팔경법의 제정취지와 관련해 무엇보다도 붓다
의 의중으로 들어가 보려는 노력이 필요하다. 붓다의 진의를 제대로 파악
할 수 있을 때 그동안의 외람(猥濫)되고 축자적(逐字的)인 사고의 틀을 벗
고 여실지견(如實知見)하는 정견(正見)의 지혜를 현실에 반영할 수 있을
것이기 때문이다.

　팔경법이 붓다의 진의가 아니라는 설정은 계율제정의 근본목적이 되는
결계십구의(結戒十句義)40)에서도 해답을 찾을 수 있다. 결계십구의는 승
가의 기강을 바로 세우고 교법을 진흥시키기 위해 계율을 제정하는 열 가
지 의의[이익]를 말한다. 팔경법의 수칙조항 각각의 내용과 결계십구의를
서로 대비해 계율제정의 목적과 의의에 결부되는지 살펴보면 어렵지 않게
팔경법 제정에 따른 붓다의 의중을 읽을 수 있을 것이다.

---

40) 『사분율』권1(T22, 567하). ①대중을 잘 거두어 준다[섭취어승攝取於僧] ②대중을 화합
하게 한다[영승화합令僧和合] ③대중을 안락하게 한다[영승안락令僧安樂] ④다스리기
어려운 이를 순순히 따르게 한다[난조자영조순難調者令調順] ⑤부끄러워하고 뉘우치
는 이를 안락하게 한다[참괴자득안락慚愧者得安樂] ⑥믿음이 없는 이에게 믿음이 생
기도록 한다[미신자영신未信者令信] ⑦믿음이 있는 이에게 더욱 신심을 내게 한다[이
신자영증장已信者令增長] ⑧현세의 번뇌를 끊도록 한다[단현세번뇌斷現世煩惱] ⑨후
세에 욕망과 악을 끊도록 한다[단후세욕악斷後世欲惡] ⑩정법을 오래 머물게 한다[영
정법득구주令正法得久住] 등이다. 빠알리율에서는 제계십리(制戒十利)라는 주제로서
계율제정의 열 가지 이익과 목적을 밝히고 있다[Vin. Ⅲ, 21쪽]. 제계십리의 구체적
인 내용분석에 관해서는 이자랑(2013), 「율장의 근본이념에 입각한 조계종 청규제정
의 방향-제계십리를 중심으로-」, 『대각사상』 19호, 대각사상연구원, 9-42쪽을 참고
할 수 있다.

Ⅲ. 현대사회와 불교의 관계

　세계는 지금 급변하는 전환기적 시대를 맞아 인류문명사를 새롭게 쓰고 있다. 지금까지의 '물질중심 문명'에서 '인간의 두뇌나 지적 창조력을 생산수단으로 정보산업이 만들어내는 무형의 정보가 주체가 되는 문명'[41]으로 빠르게 변화되고 있는 이른바 정보혁명이 그것이다.

　정보혁명을 갈음하는 4차 산업혁명이 또한 인류사회를 속도감 있게 탈바꿈시키고 있다. 3차 산업혁명을 기반으로 한 디지털과 물리학·생물학 등 3개 분야의 융합된 기술혁신을 의미하는 4차 산업혁명이 마치 쓰나미처럼 급격한 변화를 추동하면서 사회·경제구조를 완전히 바꿔놓고 있는 것이다.

　4차 산업혁명시대의 핵심은 초연결성이다. 그것은 서로간의 경계가 사라진 글로벌적 '상호소통'을 의미하거니와, 지식정보의 독점체제가 해체됨으로써 '평등성'이 강화되는 특성을 보여준다. 소통과 평등성이 정보와 기술의 혁명으로 정의되는 현대사회의 핵심가치인 것이다.

　코로나19로 야기된 팬데믹(Pandemic) 현상은 이러한 사회적 환경변화를 더욱 추동하고 있다는 점에서 포스트 코로나시대의 불교적 대안과 역할은 문제해결의 열쇠로서 주목받고 있다. 붓다담마에 의거한 소통화합과 평등성을 담보하는 불교리더십의 발현을 기대하는 까닭은 그 때문이다. 불교사에서 소통화합과 평등적 가치를 저해하는 팔경법(八敬法)이 현대사회에서도 여전히 유효한지를 살핀 배경이 그것이다.

---

41) 『두산백과사전』, '정보사회', 동아출판사.

1. 지식정보사회[42]와 불교

정보사회는 지식과 정보가 생산력 및 생활양식의 변화를 추동하는 지식기반사회를 말한다. 정보사회를 지식사회(knowledge society)[43]라고도 정의하는 까닭이다. 어떤 자료를 특정상황에 맞게 평가해 수집하는 것을 정보라고 한다면, 이 정보를 어떤 행동양식에 따라 행하는 것이 지식이다. 한마디로 자본주의가 갖는 전통적인 생산요소[토지·노동·자본 등]보다는 정보를 바탕으로 한 지식이 생산수단이 되는 것이다. 이에 대해 박승원은 "진정한 의미의 지식은 수많은 사람들의 다양한 인식과 이해를 망라하여 연결한 체계를 중요시한 개념, 다시 말해서 인간 상호관계에 의해 이루어지는 총체적인 가치를 의미한다. 따라서 아무리 뛰어난 지력의 소유자라 할지라도 독립된 개체로서의 가치보다는, 다양한 인간과 조직 그리고 데이터베이스 등 무한한 정보원(源)과의 상호 관계 속에서 파생되어 새로운 가치로 창출될 수 있는 가능성에 비중을 두어야 한다"[44]고 강조한다.

---

42) 정보사회의 특징적 가치를 약술한 본 절에서는 정보사회가 던져주는 부정성 내지 비관론은 다루지 않았다. 논문주제를 접근해가는 과정에서 불필요한 복잡성을 피하고 학술적 견해를 통한 논자의 주장을 선명하게 하는데 혼란을 야기할 수 있다는 판단 때문이다. 정보사회에 대한 비판적 시각과 관련된 정보는 그야말로 '정보의 바다'라고 하는 사이버세계에서 어렵지 않게 접할 수 있다.

43) 근래 들어 지식사회, 지식경제, 지식경영 등의 용어가 비교적 널리 사용된 것은 현대 경영학의 아버지로 불리는 피터 드러커(Peter F. Drucker)가 1969년에 펴낸 『단절의 시대(The Age of Discontinuity)』로부터 시작되었다. 그 다음이 1993년 출판된 『자본주의 이후의 사회』이고, 지식경영에 대해 좀 더 집중적으로 설명한 책이 1999년 출판된 『21세기 지식경영』이다. 나아가 미래 지식사회 전반에 관한 진단서가 『넥스트 소사이어티』라고 할 수 있다. 피터 드러커(2003), 『단절의 시대』, 이재규 옮김, 한국경제신문, 592쪽(옮긴이 후기).

44) 박승원(2000), 「정보지식사회의 도전에 직면한 불교」, 『불교평론』 2호, 불교평론사, 229쪽.

정보사회는 사회의 구성원들이 하나의 망(網)을 통해 다중적이고 역동적으로 연결되어 있는 네트워크사회이다. 이러한 네트워크사회는 이른바 인터넷이라 불리는 사이버세계로 이해할 수 있다. 사이버공간은 관계의 망이다. 사이버세계에서의 정보는 서로의 관계맺음에 의해 발생하고 끊임없이 자신의 모습을 바꾼다. 이런 의미에서 사이버세계는 참여자들의 상호관계에 의해 형성된다.[45] 사이버세계에서는 기본적으로 성별·나이·빈부·인종·국적 등 현실세계의 조건들이 모두 불문에 붙여져 대등한 관계로 참여하며, 또한 정치적·경제적·사회적 간섭도 배제하고 자유로이 행동할 수 있다. 정보의 독점 내지 편중에 의해 새로운 불평등이 심화되기도 하나, 사이버공간에서는 과거사회에 비할 수 없을 정도로 평등과 자유의 영역이 확대되었다. 사이버세계로의 쉬운 접근성 역시 평등의 조건으로 작용한다.[46]

정보사회는 기술적 변화, 내용적 변화, 주체상호간의 관계변화 등을 견인하는 이른바 커뮤니케이션의 변화를 주도하는 사회이다. 나아가 정보화(informationization)로 정의되는 정치·경제·사회·문화 등 제분야간의 효율적 소통을 통해 인류사회의 재구성을 모색하는 시대로 정의된다.

정보사회는 사회조직적 측면에서도 과거 수직적 관계에서 수평적 관계로, 권한의 집중에서 분산으로, 분업적인 단순업무를 업무특성에 맞는 개별처리로, 직위지향적인 구조에서 가치지향적인 구조로 전환되는 특징을 보인다. 그래서 사람들은 톱니바퀴의 하나로서 소속되었던 획일적 조직에서 해방되고 육체노동·단순노동은 창조적 노동으로 바뀌어 비로소 삶의

---

45) 조윤호(2001), 『화엄의 세계와 사이버세계의 구조 비교』, 『불교평론』 9호, 불교평론사, 175쪽.
46) 조윤호(2001), 위의 책, 174–175쪽.

보람을 찾을 수 있게 된다. 사회조직원리의 변화는 이처럼 조직내부구조에 변화의 요인을 유발해 다양화·분권화·탈전문화·탈동시화·탈집중화·탈극대화 등을 부르게 된다. 그런 의미에서 정보사회는 인간을 차별과 소외로부터 해방된, 인간회복의 사회가 될 것이라고 보는 경향도 있다.

정보사회의 이러한 몇 가지 특징적 가치를 불교사상과 접목해 의미를 부여하면 불교의 기본이념인 지혜와 자비, 사상체계인 연기와 실천강령인 사제팔정도, 승가공동체가 무엇보다 중시하는 소통화합과 평등성 실현 등의 가치들을 적용할 수 있다고 본다.

첫째, 지식을 기반으로 성립되는 정보사회에서 지식은 지혜로 대체되고 정보는 자비실천의 자양분이 되는 요소로서 수용할 수 있다. 지식은 생활주체와 외부객체 간의 사정이나 정황에 관한 보고를 통해 이를 평가하고 실천에 옮김으로써 유용하고 일반화된 정보를 생산하는 일로서, 곧 지혜로운 행위가 전제된다. 정보는 인간이 사회생활을 유지하는 데 필요불가결한 생활용구로서, 불교에 있어서 전법교화의 주체와 대상과 방법이 되는 모든 소재에 정보의 개념을 적용할 수 있는바 이를 자비실천의 개념으로 이해할 수 있다. 지식정보사회가 던져주는 불교교의적 함의가 이것이다.

둘째, 사회구성원들간의 관계의 망(網)으로 정의되는 네트워크사회는 연기의 관계를 보여주는 좋은 예이다. 사이버공간의 본질적 속성은 컴퓨터 네트워크와 이를 이용하는 네티즌들의 네트워크이다. 시·공간적 제약을 비롯한 다양한 사회적 조건을 초월하여 구성되는 네트워크는 사이버공동체의 모습으로 구체화된다. 사이버공동체는 자발적 참여와 평등의 원리를 기본규범으로 하는 정보사회의 대표적 공동체 유형으로 관심의 공유에 기반을 두고 있다[47]는 점에서 승가공동체의 지향과도 일맥상통한다고 할 수 있다.

셋째, 정보사회에서는 정보의 독점 내지 편중에 의해 새로운 불평등 현상이 나타나기도 한다. 두 가지 대립되는 긍—부정의 흐름이 공존하고 있다는 사실은 그러한 불평등 현상을 잘 반영해준다. 이른바 '정보의 바다'로 대변되는 긍정적 요소와 '정보의 쓰레기'로 표출되는 부정적 요소가 그것이다. 예를 들어 '불교'라는 정보를 알기 위해 포털 검색창에 낱말을 입력하면 불과 0.13초 만에 수백 내지 수천 개(정보에 따라서 수억 개도 될 수 있음)의 문서를 보여주지만 문제는 이 때부터다. 이용자가 필요한 내용을 찾는 수고로움이 불가피하기 때문이다[정보의 바다]. 그러나 이용자 대다수는 포털화면 상위의 일부 내용만 취사선택해 살펴봄으로써 더 많은 나머지 문서를 중요성 여부에 상관없이 버리는 게 상례다[정보의 쓰레기]. 포털화면의 상위에 나타난 내용은 진위여부에 상관없이 집중 선택되기 십상이고, 이러한 현상은 자칫 지식정보의 오류에도 불구하고 심각한 도그마(Dogma)에 빠질 수 있다는 사실을 말해준다. 사성제(四聖諦)를 바로 보는 현실감각이 사이버공간에 적용되고, 아울러 제기되는 문제의 실상과 원인들을 분석해 차분히 풀어가는 중도(中道: 팔정도八正道)의 방안이 유효하게 적용되어야 하는 시점이 바로 이 경우다.

넷째, 상호관계의 변화 등 커뮤니케이션의 긍정적 변화를 주도하고, 나아가 정보화(informationization)로 정의되는 정치·경제·사회·문화 등 제분야간의 효율적 소통을 중시하는 사회는 화합을 최우선으로 삼고 있는 승가공동체의 지향과 견주어 접근할 수 있는 세계라고 할 수 있다. 승가

---

47) 박수호(2012), 「소셜 미디어의 등장과 포교」, 『불교평론』 52호, 불교평론사, 103쪽.

공동체에 내포된 화합의 의미는 육화경(六和敬)[48]에 의거한 평등성의 실현이다. 승가공동체가 지향하는 덕목은 삼독(三毒)의 해소와 팔정도로 상징되는 계·정·혜(戒定慧) 삼학(三學), 사무량심(四無量心)에 기반한 사섭(四攝)과 육바라밀(六波羅密)을 실천하는 일로 정리할 수 있다.

2. 4차 산업혁명시대와 불교

가. 4차 산업혁명의 개념과 특성

지난 1만 년의 인류시간은 농경생활이 그 축이었다. 이른바 농업혁명이다. 이후 18세기 중반부터 기술혁신에 바탕을 둔 산업혁명이 일어났다. 사람들의 노동력이 기계의 힘으로 옮겨간 것이다.

1차 산업혁명은 1760~1840년경에 철도 건설과 증기기관 발명에 의해 엄청난 생산성 향상을 몰고 왔다. 2차 산업혁명은 19세기 말에서 20세기 초까지 전력을 활용한 생산조립라인의 출현으로 대량생산을 가져다주었다. 3차 산업혁명은 1960년대부터 현재까지 반도체와 PC(personal computing), 인터넷의 발달을 견인해 이른바 디지털혁명을 주도했다.

이제 4차 산업혁명은 디지털혁명을 뛰어넘는 사물인터넷과 인공지능 기반의 초연결성과 초지능성의 기술혁신을 담보하면서 우리 앞에 성큼 다가

---

48) 불교교단의 화합을 의미하는 여섯 가지 계율 덕목을 말한다. ①신화공주(身和共住): 몸으로써 화합하고 서로 도우며 의지한다. ②구화무쟁(口和無諍): 입으로써 화합하고 쓸데없는 언쟁을 삼간다. ③의화동사(意和同事): 뜻으로써 화합하고 선행을 도모한다. ④계화동수(戒和同修): 계율수지로써 화합하고 불방일 정진에 힘쓴다. ⑤견화동해(見和同解): 바른 견해로써 화합하고 기필코 열반을 성취한다. ⑥이화동균(利和同均): 물심(物心)의 이익을 균등히 나눔으로써 화합하고 시기질투하지 않는다.

섰다. 4차 산업혁명의 주창자이자 세계경제포럼(WEF) 회장인 클라우스 슈밥(Klaus Schwab)은 4차 산업혁명시대를 이렇게 정의했다.

> "새로운 기술문명의 시대가 열렸다. 제4차 산업혁명의 시대 속 소
> 프트웨어 기술을 기반으로 생성되는 디지털 연결성이 사회를 근본
> 적으로 변화시키고 있다. 그 영향력의 규모와 변화의 속도로 인해
> 제4차 산업혁명은 역사상 어떤 산업혁명과도 다른 양상으로 전개
> 되며 사회를 탈바꿈시키고 있다. 빅 데이터, 로봇공학, 인공지능
> (AI), 클라우드, 사이버안보, 3D프린팅, 공유경제, 블록체인 등이
> 주요 기술이다. 이와 같이 과학기술 영역의 경계가 사라지면서 만
> 들어낸 충격적인 합작의 결과물들이 지금 쏟아져 나오고 있다. 제4
> 차 산업혁명 이후 인간의 삶은 완전히 바뀌게 될 것이다."49)

클라우스 슈밥은 이와 함께 4차 산업혁명을 이끌 과학기술 요인들을 물리학 기술·디지털 기술·생물학 기술로 분류했다. 이 세 분야가 서로 깊이 연관되어 있으며, 각 분야에서 이루어진 발견과 진보를 통해 서로 이익을 주고받는다는 것이다. 슈밥이 제시한 10가지 선도 기술은, 물리학(Physical) 기술로는 무인운송수단·3D 프린팅·첨단 로봇공학·신소재 등 4가지, 디지털(Digital) 기술로는 사물인터넷·블록체인·공유경제 등 3가지, 생물학(Biological) 기술로는 유전공학·합성생물학·바이오프린팅 등 3가지다.50)

이러한 과학기술은 우리 손에 익숙한 스마트폰처럼 다양한 플랫폼(Platform)을 기반으로 인간과 인간은 물론이고 인간과 사물, 사물과 사

---

49) 클라우스 슈밥(2016), 『4차 산업혁명』, 송경진 옮김, 새로운현재, 21쪽.
50) 클라우스 슈밥(2016), 위의 책, 36-50쪽.

물을 연결하는 새로운 패러다임을 창출시키고 있거니와, 개인과 가정은 물론 병원·빌딩·교통·판매·유통·도시·공장·농업에 이르기까지 모든 것들을 스마트화 하는 사물인터넷(Internet of Things: IoT)[51]의 보편화를 이룬다. 이는 다시 다양한 데이터를 처리하기 위한 클라우드 컴퓨팅과 빅 데이터 산업을 발달시키고, 인공지능이 더해져 다양한 서비스를 제공받을 수 있다. 4차 산업혁명의 특성을 초연결성과 초지능성으로 정의하는 이유가 그것이다.

데우스 엑스 마키나(deus ex machina). '기계장치를 통해 우리에게 다가온 신'이라는 뜻의 라틴어다. 전지전능한 인공지능의 미래를 암시하면서 수면 위로 불쑥 나타난 말이다. 얼마 전에 다뤘던 프로바둑기사 이세돌과 인공지능 알파고의 바둑대결 이후 관련학계의 반응이다. 그런데 이런 알파고마저 IT업계에서는 단지 시작일 뿐이라는 시각이 강하다.

싱귤래리티(singularity). 우리말로 풀어서 '특이점'이다. '인공지능이 비약적으로 발전해 인간의 지능을 뛰어넘는 기점'을 뜻하는 이러한 시대가 곧 다가올 것이라는 전망이다. 알파고를 개발한 구글의 기술부문 이사인 레이먼드 커즈와일은 2005년 자신의 저서 『특이점이 온다』에서 2045년이면 인공지능이 모든 인간의 지능을 합친 것보다 강력할 것으로 예측하면서 인공지능에 대한 우려를 나타냈다. 즉 2045년이 되면 인공지능이 만들어낸 연구결과를 인간이 이해하지 못하게 되며, 이는 인간이 인공지능을 통제할 수 없는 지점이 올 수도 있는데 그 지점이 바로 특이점이라

---

51) 현재 이의 응용분야로 유망한 분야 Top10은 스마트 홈(home)·스마트 웨어러블 (wearables)·스마트 도시(city)·스마트 그리드(grid)·스마트 공장(factory)·스마트 카(car)·스마트 헬스케어(healthcare)·스마트 판매(retail)·스마트 유통(supply chain)·스마트 농업(farming) 등으로 분석되고 있다. 김대영(2017), 「IoT(사물인터넷) 기술의 현황과 미래」, 한국불교학회 "불교와 4차 산업 2차 월례워크숍" (2017.4.22).

는 것이다.[52]

세계경제포럼의 글로벌어젠다카운슬은 '소프트웨어와 사회의 미래'라는 주제 하에 세계 정보통신기술분야의 경영진과 전문가 8백 명을 대상으로 〈거대한 변화—기술의 티핑 포인트와 사회적 영향〉에 대한 설문조사를 통해 2015년 9월 『세계경제포럼보고서』를 출간한 바 있다. 미래의 디지털 초연결사회(hyper-connected society)를 구축하는 21가지 티핑 포인트 (tipping point)를 밝히고 있는데, 4차 산업혁명으로 촉발된 변화를 구체적으로 담고 있어 흥미롭다.

이 보고서에 따르면, 2025년까지 △인구 90%가 언제 어디서나 인터넷 접속이 가능하고(유비쿼터스 컴퓨팅), △인구 90%가 스마트폰을 이용하고, △인구 90%가 무한 용량의 무료 저장소를 갖게 되고(클라우드), △1조개의 센서가 인터넷에 연결되고(사물인터넷), △인구 80%가 인터넷상 디지털 정체성을 갖게 되고, △가정용 기기에 50% 이상의 인터넷 트래픽이 몰리게 되고(커넥티드 홈), △인공지능 기계가 기업 이사회에 처음 등장하고, △인공지능이 기업 감사의 30%를 수행하고, △로봇약사가 처음 등장하고, △3D 프린터로 제작된 자동차 생산과 사람의 간이 처음 이식된다.[53] 이 티핑 포인트는 단지 예견이 아니라, 실질적인 일상으로 다가

---

52) 『한경경제용어사전』, 한국경제신문;한경닷컴.

53) 클라우스 슈밥(2016), 앞의 책, 51-53쪽, 172-240쪽. 그 외 10가지 티핑 포인트는 다음과 같다. △인구 10%가 인터넷에 연결된 의류를 입는다(웨어러블). △인구 10%가 인터넷에 연결된 안경을 쓴다. △인구센서스 대신 빅 데이터를 활용하는 최초의 정부가 등장한다. △최초의 인체 삽입형 모바일폰이 등장한다. △소비자 제품 가운데 5%는 3D프린터로 제작된다. △미국 도로를 달리는 차들 가운데 10%가 자율주행자동차다. △블록체인을 통해 세금을 징수하는 정부가 처음 등장한다. △전 세계적으로 자가용보다 카셰어링을 통한 여행이 더욱 많아진다. △5만 명 이상 거주하지만 신호등이 하나도 없는 도시가 처음 등장한다. △전 세계 GDP의 10%가 블록체인 기술에 저장된다. 슈밥은 여기에 △유전자 편집기술의 발달로 직접적이고 의도적으로 유전자가 편집된 최초의 인간[맞춤형 아기]이 탄생하고, △신경기술의 빠른 성장으로 인공

올 것이다. 우리가 어떻게 준비하고 대응해야 하는지를 보여주는 지표와 다름 아닌 것이다.

현대 경영학의 3대 권위자 중 한 명인 하버드대학교 마이클 포터 (Michael Porter) 교수는 '지능형 상호 연결제품'이 거대한 IT변혁을 주도할 것이라고 예견했다. 기존의 변혁이 생산성을 높이고 가치사슬을 바꿔놓았다면, 새로운 물결은 산업의 구조와 경쟁의 본질까지도 변화시킨다는 것이다. 이것을 주도하는 것은 IT의 두 축인 '지능(intelligence)'과 '연결(connection)'이다.[54] 모든 것을 연결한다는 기술혁명, 즉 사물인터넷이다. 바로 4차 산업혁명으로 가는 출발점이다.

4차 산업혁명을 규정짓는 특성은 이처럼 초연결성과 초지능성에서 찾을 수 있다. 초연결성은 다양한 플랫폼을 기반으로 인간과 인간의 관계를 넘어 인간과 사물, 사물과 사물 등의 모든 것들이 네트워크, 즉 인터넷으로 연결되어 서로 소통체계가 구축되는 것을 말한다. 이는 시공간에 구애받지 않고 필요한 정보를 찾을 수 있도록 모든 정보가 연결되어 있거니와, 다시 정보와 정보를 연결해 새로운 정보를 창출해내는 시스템이다. 초지능성은 홍수처럼 생성되는 정보(데이터)를 인간의 지적 수준이나 능력보다 빠르고 정확하게 분석 판단해 새로운 정보를 제공해주는 지능적 행위를 말한다. 이러한 방대한 정보를 얼마나 빠르게 체계적이고 효율적으로 분석 판단하는가에 따라 4차 산업혁명의 핵심기술로 평가받는 인공지능의 수준이 결정된다.

우리는 싫든 좋든 인간과 사물과 정보가 모두 지능형 네트워크로 이어

기억을 완벽하게 이식받은 인간이 최초로 등장한다는 내용의 티핑 포인트 2가지를 추가했다.

54) 김지연(2017), 『4차 산업혁명시대에 살아남기』, 페이퍼로드, 8-9쪽.

진 초연결사회에서 초지능화된 사물들과 서로 정보를 주고받고, 일상생활과 생산유통에 함께 참여하며, 높은 가치를 창출할 수 있는 서비스 모델을 공유하는 가운데 함께 살 수밖에 없는 시대에 접어들었다. 그 결과 인공지능·로봇 등의 신기술이 기존 생산과 서비스 분야에 혁신적인 변화를 불러오고 있거니와, 생산통제의 주체가 인간에서 기계로 대체되면서 미래 일자리의 구조도 크게 변하고 있다.

한국고용정보원은 2025년 일자리를 잃게 될 국내노동자가 70%에 달하고, 현재 8세 아이 중 새로운 직업을 갖게 될 비율이 65%, 2018년 스마트 기계가 종업원보다 많은 회사가 50%에 이를 것[55]이라고 발표한 바 있다. 이에 앞서 2014년 초 옥스퍼드대학교 보고서에서도 "자동화와 기술의 발전으로 10~20년 이내 현재 직업의 47%가 사라질 것"[56]이라고 내다보았다.

그렇다고 비관적으로 바라볼 필요는 없다는 것이 또 다른 전문가들의 조언이다. 보스톤 컨설팅그룹의 보고서에 따르면 2025년에는 2015년보다 일자리가 5%나 더 많을 것[57]이라는 전망이다. 이러한 비전의 전망들은 대체로 간호·요리·저술·창작·예술·컨설팅·연구·엔지니어링 등과 같은 사람의 직관적 기능과 협동·창의를 기반으로 한 서비스 직종[58]에서 방향을 찾으라는 조언을 담고 있다. 콘크리트공·제품조립원·청원경찰·행정사무원·이동장비및기계조작원·경리사무원·환경미화원·택배원 등 반복직업이나 단순노동을 기반으로 한 일은 자동화 대체 확률이 높다

---

55) 매경이코노미 제1896호(2017.02.23~02.28), "시작된 4차 산업혁명, 일자리 '싹' 바뀐다".
56) 김지연(2017), 앞의 책, 10쪽.
57) 한석희 외(2016), 『4차 산업혁명, 어떻게 시작할 것인가』, 페이퍼로드, 274-275쪽.
58) 한석희 외(2016), 위의 책, 277-278쪽.

는 지적이다.

이처럼 4차 산업혁명시대는 사회환경과 직업환경에 큰 변화를 몰고 온다. 초연결사회에 초지능성을 탑재한 지능형 기계들이 인간의 일자리를 빼앗는 경쟁자로 남을 것인지, 아니면 인간의 유토피아를 꿈꾸는 동반자로서 우리 앞에 설 것인지는 결국 인간이 어떻게 하느냐에 따라 달라질 수 있을 것이다. 긍정적이고 보편적인 담론과 이 담론을 주도할 리더십이 절실히 요구되는 것은 그 때문이다.

나. 4차 산업혁명시대와 불교

4차 산업혁명은 우리의 삶의 양식을 빠르고도 직접적으로 바꿔놓고 있거니와, 모든 분야에서 사고의 전환과 제도의 혁신을 요구받고 있다. 4차 산업혁명이 불러오고 있는 티핑 포인트 20여 가지의 긍정효과가 초연결사회와 초지능사회의 효율성을 대변한다고 하지만, 각 티핑 포인트마다 예측 불가능한 영역이 적지 않게 존재하고 있다는 점에서 일정한 두려움을 담보하고 있는 것도 사실이다.

다만, 역사에서 교훈을 얻을 수 있듯이 산업혁명이 일어날 때마다 그 변화의 우위를 선점한 기업과 국가가 성장하고 발전해온 것은 부정할 수 없다. 자연의 생태원리가 그것이거니와, 우리 사회의 모든 분야에서도 같은 원리가 적용된다. 특히 갈수록 물질적 요소에 장악되는 인간들의 정신적 측면을 위무하며 삶의 활력을 충전해주는 분야가 종교집단이라면, 세간에 집착하지 않되 세간의 변화를 인식하고 존중하는 일은 더없이 중요한 일이다. 세간을 떠났으되 세간에 기대어 사는 집단이 아이러니하게도 종교이기 때문이다.

산업혁명의 과정은 어쩌면 인간들의 욕망을 충족해오고 있는 과정일 수 있다. 무제한의 편리함을 도모해온 문명이기는 인간들의 공상을 마침내 현실화했으며, 그 과정에서 인간과 사물과 공간을 초연결 및 초지능화해 산업구조와 사회시스템을 완전히 혁신하기에 이른 것이다. 그것은 인간사회에 사물 또는 기계를 끌어들임으로써 그들을 이젠 우리 인간의 파트너로 삼지 않으면 안 되는 상황까지 오게 된 것을 의미한다. 인간이 모든 생산통제를 담당했던 이전과는 달리 4차 산업혁명시대에는 기계가 모든 생산통제를 담당하게 된다는 것도 인간과 사물의 역할분담을 반증해주는 대목이다. 기계가 단순한 객체에서 주체로 부각되고 있는 것이다. 어느 날 기계가 인간에게 말을 걸며 소통을 요구한다면 우리는 어떠한 입장에서 그들을 대할 것인가. 바로 이 지점에서 인간과 인간, 인간과 사물, 사물과 사물의 관계설정을 조율하고 회통할 수 있는 불교와 4차 산업혁명이 만나게 된다.

초연결성과 초지능성을 특성으로 삼고 있는 4차 산업혁명시대는 환경변화를 더욱 속도화 하고, 복잡해지면서 분열되는 모습을 보여줄 것이다. 그래서 4차 산업혁명시대를 미래예측이 힘들 정도의 불확실한 사회로 정의하기도 한다. 불확실성은 공포 내지 두려움이다. 4차 산업혁명이 가져다주는 초긍정 효과 이면의 불안정하고 불완전한 단면이라 하겠다. 4차 산업혁명과 불교가 다시 만나는 지점이다. 공포와 두려움은 무지의 소산일 뿐이다. 곧 정보의 부재에서 오는 경우가 많다는 것이다. 4차 산업혁명을 맞는 우리도 그와 같다. 시대의 흐름과 변화에 눈을 떠야 하는 이유가 그것이다. 인간 붓다 석가모니부처님이 세상을 여실히 보고 깨달은 이치와 다르지 않다.

초연결성에 기반한 사회는 인간, 프로세스, 데이터, 사물 등을 포함한 모든 것이 네트워크로 연결되어 서로 대화를 나누는 사회이다. 전문가들은 모든 실물 상품이 유비쿼터스 통신기반시설로 연결되고, 인간들은 어디에나 존재하는 센서를 통해 자신이 처한 환경과 상황에 대해 정확히 인식할 수 있게 될 것이라고 암시한다.[59] 불교의 연기체계 내지 화장세계를 실감 있게 펼쳐놓은 기술혁명이 아닐 수 없다. 하지만 이 과정에서 사생활 침해문제가 발생할 수 있거니와, 더욱 복잡해지고 통제력마저 상실해 사회기반시설에 대한 보안의 위협을 불러올 수 있다는 우려가 없지 않다. 연기체계를 제대로 이해하는 지혜의 눈이 요구되는 것은 그 때문이다.

초지능성에 기반한 사회는 인간의 지능을 넘보는 인공지능의 기계들이 의사결정에 참여하고, 인간이 하는 다양한 기능을 인공지능이 대체하는 사회이다. 빅 데이터를 활용한 합리적 결정으로 편견이 줄어들고, 비이성적 과열이 사라져 의료과학 및 질병퇴치기술이 발달할 것으로 내다보고 있다. 반면에 책임과 의무가 불분명해지거니와, 불평등과 인류존재에 대한 위협이 발생할 수 있다.

이러한 인공지능 속에는 인간이 만든 전뇌식(電腦識: 프로그램)이 저장돼 있고 전원이 작동하면 이미 저장되어 있는 전뇌식이 전자적이고 물리적인 원리에 따라 동작하게 되어 있다. 전뇌식이 인(因)이 되고 전자회로가 연(緣)이 되어 이루어지는 것이 인공지능의 정보처리이다. 그러므로 전뇌는 '이것이 있으면 저것이 있고, 이것이 없으면 저것이 없다'고 하는 연기론을 모범적으로 실현해 주는 기계[60]라고 할 수 있다.

---

59) 클라우스 슈밥(2016), 앞의 책, 199쪽.

60) 보일(2008), 「인공지능로봇의 불성 연구」(조계종교육원 제4회 전국승가대학 학인논문 공모전 대상수상논문), 17쪽. 인공지능로봇의 불성을 연기·공·중도적 관점에서 파악하고, 유식과 인간의 두뇌를 모의하는 인공지능의 유사성을 고찰한 논문이다. 논문 발표 당시 해인승가대학 4학년 학인이었던 보일은 이 논문을 쓰게 된 배경에 대해

불교에서 진리를 있는 그대로 보는 지혜, 제법을 무아(無我)요 공(空)으로 보는 지혜를 반야지혜라고 정의한다면, 유정물과 무정물의 경계에 놓여있다고 볼 수 있는 유사인격체인[61] 인공지능은 반야지혜의 경지에 접근하면서 인간과 경쟁하는 위태로운 수준에 이를 수 있을지도 모른다. 그래서인지 리더십의 세계적인 권위자 스티븐 코비(Stephen R. Covey)는 4차 산업혁명이 도래하는 시대를 '지혜의 시대'로 정의하기도 했다.[62] 물론 인간이 발현하는 지혜로 말미암아 '초연결 · 초지능'이라는 사회적 변화를 염두에 두고 정의한 것이겠지만 말이다.

그렇다면 인공지능은 정말로 인간을 지배할 수 있는 것인가? 결론은 '아니다'이다. 인공지능은 인간처럼 주관적인 감정과 협력하고 소통하는 의식적인 능력이 없거니와, 언어도단의 자아인식이나 불립문자 직지인심의 선적(禪的) 안목은 더더욱 없기 때문이다. 만약 그런 것이 있다면 인공지능을 처음 설계한 인간의 의도 정도가 스킬(skill: 기량 또는 숙련)로 입력되어 있는 수준일 뿐이다. 이 지점에서 불교의 휴머니즘이 요구되는 것이다. 인공지능을 설계하는 인간의 인간성이 선의적이냐 악의적이냐에 따라 인공지능은 인간사회에서 더불어 살아갈 수 있는 동반자일 수도, 경쟁의 대상일 수도 있기 때문이다.

"현대사회에서 인간생활의 일부가 되어 있는 기계와의 연기적 관계를 불교적 관점에서 정립함으로써 인간성 상실시대에 불성을 지닌 인공지능로봇이라는 거울을 통해 인간 정체성의 문제를 다시금 생각해 보고, 현대과학의 문제점에 대한 해결책이 과학 내부가 아닌 불교의 연기론에서 비롯되는 통합적 사고방식에 있음을 밝혀보고자 한 것"이라고 설명했다.

61) 보일(2008), 위의 책, 1쪽.
62) 스티븐 코비(2005), 『성공하는 사람들의 8번째 습관』, 김경섭 옮김, 김영사, 35-36쪽. 코비는 이 책에서 인류 문명의 5가 시대를 수렵 · 채취시대, 농경시대, 산업시대, 정보 · 지식노동자시대, 지혜의 시대로 구분하고, 지혜의 시대가 막 시작되고 있다고 보았다.

이렇듯 인간과 기계가 함께 사는 시대, 기계가 인간의 영역을 넘보는 시대에 접어들면서 이를 조율할 수 있는 기술적 능력이 필수적으로 요구되거니와, 이를 이끌어갈 바람직한 리더십도 시급한 실정이다. 존재의 가치와 생명성을 무엇보다 중요시 하는 불교의 사회적 역할을 소환하고자 하는 까닭은 그 때문이다.

그렇다면 4차 산업혁명시대, 우리에게 과거 어느 때보다 중요하거니와 보편적 가치로 함양되어야 할 덕목은 무엇인가? 그것은 인간존중가치의 실현이라 할 것이다. 인공지능이 인간의 지능을 넘보는 초지능사회, 모든 존재들을 하나의 선으로 연결하는 초연결사회에서 기계들이 인간의 많은 일을 대체함으로써 지금 당장 일자리 문제가 발생하고, 그로 인한 인간의 삶이 추락할지언정, 그러한 문명이기를 다스려 인간의 보편적 존엄성을 지켜내는 일은 결국 인간의 영역이기 때문이다.

그래서다. 공동선을 추구하며 기계의 오·남용으로 급기야 인간이 해선 안 될 일을 멈출 줄 아는 정도(正道)의 실천자, 관계의 법칙을 여실히 볼 수 있는 연기(緣起)의 통찰지혜와 자비의 휴머니즘이 절실하다. 4차 산업혁명시대, 불교가 '왜' 있어야 하는가의 답이 그것이겠다.

3. 포스트 코로나와 불교

이른바 코로나19(COVID-19)가 팬데믹(Pandemic)으로 확산된 가운데 포스트 코로나(Post-COVID)시대의 대응에 관심이 촉발되고 있다. 사회적 거리두기를 비롯해 온라인 원격교육 및 문화소비방식 등 비대면·비접

촉(Untact) 문화가 사회 전반으로 확대되면서 더 이상 코로나 이전의 삶으로 돌아갈 수 없는 일상의 질적 변화를 가속화하고 있다.

이러한 사회적 변화는 재택근무 등의 홈코노미(Homeconomy) 현상 등이 증대되어 4차 산업혁명의 흐름을 더욱 더 추동할뿐더러, 또 한편으로는 인위적인 대량생산 대량소비를 추구해온 인간중심의 탐욕경쟁에서 벗어나 소욕(少欲)과 절제의 친환경 마인드가 점차 확산될 수 있다는 희망을 기대케 한다.

그것은 불교의 환경변화도 불가피하다는 사실을 확인해준다. 이러한 성찰은 불교의 본질에 비추어볼 때 새로운 변화의 흐름을 수동적으로 따라가기보다는 본연의 가치와 정신으로 돌아가는 붓다담마(Buddha-dhamma)로의 회귀를 의미한다고 볼 수 있다. 코로나19의 근본적 원인을 자연공존을 파괴한 인간욕망에서 찾을 수밖에 없다는 사실을 부정할 수 없다면, 생태지향적인 붓다담마로의 회귀는 포스트 코로나시대가 요구하는 가장 바람직한 대응방안일 수 있기 때문이다. 붓다담마에 입각한 불교적 삶의 일상화가 인류사회를 모든 존재 간의 더불어 사는 세상으로 바꿀 수 있는 거의 유일한 길임을 간과해선 안 되는 까닭이 그것이다.

불교적 삶이라 함은 담마에 대한 확신과 붓다가 당부한 전법선언의 실천을 전제한다. 안으로는 무욕 · 무소유의 정신에 기반한 자기통찰[sati]로써 근본적 괴로움을 여의고 해탈 · 열반 · 깨달음을 성취하고자 하는 자리증득(自利證得)의 삶이요, 밖으로는 사의지(四依止)[63]의 정신에 기반한 오

---

63) 출가자가 의지하며 살아야 하는 기본방침 네 가지. ①걸식(乞食) ②분소의(糞掃衣) ③수하좌(樹下座) ④부란약(腐爛藥)을 말한다. 사의법(四依法)이라고도 한다. ①걸식은 글자 그대로 음식을 빌어먹는 행위로서, 출가자의 가장 기본적인 삶의 방식이다. 출세간에 접어든 비구(bhikkhu)에서 그 어의를 찾을 수 있다. 달리 탁발(托鉢)이라고 한다. 탁발이란 밥그릇[발위]을 들고 집집마다 돌면서 음식을 구하는 행위를 말한다. 출가자에게는 수행을 방해하는 아집(我執) · 아만(我慢) · 아상(我相)을 없게 하고,

계십선(五戒十善)과 사범주(四梵住)[64]로써 대중의 이익과 행복과 안락을 모색하는 이타회향(利他廻向)의 삶이 그것이다.

이러한 삶의 방식은 초기불교도들이 보여준 전법교화의 실천적 행각을 통해 어렵지 않게 확인할 수 있다. 그것은 포스트 코로나시대에 불교가 더욱 촉망받을 수 있다는 기대를 가능케 한다. 이를 위해서는 작금의 탈종교현상이 한국사회뿐만 아니라 세계적인 추세로 확산되고 있는 현실을 직시하는 눈이 절실하다. 점차 종교 없는 사회로 진행 중인 세계적인 흐름에서 불교가 예외자로 남는 것을 뛰어넘어 확실한 비전을 제시하기 위해서는 붓다담마로의 회귀가 시급하다는 문제의식을 공유해야 한다는 것이다.

불교의 현실적인 변화의 단초는 탈신앙성과 탈기복성이다. 불교가 신앙성과 기복성에 목메었던 저간의 현상은 붓다담마의 본질과는 거리가 먼

재가자에게는 음식을 베풀어 선업공덕(善業功德)을 쌓는 행위로 정의한다. 율장에 따르면 초기불교 당시에는 △상행걸식(常行乞食) △차제걸식(次第乞食) △수일식법(受一食法)이라 하여 △항상 음식을 구걸해 생명을 부지하고 △가난한 집과 부잣집을 가리지 않고 차례대로 돌며 △하루에 한 끼만 먹는 것을 규정화했다. ②분소의는 사람들이 버린 낡은 천을 조각조각 기워서 만든 가사를 말한다. 사람들이 버린 천이 똥을 닦는 헝겊과 같다고 해서 분소의라고 한다. 탐심(貪心)을 여의기 위한 수행방편의 하나이다. 출가수행자는 검박함으로써 표본을 삼기 때문이다. 달리 백납(百衲) 또는 납의(衲衣)라고 한다. 출가수행자를 납자(衲子)라고 칭하는 배경이다. ③수하좌는 나무아래 앉아 도를 닦는 수행을 말한다. 거주지에 대한 애착을 버리고 욕망과 집착을 없애기 위한 수행방편이다. 걸식·분소의와 함께 12두타행의 하나이다. ④부란약은 소의 오줌을 발효시킨 약을 말한다. 달리 진기약(陳棄藥)이라고도 한다. 인도에서 가장 구하기 쉬운 재료로서 적절한 효능을 지니고 있다는 점에서 출가자들의 상비약으로 애용되었다. 복용과 외용을 구분했으며, 소욕지족(少欲知足)의 삶을 상징한다고 볼 수 있다.

64) 일상의 마음가짐을 자애(慈, metta)·연민(悲, karuna)·함께 기뻐함(喜, mudita)·평온(捨, upekkha)이라고 하는 네 가지 성스러운 경계에 두어야 한다는 가르침이다. 네 가지 청정한 삶을 뜻해 사범행(四梵行)이라고도 한다. 사범주 또는 사범행은 대승불교에 와서 '보살이 지녀야 할 네 가지 한량없는 마음'이라고 해서 사무량심(四無量心)으로 정착되었다.

어떤 절대자의 위신력을 기대한 바와 같거니와, 그것은 붓다를 신격화하는 움직임으로 나타났던 게 사실이다. 하지만 붓다는 초지일관 절대적 존재[신神]를 근본적으로 거부하는 입장을 견지한바 어떠한 신앙성도 인정하지 않았다. 근래 들어 신(神)의 존재와 위신력을 믿어온 서양에서조차 '신 없는 사회'[65]로 규정하고 있거니와, 적잖은 성당과 교회가 문을 닫는 현상이 확산되고 있는 현실은 '보이지 않는' 어떤 절대자에 의지했던 인간의 나약함을 스스로 벗어던지고 있다는 사실을 반증한다. 이러한 탈신앙성은 자연스럽게 탈기복성으로 이어지는 것이다.

포스트 코로나시대에 예견되는 이러한 현상은 대중교화의 보편적 주체로서 인천(人天)의 이익과 행복과 안락을 위해 당당히 나섰던 초기불교도들의 자신감을 오늘의 우리가 회복할 필요성을 일깨운다. 대중교화현장에서 보여주었던 그들의 신념과 헌신은 담마를 보고, 담마를 얻고, 담마를

---

65) 미국 종교사회학자 필 주커먼(Phil Zuckerman)은 14개월 동안 스칸디나비아의 덴마크와 스웨덴에 거주하면서 다양한 계층의 사람을 만나 조사한 결과를 담아 『신 없는 사회(Society without God)』(김승욱 옮김, 마음산책, 2012)를 출간했다. 이 책은 북유럽 사회가 종교성 없이도 도덕적으로, 윤리적으로, 경제적으로 문제없이 오히려 종교성이 충만한 미국 사회보다 풍요롭게 살아간다는 사실을 확인해주고 있다. 필 주커먼은 "스칸디나비아는 종교적인 신앙이 거의 눈에 띄지 않을 만큼 미미하고 하느님은 지극히 개인적인 영역으로 밀려난 사회"라며 "이 나라들은 신앙이 없는 상태가 일반적이고 흔한 주류로 인식되는 곳"이라고 평가했다(32쪽). 그는 계속해서 신앙을 버린 미국인들을 인터뷰하며 전 세계 어느 곳보다 종교적인 사회에 살고 있는 이들이 종교와 멀어진 이유를 탐구한 책 『신앙은 그만』을 출간하는 등 '신 없는 사회'에 대한 사회학적 연구를 계속하고 있다. 이러한 서구 학자들의 신의 존재를 부정하는 탐구서들은 서구인들의 종교인식을 반증해준다. 세계적인 진화생물학자인 리처드 도킨스(Clinton Richard Dawkins)는 신이라는 이름 뒤에 가려진 인간의 본성과 가치를 탐색하는 세기의 문제작 『만들어진 신(God Delusion)』(이한음 옮김, 김영사, 2007)에서 생물계의 복잡성이 신에 의해 만들어졌다는 창조론을 과학과 사회학 그리고 역사적 사례를 통해 논리적으로 조목조목 비판하고 있다. 그는 특히 세계적인 사상가 4인의 신의 존재에 대한 탐구서로 유명한 『신 없음의 과학(Four Horsemen)』(리처드 도킨스·대니얼 데닛·샘 해리스·크리스토퍼 히친스 공저, 김명주 옮김, 김영사, 2019)에서 종교를 '정신 바이러스'로 규정한 바 있다.

알고, 담마를 깨닫고, 마침내 의혹을 풀어서 내가 갈 길이 바로 이것이라는 확신에 이르러 비로소 붓다에 귀의했던 확고한 주체성이 있었기에 가능했다.

포스트 코로나시대가 던지는 사회적 화두는 온전한 비대면도 아니요, 그렇다고 이전과 같은 대면을 우선하는 삶은 더더욱 아니다. 이 두 가지를 원융하면서 개인과 공동체의 관계를 어떻게 새롭게 설정할 것인지를 고민해야 한다. 그러한 현실에서 우리에게 직면한 과제는 불교가 절대자 내지 개인의 욕망중심적인 신앙이 아니라 중중무진법계(重重無盡法界) 속에서도 자각(自覺)을 성취하는 자리증득과 대중의 자각을 견인해주는 이타증득이라는 붓다담마의 본질을 자각하는 일이라 할 것이다.

그것은 우리 시대에 절실히 요구되는 지도자의 기본조건이거니와, 바람직한 리더십은 그로부터 발현될 수 있을 것이다.

IV. 결어

주지하는 바와 같이 현대사회는 그야말로 찰나를 다투는 급변(急變)과 주−객체간의 관계망(網)에서 정보의 습득을 통한 평가−선택−효용성 등의 순환과정을 거치며 끊임없이 새로운 지식을 창출하는 사회이다. 이러한 순환과정에서 최우선으로 중시되는 덕목이 커뮤니케이션(소통화합)과 평등성이다. 정보와 새로운 지식 사이에서 교량역할을 하는 관계망이 커뮤니케이션이요, 이들 간의 원만한 교류를 담보해주는 상호가치가 평등성에 있기 때문이다. 이러한 정보사회의 관계구조는 붓다가 기필코 구현하고자 했던 대중의 평등성과, 계율덕목보다도 우선으로 중시했던 소통화합의 교훈과 일맥상통하는 바가 있다.

불교의 기본이념은 상구보리 하화중생, 즉 지혜와 자비이다. 붓다가 대중을 향해 화합과 평등을 강조했던 까닭은 그것이 곧 불교의 기본이념을 구현하는 핵심요소였기 때문이다. 마지막 유훈이었던 '자등명 법등명 제행무상 불방일정진(自燈明法燈明 諸行無常不放逸精進)'의 실제가 여기에 있다고 할 수 있다. 만해 한용운도 『조선불교유신론』에서 불교의 주의(主義)를 평등주의와 구세주의로 천명한 바 있다.66) 평등주의는 일체중생 실유불성(一切衆生悉有佛性)이요, 구세주의는 상구보리 하화중생(上求菩提下化衆生)이다.

불교교단은 붓다 재세 시부터 비구·비구니·우바새·우바이 등의 사부대중을 기본 구성원으로 삼고 있다. 초기불교 당시 사부대중 공동체는 빠

---

66) 한용운(1992), 『조선불교유신론』, 이원섭 옮김, 운주사, 31−36쪽.

리사(parisā)로 불렸다.[67] 빠리사는 모든 카스트, 모든 계층의 사람들을
평등하게 받아들였다. 브라흐마나 · 깟띠야(크샤트리야)와 같은 사회지배층
은 물론이고 웻사(바이샤) 같은 상인들, 숫다(수드라) 같은 천민들, 심지
어 카스트 밖으로 버려진 불가촉천민들까지 모두 빠리사에 참여하고 있
다. 이것은 빠리사가 본질적으로 모든 계층의 사람들로 구성된 평등한 민
중적 공동체라는 사실을 의미한다.[68]

이처럼 붓다는 출가중만이 아니라 재가중이 포함된 사부대중을 제자로
서 인정하였고, 재가자의 전법활동을 칭찬[69]했다. 출가자와 재가자 모두

---

67) 빠리사(parisā)는 빠리샫드(parisad)로도 표기되며, 그룹 · 윤좌(輪座) · 회좌(會座) 등
으로 번역된다. 다시말해 붓다를 둘러싸고 모인 사람들의 모임을 빠리샫드라고 칭했
다.[이희익(1984), 『불교의 교단생활』, 불광출판부, 9-10]. 우리가 흔히 이해하고 있
는 승가(saṅgha)는 초기불교에서는 비구 · 비구니의 출가양중으로 규정되었으며, 차
츰 출가와 재가의 대중을 포괄하는 마하상가(mahā-saṅgha)로 확장되면서 대승불교
에 이르러 사부대중을 의미하는 말로 정착되었다. 빠리사에 대한 구체적인 내용은 김
재영(2012), 『초기불교의 사회적 실천』, 민족사, 80-110쪽을 참고 바란다.

68) 김재영(2012), 위의 책, 99쪽. 이와 관련한 통계자료가 제시되어 있다. 붓다 재세 시
초기 빠리사의 신분별 구성비율을 보면 〈표〉와 같다. 이 〈표〉는 Schumann, H.
W(1989), *The Historical Buddha*(London, Arkana, 188-189쪽)를 참고해 작성한
김재영(2012), 위의 책, 99쪽에서 재인용한 것이다〈표〉의 비율은 실제 계산상 미세

구분	비구		비구니		우바새		우바이	
	숫자	비율(%)	숫자	비율(%)	숫자	비율(%)	숫자	비율(%)
브라흐마나	96	48.2	15	38.4	18	34.5	2	12.5
깟띠야	57	28.6	13	33.2	11	21.0	8	50.0
웻사	27	13.5	10	25.8	15	29.0	3	18.8
숫다	6	3.1	0	0	5	9.6	1	6.2
카스트밖	13	6.6	1	2.6	3	5.9	2	12.5
계	199	100	39	100	52	100	16	100

한 오차가 있으나, 크게 문제되지 않아 그대로 인용했다].
이 통계는 빠알리 니까야에 등장하는 457명의 대중 가운데 카스트 구분이 가능한
306명을 대상으로 한 것이다. 이 자료에 의하면 브라흐마나 42.81%(131명), 깟띠야
29.09 %(89명), 웻사 17.97%(55명), 숫다 3.92%(12명), 아웃카스트 6.21%(19명)의
순이다.

69) 외도를 항복받는 굴다 장자, 깊은 법을 잘 설명하는 우파굴 장자, 묘한 법을 잘 설명
하는 최상부의 우바새, 남 건지기를 좋아하는 사자 왕자, 항상 모든 중생을 가엾이

를 제자로서 평등하게 대하고 각자 자신의 위치에서 수행할 것을 당부하셨다. 불교의 궁극적 목표인 해탈열반으로 나아가기 위해 부단히 노력하는 제자들을 출·재가 차별 없이 인정하셨던 것이다.[70]

그렇듯 대중의 평등성은 붓다 재세 시 초기교단에서부터 실천되었던 공동체 운영의 기본지표였다. 대중의 평등한 관계는 자연스럽게 화합중을 이루어 상구보리 하화중생의 노정(路程)에서 용맹정진할 수 있도록 재촉했다. 붓다의 본뜻이 이와 같다면 대중의 차별성을 드러낸 팔경법을, 특히 동일한 심신출가자(心身出家者)인 비구와 비구니의 지위를 고귀하고 저열한 관계로 규정해 수지봉행하도록 부촉했을 리 만무하다.

율장이든 경장이든 붓다의 말씀을 결집한 모든 내용은 붓다의 이러한 진의를 전제하고 있어야 하며, 이에 반하는 부촉이 있다면 그것이야말로 붓다의 참뜻을 왜곡해 후대에 인위적으로 삽입한 내용이라고 보아도 무방하다는 생각이다. 돌이켜보건대 "소소계(小小戒)는 버려도 좋다"는 붓다의 유훈은 다시말해 생전에 불가피한 방편설이 적지 않았다는 붓다 스스로의 고백일 수 있다. 비구와 비구니의 차별성을 극명하게 드러낸 팔경법이 방편설로서 철칙일 수 없으며, 시대와 지역에 따라 적용방식을 달리해도 전통에 어긋난다거나 여법성(如法性)을 벗어난 범계행위가 될 수 없다는 논의가 가능한 이유를 여기서 찾을 수 있다.

이렇게 볼 때 팔경법은 21세기 정보사회로 대변되는 현대사회의 전반적

여기는 석가족의 마하나마. 설법을 잘 하는 앙길사 우바이. 외도를 항복받는 바수타 우바이. 항상 자비삼매를 행하는 마하광 우바이, 남을 가르치기 좋아하는 시리부인 등이 있다. 『한글대장경』 『증일아함』, 53-57쪽 ; 신성현(2011), 「승가갈마를 통해 본 재가와 출가의 관계」, 『한국교수불자연합학회지』 17권 2호, 한국교수불자연합회, 42쪽에서 재인용.

70) 신성현(2011), 위의 책, 42쪽.

인 분위기와 패러다임(paradigm), 남녀 간의 관계구조 차원에서도 시급히 탈각해야 할 구습(舊習)으로 다가선다. 팔경법의 제정취지와 관련해 무엇보다도 붓다의 의중으로 들어가 보려는 노력이 필요하다. 붓다의 진의를 제대로 파악할 수 있을 때 그동안의 외람되고 축자적(逐字的)인 사고의 틀을 벗고 여실지견(如實知見)하는 정견(正見)의 지혜를 현실에 반영할 수 있을 것이기 때문이다.

찰나를 다투며 급변하고 있는 현대사회에서 승단의 중추가 되는 출가양중의 관계가 여전히 폐쇄적이고 차별적인 구습으로 남아있는 교단현실은 참으로 슬픈 일이다. 진리를 바르게 보라고 제시해준 붓다의 소중한 가르침을 옮기는 것으로 이 글의 대의를 갈음한다.

어느 때 붓다는 큰 비구승단과 함께 꼬살라(Kosala)에서 유행(流行)하면서 깔라마인들(Kālāmas)이 사는 께사뿟따(Kesaputta)라고 하는 마을에 들르셨다. <중략> 께사뿟따의 깔라마인들은 붓다가 머물고 계신 곳으로 찾아와 이렇게 여쭈었다.

"세존이시여, 께사뿟따에는 사문과 바라문들이 찾아옵니다. 그들은 자신들의 이론만을 드러내어 주장하고 다른 사람들의 이론들에 대해서는 비난하고 헐뜯으며 멸시하고 갈가리 찢어 놓습니다. 세존이시여, 또 다른 사문과 바라문들이 께사뿟따에 옵니다. 그들도 자신들의 이론만을 드러내어 주장하고 다른 사람들의 이론들에 대해서는 비난하고 헐뜯으며 멸시하고 갈가리 찢어 놓습니다. 세존이시여, 우리는 '이들 존경하는 사문과 바라문들 가운데 누가 진리를 말하고 누가 거짓을 말하는지' 의심을 갖게 되면 혼란스러워집니다."

"깔라마인들이여, 그대들이 의심하고 혼란스러워하는 것은 당연한 일이다. 의심스러운 것을 대하면 그대들의 마음속에 혼란이 일어나기 마련이다. 그대 깔라마인들이여, 거듭 들어서 얻어진 지식이라고 해서, 전통이 그렇다고 해서, 소문이 그렇다고 해서, 성전에 써 있다고 해서, 추측이 그렇다고 해서, 일반적 원칙에 의한 것이라고 해서, 그럴싸한 추리에 의한 것이라고 해서, 곰곰이 궁리해낸 견해이기에 그것에 대해 갖게 되는 편견 때문에, 다른 사람의 그럴듯한 능력 때문에, 혹은 '이 사문은 우리의 스승이시다'라는 생각 때문에 그대로 따르지는 말라. 그대 깔라마인들이여, 스스로 '이들은 나쁜 것이고, 이들은 비난받을 일이며, 이들은 지혜로운 이에게 책망 받을 일이고, 이들이 행해져 그대로 가면 해롭고 괴롭게 된다는 것'을 알았을 때, 그것들을 버리도록 하라."

"깔라마인들이여, 어떻게 생각하는가. 사람의 마음속에 탐욕[분노; 어리석음]이 일어나면 그것이 그에게 이로움이 되겠는가 해로움이 되겠는가?"

"해롭습니다. 세존이시여!"

"깔라마인들이여, 이 사람은 탐욕[분노;어리석음]에 빠져 정신이 그에 압도되고 정복되었기에 생명체를 죽이고, 주지 않는 것을 갖고, 남의 여자에게로 가고, 거짓을 말하게 된다. 또, 다른 사람마저도 그렇게 만들고 만다. 이런 사람에게는 해로움과 괴로움이 오래가지 않겠는가?"

"그렇습니다. 세존이시여!" <중략>

"그대 깔라마인들이여, 스스로 '이들은 좋은 것이고, 이들은 비난받지 않을 것이고, 이들은 지혜로운 이에 의해 칭찬받을 일이고, 이들이 행해져 그대로 가면 이롭고 행복하게 된다'는 것을 알았을 때 그대 깔라마인들이여, 그대로 받아들여 살도록 하라."<후략>[71]

---

71) 『앙굿따라니까야』 3:65 「깔라마경」.

제3부

인물로 본 대중교화 실천사례

만공월면의 비구니 교화방편과 시대정신

Ⅰ. 서언

오늘날 한국 간화선풍의 초석을 다진 만공월면(滿空月面, 1871~1946)이 덕숭산에 주석하며 선풍을 드날렸던 시기는 대체로 일제강점기와 중첩된다. 그에 앞선 개화기 때는 경허성우(鏡虛惺牛, 1849~1912)와의 법연(法緣)으로 출가인연과 한소식을 접하고 마침내 전법게를 받아 지닌 시절이다.

만공이 덕숭산에서 개당보설(開堂普說)을 시작한 것은 1905년 봄부터다. 작은 모암(茅菴, 금선대)을 짓고 보림(保任)하면서 법을 설하니 제방 납자들이 구름 모이듯 했다. 정혜사를 일신해 능인선원을 열고 본격적으로 선납자(禪衲子)들을 제접하니, 이로부터 정혜사는 한국 선불교의 중흥지로서 그 이름을 남겼다.

만공이 비구승가에 가려져 있던 비구니들을 수면 위로 끌어올려 당당한 역사의 주인공으로 우뚝 서게 한 것은 이즈음부터다. 만공이 한국 최초의 비구니 전문선원인 견성암(見性庵)을 지원해 걸출한 비구니납자들을 배출하기 시작한 것이다. 1916년 1월의 일이다. 수덕사 산내암자인 견성암은 처음에는 정혜사 동쪽에 초가로 지어졌다. 만공은 견성암이 비구니 전문선원으로서 기능을 다할 수 있도록 각별했다. 창건주로 이름을 남긴 비구니 도흡(道洽)이 1920년에 함석집으로 개축하고, 1940년에 다시 기와집으로 개축하는데 후원을 아끼지 않았다. 법희(法喜)·선복(善福)·일엽(一葉)·만성(萬性)·지명(智明)·명수(明洙) 등 당대를 대표하는 비구니납자들이 이곳에서 안거수선을 다투니, 견성암은 비구니선풍의 근원으로서 오늘날까지도 그 위상을 담보하고 있다.

이처럼 견성암은 만공의 발원에 힘입어 한국 비구니 선수행의 본산으로서 입지를 다지며 오늘에 이르고 있다. 만공의 수법제자인 벽초경선(碧超鏡禪, 1899~1986)은 선원이 협소하다는 대중의 뜻에 따라 견성암을 지금의 자리인 수덕사 서쪽 산 중턱에 인도식 2층 석조건물로 이전 건립하도록 배려했다. 1965년의 일이다. 이 때 일엽이 중추적인 역할을 담당했다. 견성암이 법희를 초대원장으로 추대하고 비구니총림원으로 새롭게 출발한 것은 이로부터다.

만공과 비구니와의 법연(法緣). 근·현대기를 살다간 비구니선승들은 대개가 만공회상에서 법훈(法訓)의 은혜를 입은 바 크다. 당대를 살았던 여타의 비구고승들에 비해 유달리 만공과 비구니와의 법연이 중중(重重)했던 까닭은 무엇인가. 나아가 일제강점기를 살면서 만공이 비구니에게 보인 법훈에서 처절하고 치열했던 시대정신은 어떻게 나타나고 있는가.

논자는 이를 확증하기 위해 일제강점기 주요 비구니들의 활약을 중심으로 만공과의 인연관계를 먼저 살펴보았다. 아울러 일제강점기라는 암울한 현실에서도 만공이 비구니의 교화행각에 심혈을 기울였던 배경과 그 의의 등을 논구해 보고자 한다.

Ⅱ. 만공월면의 선풍진작과 비구니 인연

1. 수선전통의 복원과 비구니납자

만공이 살았던 시대는 국내의 왕실내분과 당시 지배층의 집단적 매국행위는 물론이거니와, 한반도를 축으로 자본주의 열강이 서로 다투는 국제정세의 소용돌이 속에서 왕조시대의 마감과 동시에 일제의 식민통치가 자행되었던 우리나라 역사상 가장 암울하고도 지난한 시대였다. 여기에 한일병탄 이듬해(1911)부터 일제에 의해 사찰령이 시행되면서 조선불교는 30본산으로 나뉘었으며, 각각의 본말사법에 의해 주지인가로부터 재산관리에 이르기까지 모든 사찰의 권한이 총독부로 넘어갔다.

대중의 공경과 신망을 받던 수행자가 주지로 추대되었던 전례는 총독부의 회유와 통제에 잘 따르는 이른바 친일(親日) 내지 부일(附日)승려들로 인가되었다. 친일 또는 부일 주지의 사찰운영이 전횡되면서 산중공사 또는 대중공사라고 하는 공의제도(公議制度)가 사라지고 주지단독의 권한이 강화되었다. 1926년부터는 비구계를 구족한 자로 제한했던 주지자격 규정을 삭제해 승려의 취처식육(娶妻食肉)이 허용됨으로써 조선불교의 전통승풍은 변질되고 세속화 일변도로 치달았다.

만공이 주도해 선학원·선우공제회·선리참구원의 등의 잇단 설립과 조선불교선종 창종 및 유교법회 등을 개최해 일제하 스러져갔던 청정승풍과 왜색화로 치닫던 조선불교의 전통과 본질을 회복하기 위한 일련의 움직임은 그러한 시대인식의 성과들이었다. 주지하다시피 오늘날 간화선 전통의 한국 선가풍은 개화기 경허가 심은 씨앗의 발아를 거쳐 일제강점기 만공이 토대를 구축하고 마침내 선풍을 복원한 데 따른 것이라 할 수 있다. 선법사의 유훈을 계승한다는 취지의 『경허집』을 발간한 것도 기필코 선불교전통의 종지를 수호하고 선양하기 위한 방략이었다.

이처럼 일제강점기 조선불교는 전례없는 위난(危難)에 처했으나, 교단 한 켠에서 청정본연의 수행가풍을 계승하고자 하는 정서가 진작된 사실은 매우 고무적인 역사의 교훈으로 지금의 우리를 일깨워준다. 더욱이 조선조 배불척승(排佛斥僧)의 지난한 어둠의 터널 속에서도 결코 놓지 않았던 참선과 강학의 전통이 이 시기에 다시금 되살아나기 시작한 것도 역사의 아이러니를 느끼게 해준다.

이러한 교단의 시대성과 흐름은 비구니승가에도 그대로 반영되었다. 근·현대기 비구니승가의 독립적 세계(世系)를 형성하게 되는 은상좌연(恩上佐緣)을 비롯해 비구니 계맥(系脈)의 물꼬를 튼 강학전등, 선풍호지의 수선행각 등이 활발발하게 전개되면서 비구니승가의 생명성이 비로소 살아나기 시작한 것이다.[1] 이러한 비구니 세계(世系)의 전개방식 가운데 만공의 영향을 직접적으로 받은 분야는 선풍호지와 수선전통의 회복이다.

그러니까 만공이 살았던 시대 그의 회상에서 유난히도 시대를 포효하던 기라성 같은 비구선승은 물론이거니와, 비구니선승이 많이 배출된 배경에는 참선의 생활화를 표방한 가운데 선풍복원과 진작을 서원한 만공 같은 선지식이 있어 가능했던 것이다. 만공의 이러한 시대인식은 자신이 직접 천명한 발원문에 고스란히 드러나 있다. 이 발원문은 일제의 부당한 불교정책에 맞서 조선불교의 전통을 수호하고 수행승풍을 회복해 오늘날

---

1) 근·현대기 비구니승가를 대변하는 인물들을 위시해 은상좌연에 기반한 문중성립·강백출현과 강학전등·선풍호지와 수선전통·계율수학과 율맥전수 등의 역사적 정황과 흐름에 대해서는 하춘생(2013)의 『한국의 비구니문중』(해조음)에 상세히 기술되어 있다.

간화선 체계의 단초를 제공하는데 일대 전기를 가져다주었다는 평가를 받고 있다. 발원문 전문을 여기에 옮긴다.

"팔만사천의 법문이 부처님의 말씀 아닌 바가 아니나, 모두 아이의 울음을 그치게 함에 지나지 아니하고 오직 마음을 바로 가르쳐서 견성성불케 하는 참선법이 있을 따름이로다.

삼계의 모든 불보살이 모두 이 법으로써 고해의 중생을 제도하시나니, 이것을 정법안장이라 하며, 부처님의 심인(心印)이라 하며, 경절문(經截門) 또는 골수법(骨髓法)이라 하나니, 선법(禪法)을 여의고는 만 가지 법을 모두 닦을 지라도 부처님과 조사의 연설하신 참된 뜻이 나타나지 아니할 것이며, 중생제도할 길이 어찌 막히지 아니하리오.

다행히 우리나라는 불교의 정법인 참선법이 유포되어 수가 없는 조사가 출현하셨을 뿐만 아니라, 삼삼(三三)조사의 정맥을 직전(直傳)하였으며, 108 역대조사의 계통을 이어받아 순전히 선종법계(禪宗法系)를 장엄하매, 우리나라 문화의 근원이 되었도다.

그러나 거의 수백 년 이래로 국정의 압박과 기타 여러 가지 폐해로 말미암아 대법(大法)의 광명이 흑운에 가리매, 암흑한 구렁에 헤매는 중생의 앞길을 인도할 수 없을 뿐만 아니라, 사라수하의 유촉을 거의 저버리게 되었도다.

슬프다! 백폐가 다투어 일어나매 내부의 부패가 극도에 이르고, 외계의 풍우가 또한 시급함이로다. 슬프다! 각황(覺皇)의 혜명이 이로 좇아 보전하기 어렵도다. 제산납자(諸山衲子)여! 분(憤)을 발하라. 대원(大願)을 세워라.

이제 정히 그 때를 당함이로다. 듣지 못했는가! 아미타불은 과거 법장 비구 때 48원을 세우시고, 지장보살은 지옥중생을 슬피 여기사 대원을 세우셨으니, 이와 같이 삼세의 모든 불보살들이 원력을 세우지 아니하심이 없음이로다.

대법침륜(大法沈淪)을 애통하시는 사해(四海) 도반이여! 삼세제불을 본받아 대원을 세우사 한쪽의 바리때와 한 폭의 누더기의 부운생애(浮雲生涯)도 오히려 지탱하기 어려운 우리 선우(禪友)를 붙잡으며, 선림을 부흥하고 현풍(玄風)을 유통하여 위로 혜명을 영산에 잇고, 아래로 심월(心月)을 용화에 비추어 사중은혜(四重恩惠)를 보답하며, 삼도고취(三途苦趣)를 도탈(度脫)케 하여 법계함령(法界含靈)이 다함께 성불케 합시다. 세존 응화 2957년 정월"2)

1930년 1월에 쓴 글이다. 마치 선언문에 가까운 발원문이다. 척불억승(斥佛抑僧)의 암울한 조선조를 거치면서 불법의 광명이 검은 구름에 가려 가없는 중생을 구제하지 못했으니, 어찌 부처님의 유촉을 받아 지녔다고 하겠는가. 여기에 설상가상으로 나라를 빼앗겨 조선불교마저 존망의 위기에 처함으로써 불조혜명을 보전하기 어렵고 불법이 더욱 쇠잔해지고 있거니와, 수선전통을 황폐화시키는 교단안팎의 온갖 병폐가 자행되고 있으니 이 어찌 슬프고 통탄해마지 않겠는가. 조선의 모든 납자들이여, 이에 대분심을 일으킬지어다. 크나큰 서원을 세울지어다. 우리가 사중은혜에 보답하고 삼악도를 벗어나 해탈할 수 있는 길은 선찰을 세워 우리문화의 근원인 참선수행의 전통과 현묘한 진리의 가풍을 바로 세우는 일일지니….

거의 절멸되었던 참선수행의 전통은 이로써 부흥의 깃발을 높이 세웠다. 씨앗을 뿌렸던 선법사 경허의 유훈을 받아 지녀 한국 선불교의 중흥을 모색했던 만공의 발원은 가시적인 성과를 보이며 조선불교의 전통과

---

2) 만공문도회(1983), 『만공법어집-보려고 하는 자가 누구냐』, 묘광, 216-218쪽.

자존을 지키는데 결정적인 역할을 가했다.

한국 비구니의 수선전통은 이러한 만공의 서원과 시대적 분위기에 발맞춰 비구니 스스로 주체적인 역량으로 개설한 비구니 전문선원을 중심으로 점차 복원되었다. 선풍진작의 장소적 원류가 되었던 비구니 전문선원은 최초 만공의 지원에 힘입어 개설된 견성암선원(1916, 도흡)을 위시해 내장사 소림선실(1924, 세만)·직지사 서전(1928, 성문, 지금은 소실됨)·동화사 부도암선원(1928, 성문)·윤필암 사불선원(1931)·오대산 지장암선원(1937, 본공)·해인사 국일암선원(1944, 대원, 지금은 폐쇄됨)·해인사 삼선암 반야선원(1945, 성문) 등을 손꼽을 수 있다.[3]

이들 비구니 전문선원을 중심으로 성성한 비구니납자들의 수선행각이 이루어지면서 비구니승가의 선풍진작이 비로소 가시화되었거니와, 오늘날까지도 비구니 수행가풍의 기지역할을 담당하고 있다. 이 가운데 견성암선원·윤필암 사불선원·오대산 지장암선원은 근·현대기 비구니 3대 선원으로서 그 위상을 자랑한다. 특히 일제강점기 견성암선원은 남방선지식의 상징이었던 만공의 회상이었고, 오대산 지장암선원(현재 기린선원)은 북방선지식의 상징이었던 한암중원(漢岩重遠, 1876~1951)의 회상이었다. 이 시절 비구납자들은 물론 비구니납자들도 선지(禪旨)를 배우고 익히기 위해 이들의 회상을 찾아 나섰다.

견성암선원은 만공이 주석하며 선풍을 드날렸던 덕숭산 수덕사 산내 비구니선방이라는 장소적 이점에 힘입어 만공의 법훈을 직접 받아 지닐

---

3) 비구니 전문선원은 광복이후에도 비구니들의 주체적 역량에 힘입어 지속적으로 개설되었다. 현재 전국 30~40여개의 비구니 전문선원에서 수선안거에 들어가는 비구니납자들은 평균 800~1,000여 명에 이른다. 총림을 비롯한 60여 개의 선원에서 1,200~1,400여 명의 비구납자들이 안거에 들어가고 있는 현황과 비교해 비구니의 수선행각이 결코 뒤지지 않는다고 하겠다. 하춘생(2016), 『붓다의 제자 비구니』, 국제문화재단, 182-185쪽.

수 있는 곳이었다. 비구니납자들이 견성암선원에 방부를 들이지 않은 이가 없을 정도로 앞다퉈 만공회상을 찾았거니와, 만공으로부터 법인가를 받은 이도 적지 않았던 배경이 그것이겠다. 묘리법희(妙理法喜, 1887~1975)·하엽일엽(荷葉一葉, 1896~1971)·만성(萬性, 1897~1975)·혜일대영(慧日大英, 1903~1985)·월혜(月慧, 1895~1956)·성월수인(性月守仁, 1899~1997)·본공계명(本空戒明, 1907~1965)·무주진오(無主眞悟, 1904~1994)·담연선경(湛然禪敬, 1904~1996)·보월정행(寶月淨行, 1902~2000)·원허인홍(圓虛仁弘, 1908~1997)·만허법일(滿虛法一, 1904~1991)·백련윤호(白蓮輪浩, 1907~1996)·광호(光毫, 1915~1989)·월조지명(月照智明, 1921~2013)·도원(道圓, 1904~1971)·혜전창법(慧田昌法, 1918~1984)·응민(應旼, 1923~1984)·법형(法衡, 1920~2001)·보인(寶仁, 1924~2004)·숭심명수(崇深明洙, 1925~2013) 등과 만공의 만년을 대를 이어 시봉했던 선복(善福, ?~?)·성오(性悟, ?~?)·수업(修業, 1918~?)·수연(修蓮, 1927~현재) 등이 만공회상에서 수선정진하는 가운데 마침내 인가받거나 선객의 기개를 떨친 대표적인 비구니들이다.[4]

이들 가운데 법희·선복·일엽·만성·지명·명수·본공·대영·윤호는 만공과 거량(擧揚)하거나 게문(偈文)을 받아 지닌 인물이거니와, 특히 법희·선복·일엽·만성은 만공의 수법제자(受法弟子)로서 그 이름을 남기고 있다.[5] 수인·정행·법일·선경·진오·윤호·광호·응민 등도 만

---

[4] 이밖에 만공이 선풍을 드날렸던 일제강점기 덕숭산 일대에서 수행하거나 견성암에서 출가 내지 수계 또는 안거수선한 비구니들에 대해서는 황인규(2009), 「근대 비구니의 동향과 덕숭총림 비구니들」(『경허·만공의 선풍과 법맥』, 조계종출판사, 237-275쪽)을 참고할 수 있다.

[5] 만공문도회(1983), 앞의 책, 328쪽. 명수는 출가 전 본명인 명순(明順)으로 기술되어 있다.

공에게 직접 공부를 점검받았으며, 이들 가운데 수인은 부산 금련산 마하사 반야암에서, 정행·윤호·광호는 금강산 마하연에서, 법일은 쌍계사 국사암에서 만공의 참선지도를 받았다.[6]

2. 주요 비구니납자들의 행장 약술

이제부터는 만공에게 직접 수행지도를 받은 인물이면서 후학들에게 지금까지도 비구니 선지식으로 추앙받고 있는 비구니납자 25인의 행장을 약술한다.[7] 근·현대기 비구니승가를 대표하는 비구니납자들의 면모를 드러냄으로써 이들이 보여주고 있는 역동성과 생명성에 한국불교의 미래를 담보해도 부족하지 않다는 현실을 인식했으면 하는 바람에서다. 물론 여기에 기술된 비구니납자들은 이 글의 주제에 상응해 만공과 직접 인연 있는 인물로 한정했다. 만공회상이 아닌 당대의 비구고승 회상에서 가행정진하며 수행자로서의 삶과 대중교화에 앞장선 비구니 선지식들도 적지 않다는 사실을 밝혀둔다.

① 묘리당(妙理堂) 법희(法喜, 1887~1975)는 근대기 비구니선풍의 중흥조로 추앙받는 주인공이다. 만공과 사자(師資)의 인연을 맺고 세수 서른 살 때인 1916년 법인가를 받고 당호와 함께 전법게를 받아지녔다. 1965년에 수덕사 서쪽 산 중턱의 현재 자리로 옮긴 견성암

---

6) 하춘생(1998), 『깨달음의 꽃1』, 여래 ; 하춘생(2001), 『깨달음의 꽃2』, 여래.

7) 이 가운데 법희·만성·일엽·대영·월혜·수인·본공·진오·선경·정행·인홍·법일·윤호·광호·지명·도원·창법·응민 등 18명에 대한 약술은 하춘생(1998;2001)의 위의 책과 하춘생(2016)의 앞의 책(174쪽, 185-191쪽)을 참고했다.

의 초대 비구니총림원장을 지내며 입적(入寂)할 때까지 납자의 본분사를 수많은 후학들에게 전했다. 삼현문중의 상징인물로 추앙받는 문중 8세손이다.

② 하엽당(荷葉堂) 일엽(一葉, 1896~1971)은 신문학 초창기 선구적 여류문인 김원주(金元周)로서, 1928년 세수 서른세 살에 홀연 출가자가 되어 만공문하로 입문했다. 1933년에 견성암에서 용맹정진하던 중 한소식을 접했다. 1934년 만공이 내린 당호 '하엽(荷葉)'과 '백련도엽(白蓮道葉)'이라는 법호와 함께 '성야백련후시지출산(性若白蓮後始之出山)'이라는 전법게를 간직하고서 견성암에서 일생동안 수행정진했다. 1965년 수덕사 서쪽 산 중턱에 자리잡은 비구니총림원 기공식을 봉행해 오늘날 견성암의 기반을 쌓았다.

③ 만성(萬性, 1897~1975)은 경허와 만공의 사자(師資)관계에 비견될 정도로 비록 직접적인 은상좌연(恩上佐緣)은 아니지만 법희의 뒤를 이어 비구니선풍을 정립시킨 인물로 이름이 높다. 1933년에 만공과 사자(師資)의 인연을 맺고 1941년에 법인가를 받았다. 만공의 49재를 마친 이후 10여 년간 운수행각 끝에 1956년부터 금정산 범어사 대성암에 최초로 비구니선방을 개설하고 입적 때까지 납자를 제접했던 실상문중의 상징적 인물이다.

④ 혜일당(慧日堂) 대영(大英, 1903~1985)은 일생동안 상(相)내는 일 없이 묵묵하게 구법(求法)만을 갈구했던 이 시대의 진정한 정진보살이요 인욕보살로 추앙받았던 인물이다. 만공에게 '혜일(慧日)'이라는 당호와 함께 인가받고 그 징표로 주장자를 전수받았거니와,[8] 한

---

8) 만공의 인가 징표인 이 주장자는 현재 대영의 법손이 주지로 있는 부산 덕운사에 봉안되어 있다.

암에게도 인가받고 '무위(無爲)'라는 당호를 받아 지녔다. 진오·선경 등과 함께 육화문중 성립의 주역이다.

⑤ 월혜(月慧, 1895~1956)는 1936년 당시 젊은 비구수좌였던 청담(靑潭)의 법문을 듣고 발심해 윤필암으로 출가한 이후 금강산 법기암에서 한소식을 얻은 당대의 비구니 선승이다. 윤필암 큰절인 대승사에서 사미니계를 수지한 1937년부터 만공과 한암의 회상인 덕숭산 견성암과 오대산 지장암을 오가며 수행의 정도를 점검받으면서 비구니선풍을 진작시켰다. 봉녕사 묘엄(妙嚴)의 은사로서, 사숙 쾌유(快愈)와 함께 문중성립에 공헌한 수정문중 8대손이다.

⑥ 성월당(性月堂) 수인(守仁, 1899~1997)은 90평생 참선과 간경과 주력을 놓지 않았던 비구니종풍의 근간이 된 인물이다. 통도사강원에서 당대의 대강백 해담(海曇)에게 8년간 일대시교를 마치던 해인 1922년 4월부터 만공이 선원장으로 있던 부산 금련산 마하사 반야암 선방에서 결제에 들어가는 등 만공의 법화를 일찍이 입었다. 승단정화 직후 호거산 운문사 총무로 부임한 이래 2,3대 주지를 역임하며 오늘의 사격을 갖췄다. 보운문중 성립의 핵심인물이다.

⑦ 본공당(本空堂) 계명(戒明, 1907~1965)은 제방의 비구고승으로부터 '선사'로 공인받은 시대의 참선객이다. 만공회상에 들어온 지 6년만인 1935년 세수 스물아홉 살 때 한소식을 접하고 만공으로부터 '본공(本空)'이라는 법호와 함께 인가를 받았다. 이때 받은 법서인 달마대사사행론(達磨大師四行論)이 대구 기린산 쳐봉사에 전한다. 전국비구니회장을 역임한 명성(明星)·명우(明又)를 손상좌로 둔 봉래문중 성립의 중추인물이다.

⑧ 무주당(無主堂) 진오(眞悟, 1904~1994)는 후학들로부터 생전에 해

탈보림(解脫保任)한 비구니로 추앙받은 인물이다. 1942년 여름부터 간월암 만공회상에서 흔히 조국해방 천일기도로 알려진 3년 결사에 부쳐 용맹정진할 적에 만성과 함께 대중외호 하심수행을 보여 만공의 찬사를 받았다. 1942년 초 한암으로부터 '무주(無主)'라는 법호와 게문을 받아 지녔으며, 입적 후에는 동성으로부터 송월(松月)이라는 당호를 추증받았다. 육화문중 성립주역이다.

⑨ 담연당(湛然堂) 선경(禪敬, 1904~1996)은 천성산 내원사에서 선풍을 드날려 국내 비구니납자들은 물론 외국인 출가자들도 다투어 제자로 입문할 정도로 경지가 높았다. 1936년 만공에게 처음 화두를 청했다. 1938년에 윤필암 청안(淸眼)회상에서 한소식을 접했거니와, 1941년에 '한소식을 일러라'는 만공의 친서와 답서를 주고받으며 불이(不二)의 경지를 깨쳤다. 1942년 초 한암에게 당호를 받아 지녔다. 육화문중 성립주역이다.

⑩ 보월당(寶月堂) 정행(淨行, 1902~2000)은 금강산 마하연 만공회상과 오대산 청량선원 한암회상에서 수선정진하는 등 입적 때까지 78안거를 성만한 비구니납자의 상징적 인물이다. 1962년 출가본사인 가야산 삼선암에 안착해 이곳에서 40여 년간 선풍과 지율정신을 드높였다. 첫 비구니 전계사로서 이름을 남겼거니와, 1982년 10월부터 1993년 11월까지 제3, 4, 5, 6, 8, 9, 10, 11, 13, 16, 19회 단일계단 비구니 전계대화상을 역임하며 비구니 수계의식을 주도했다. 법희와 함께 삼현문중을 상징하는 비구니다.

⑪ 원허당(圓虛堂) 인홍(仁弘, 1908~1997)은 1941년 출가직후 한암회상에서 머물다가 1945년 하안거부터 견성암 만공회상에서 구법정진했다. 1947년부터 한암회상에서 두 철의 하안거를 성만하고 1949년

부산 기장 월내 묘관음사 성철(性徹)회상에서 한소식을 접했다. 가지산 호랑이로 불리며 선풍을 드날렸거니와, 스산하게 스러져 있던 석남사를 선수행도량으로 일신했다. 전국비구니회 총재를 역임한 법기문중의 중추이다.

⑫ 만허당(滿虛堂) 법일(法一, 1904~1991)은 후사(後史)를 기약할 수 없을 정도로 폐허가 되어버린 방장산 대원사를 일신해 오늘날 손꼽히는 비구니 수선도량으로 거듭나게 한 인물이다. 대원사강원을 졸업한 직후인 1940년대 초반에 쌍계사 국사암에서 만공과 그의 수법제자인 고봉(古峰) 회상에서 선지(禪旨)를 배우고 익혔다. 청빈납자의 삶을 살며 시대의 여걸로 이름을 남겼다. 계민문중 14대손이다.

⑬ 백련당(白蓮堂) 윤호(輪浩, 1907~1996)는 서울 숭인동 청룡사를 오늘의 모습으로 일신한 주인공이다. 금강산 마하연과 유점사 반야암에서 수선안거 중이던 1930년 10월 만공에게 '백련(白蓮)'이라는 법호와 함께 게문을 받아 지녔다. 1943년에는 한암회상에서 정진 중 인가와 함께 '묘각(妙覺)'이라는 법호를 수지했다. 도량 가꾸기는 물론이거니와, 수선정진을 놓지 않았던 걸출선객이었다. 법기문중 청룡사계열 8대손이다.

⑭ 광호(光毫, 1915~1989)는 백세청풍 납자본분을 지켜 후학들의 존중을 한 몸에 받았던 인물이다. 금강산 만공회상과 오대산 한암회상에서 정진하는 등 선지식 참배행각을 멈추지 않았으며, 견성암을 비롯한 제방의 선원에서 정진을 거듭했다. 단일구족계단의 비구니 별소계단 초대 존증아사리[7증사]와 전국비구니회 고문을 역임했다. 승단정화 직후 교구본사[조계산 선암사] 주지를 역임한 두 비구니—

성문 · 광호-가운데 한 명이다.

⑮ 월조당(月照堂) 지명(智明, 1921~2013)은 서산 개심사와 용인 화운사 등 머무는 곳마다 강원과 선원을 열어 비구니승가의 교육과 선풍을 진작시켰던 눈밝은 선지식이다. 수덕사 금선대에서 축발수계하고, 1937년 만공문하로 입문해 당호와 계문을 받아 지녔다. 전국비구니회 전신인 우담바라회 3대 회장을 역임했다. 실상문중 성립을 추동한 주역이다.

⑯ 도원(道圓, 1904~1971)은 일생을 선객으로 살다간 진정한 중(衆)이었다. 견성암을 찾아 만공을 참배하고 출가의 뜻을 비추자, 만공이 법희에게 인도했다. 삼각산 승가사 첫 비구니주지로 부임한 이후에도 수행과 불사를 둘로 나누지 아니했거니와, 비로소 지금의 승가사가 있게 하는 토대를 마련했다. 삼현문중 9세손이다.

⑰ 혜전당(慧田堂) 창법(昌法, 1918~1984)은 당대의 비구고승들로부터 '도인' 소리를 들었던 선객이다. 1938년 10월 덕숭산 정혜사에서 용음(龍吟)에게 사미니계를 수지한 이후 정혜사와 견성암과 간월암을 오가며 만공의 법화(法化)를 입었다. 1975년 5월 비구니선승 만성이 입적하자 대성암 입승으로 부임해 이곳에서 선풍을 떨쳤다. 전강(田岡)으로부터 당호와 함께 계문을 수지했다. 수인의 수제자인 보운문중 7대손이다.

⑱ 응민(應敏, 1923~1984)은 1941년부터 덕숭산 만공회상에서 용맹정진해 만공으로부터 '정진제일수좌' 또는 법의 그릇이 된다는 뜻에서 '방울대사'라는 칭호를 받았다. 만공 입멸 후 20년간 운수행각한 뒤 1966년부터 견성암에 안착해 입적 때까지 누더기 한 벌로 주경야선 하심정진했다. 그의 집안은 부모 · 형제를 비롯해 친 · 외가 통틀어

48명이 출가한 전무후무의 불교집안이다[9]. 법기문중 석남사계열 8대손이다.

⑲ 법형(法衡, 1920~2001)은 1938년 견성암 만공회상에서 출가했다. 만공에게 사미니계를, 동산(東山)에게 비구니계를 수지했다. 1952년부터 30여 년간 제방선원에서 안거정진했으며, 1993년부터 경주 불탑사에서 주석하다가 입적했다. 단일구족계단 비구니별소계단 4,5회 존증아사리를 역임했다.[10] 월혜와 같은 항렬인 수정문중 8대손이다.[11]

⑳ 보인(寶仁, 1924~2004)은 1938년 견성암 만공회상에서 출가의 길을 걸었다. 1940년 수덕사에서 만공에게 사미니계를 수지하고, 윤필암 등지에서 2안거를 성만했다. 이후 상주 남장사 관음강원에서 사미과를 수료했다.[12] 1945년부터 견성암에서 안거수선했으며,

9) 하춘생(1998), 앞의 책, 176쪽 ; 선혜(2009), 「방울대사, 정진제일 응민스님」, 『한국 비구니의 수행과 삶2』, 예문서원, 244-246쪽. 응민은 2남2녀 중 맏이다. 부친은 만공의 상좌 법진(法眞), 모친은 법희의 제자 성호(性浩), 바로 아래 남동생은 만공의 손상좌 도오(道悟), 둘째 남동생은 통도사 고경(古鏡)의 제자 일타(日陀), 막내 여동생은 대영의 상좌 쾌성(快性)이다.

10) 법형의 출가이력은 다음 자료를 참조했다. 한국비구니연구소(2007a), 『한국비구니명감』, 193쪽 ; 한국비구니연구소(2007b), 『한국비구니수행담록上』, 440-444쪽. 다만 출생연도는 『수정문도계보』를 따랐다.

11) 2016년 2월에 개정발행한 『수정문도계보』에는 법형의 출생연월일을 1920년 1월 17일로 기술해놓고 있다. 한국비구니연구소가 발간한 『한국비구니명감』에 수록된 출생연월일은 1921년 2월 4일이다. 아마도 실제와 호적상의 차이로 보인다.

12) 상주 남장사 관음강원은 비구니가 비구니에 교수하고 전강하는 비구니 전문강원의 효시다. 1940년대 초 당시 남장사 관음선원 조실 혜봉보명(慧峰普明, 1874~1956)이 수옥(守玉)을 강주로 초빙하면서 비구니 전문강원으로 첫 개설되었다[하춘생(2013), 앞의 책, 75-76쪽]. 수옥을 강주로 모시고 이곳에서 직접 불교전문과정을 수료한 비구니는 사집과의 벽안(碧眼)·광우(光雨)·묘선(妙善)·인순(仁順)·덕수(德修)·문수(文珠)·자호(慈毫)·태호(泰鎬) 등 8명과 사미과의 보인(寶仁)·수연(修蓮)·혜련(慧蓮) 등 3명이다[『불교시보』 제96호(1943.7.15) 3쪽]. 아울러 벽안(碧眼)·광우(光雨)·지형(志亨)은 1944년 대교과를 수료했으나, 그 직후 관음강원은 일제의 정신대

1950년 범어사에서 동산에게 비구니계를 수지한 이후 대성암과 견성암에서 수행정진했다. 견성암 입승(1972)과 선원장(1985)을 역임했다.[13] 법희의 조카상좌로서 삼현문중 9세손이다.

㉑ 숭심당(崇深堂) 명수(明洙, 1925~2013)는 1936년 견성암에서 득도수계한 후 만공회상에서 수행정진했다. 세수 열다섯 살 때인 1939년 만공으로부터 당호와 계문을 받아 지녔다. 개심사 주지를 역임하고 1968년 5월 지금의 서울 구기동 삼각산 연화사를 창건했다. 지명과 함께 실상문중 5세로서 문중성립의 주역이다.

㉒ 선복(善福, ?~?)은 법기문중 창섬(昌暹)계통 복전암계열 8대손이다. 문중계보에는 원만을 은사로 득도했다는 기록만이 기술되어 있어 생몰연대를 비롯한 더 이상의 자세한 이력을 알 수 없다. 선복으로부터 그의 상좌와 법손이 대를 이어 만공을 시봉했다. 상좌로 성오(性悟)·지현·법령·지원을 두었다. 선복은 법손인 수범(修梵, 견성암 주석)의 증언에 따르면 궁중나인 출신이라고 한다.[14]

㉓ 성오(性悟, ?~?)는 선복의 맏상좌로서 법기문중 9대손이다. 선복과 마찬가지로 문중계보는 선복을 은사로 득도했다는 기록만을 확인해주고 있다. 은사에 이어 만년의 만공을 시봉했다. 제자로 수업(修業)·수연(修蓮)·수정(修精)·수공(修空)·수범(修梵)을 배출

강제징집을 피하기 위해 문을 닫았다[광우스님 대담집(2008), 『부처님 법대로 살아라』, 조계종출판사, 57-58쪽].

13) 보인의 출가이력은 다음 자료를 참조했다. 한국비구니연구소(2007a), 앞의 책, 216쪽 ; 한국비구니연구소(2007b), 앞의 책, 445-449쪽 ; 선우도량 한국불교근현대사연구회(2002), 『22인의 증언을 통해 본 근현대불교사』, 선우도량출판부, 262쪽.

14) 선복의 출가이력은 다음 자료를 참조했다. 『법기문중계보』 ; 만공문도회(1983), 앞의 책(화보사진 설명) ; 경허·만공선양회(2016), 『만공의 항일정신』, 덕숭총림 수덕사, 20쪽.

했다.15)

㉔ 수업(修業, 1918~?)은 선복의 법손으로서, 법기문중 10대손이다. 1931년 수덕사에서 성오를 은사로, 벽초를 계사로 득도수계했다. 은사와 함께 만년의 만공을 시봉했다.16)

㉕ 수연(修蓮, 1927~2019)은 만년의 만공을 시봉한 비구니 가운데 가장 최근까지 생존했던 인물이다. 1936년 수덕사에서 성오를 은사로, 벽초를 계사로 득도수계했다. 상주 남장사 관음강원에서 수옥을 강주로 사미과를 수료하고,17) 윤필암에서 안거수선했다. 1950년 범어사에서 동산을 계사로 비구니계를 수지한 뒤 운문사 사리암 원주(1961~65)·부산 기장포교당 주지(1965~69)·서울 정릉 대덕암선원장(1973~ 77)을 지내고, 1985~95년간에 견성암 도감과 선원장을 역임했다. 단일구족계단 비구니별소계단 15~20회와 특별계단 1~3회 존증아사리를 지냈다.18)

---

15) 성오의 출가이력은 『법기문중계보』와 만공문도회(1983), 위의 책(화보사진 설명)을 참조했다.

16) 수업의 출가이력은 『법기문중계보』와 만공문도회(1983), 위의 책(화보사진 설명)을 참조했다.

17) 각주12에 따르면 수연은 남장사 관음강원에서 사미과를 수료한 것으로 확인된다. 하지만 한국비구니연구소가 간행한 『한국비구니명감』에는 수덕사에서 만공의 수법제자 용음(龍吟)에게 사미과를 수료하고, 남장사 관음강원에서는 사집과를 수료한 것으로 기술되어 있다.

18) 수연의 출가이력은 다음 자료를 참조했다. 『법기문중계보』 ; 한국비구니연구소(2007a), 앞의 책, 305쪽. 수연은 최근(2015) 증언을 통해 만공이 독립자금을 모금해 만해에게 비밀리에 전달했거니와, 간월암에서 대중과 함께 독립기원 천일기도에 부친 결과 회향 3일 만에 8.15광복을 맞았다고 진술해 만공의 항일운동 사실을 확인해주었다[경허·만공선양회(2016), 앞의 책, 18-19쪽].

3. 만공월면과 비구니의 인연 배경

척불억승(斥佛抑僧)에 숨죽여 있던 조선불교는 1895년 승려도성출입금
지가 공식 해제되면서 500년의 긴 어둠의 터널을 빠져나와 비로소 찬란
한 희망의 빛을 보게 되었다. 비구들과 비구니들이 어깨를 겨루고 당당히
담마(dhamma, 법)를 배우고 익히며 거량(擧揚)하는 분위기가 보편화되
면서 수행가풍을 더욱 진작시켰다.

앞서 살펴본 바와 같이 만공의 수행지도를 받으며 적적대의(寂寂大義)
를 묻고 일편지(一片地)를 체득한 비구니고승은 그 수가 적지 않다. 더욱
이 만공회상을 납행(衲行)하며 그의 할(喝)을 수지하고 정진의 도를 높였
던 비구니납자들의 수를 헤아린다면 아마도 근·현대기를 살았던 다수의
비구니고승이 그 법화(法化)를 입지 않은 이 없을 정도다.

이처럼 만공의 행장과 덕행을 접근하다보면 필히 만나지는 것이 비구
니와의 인연관계다. 동시대를 살았던 적지 않은 비구선승들이 그 이름을
남기고 있거니와, 비구선승들과 비구니납자들의 활발발한 교류관계를 비
구니들의 행장을 통해 어느 정도 확인할 수 있다. 비구와 비구니가 그 차
별성을 버리고 자유롭게 거량했던 당대의 수행가풍이 눈앞에서 펼쳐지고
있는 듯 선하다

근대기 교단정서는 담마(dhamma)와 그의 깨달음을 중심으로 법거량
하는 수행가풍이 보편화되어 있었다. 물론 거량 상대는 사부대중을 구분
하지 않았다. 그것은 어쩌면 출가양중의 차별성이 심화되고 출-재가의
경계가 더욱 공고해진 작금의 현실을 경책하는 선조사들의 방할(棒喝)이
아니었을까. 그러한 분위기 속에서 비구니납자들은 유달리 만공회상으로
발길을 재촉했다. 만공에게 수행의 정도를 점검받거나 경지를 내보이며

받아 지닌 게문이나 법서들을 인가받은 징표로 삼았던 흔적이 농후한 것이다.

출가양중이 어깨를 겨루며 자유롭게 거량할 수 있었던 분위기는 선찰을 복원해 선풍진작을 발원했던 만공의 수행지표요 신념이었다. 만공의 그러한 열린 사상은 "불법을 알면 속인이라도 중이요, 중이라도 불법을 모르면 이는 곧 속인"[19]이라며 출·재가를 가리지 않고 참선공부를 강조했던 사실에서도 확인할 수 있다. 또한 "나를 완성시키는 데는 3대 조건이 구비되어야 하는데, 그것은 도량(道場)·도사(道師)·도반(道伴)"[20]일지니, 참선수행자는 "이 세 가지 요건이 갖추어진 곳을 떠나지 말 것"[21]을 당부했다. 만공은 이 세 가지 가운데 도사를 가장 중요시 여겼는데, 바로 선지식을 일컫는다. 비구니납자들이 본색종사를 참문하거나 구경결택을 위해 만공회상을 앞 다퉈 찾아 나섰던 까닭이 그것이거니와, 만공이 자신을 찾아온 비구니들의 교육과 수행지도에 남다른 열정을 보였던 첫 번째 당위였다.

만공이 비구니 납자들의 수행을 점검하며 본색종사로서의 역할을 멈추지 않았던 또 다른 이유는 시대정신에서 찾을 수 있다. 일제식민통치하에서 민족정신문화로 상징되는 불교마저 식민지불교로 전락할 경우 민족적 가치는 물론 국권회복은 영원히 불가능할 수 있다는 위난(危難)의식이 그것이다.

만공의 그러한 시대정신은 마곡사 주지로 잠깐 있을 때인 1937년 3월 11일 불교진흥책을 논하기 위한 31본산주지회의에서 조선총독 미나미 지

---

19) 만공문도회(1983), 앞의 책, 277쪽.
20) 만공문도회(1983), 위의 책, 253쪽.
21) 만공문도회(1983), 위의 책, 294쪽.

로(남차랑南次郎)[22]에게 일할(一喝)을 던질 때의 모습에서 어렵지 않게 읽을 수 있다. 만공이 총독에게 일할을 가한 계기는 "일본불교와 조선불교를 합치는 것이 마땅하다"는 미나미의 망언에 따른 것이었다. 만공은 "청정이 본연커늘 어찌하여 산하대지가 나왔는가?"라고 일할한 뒤 미나미의 망언이 부당함을 지적했다.

만공의 이러한 담대함과 항일정신은 이미 오래 전부터 꾸준히 그리고 은밀히 표출되었던 바다.[23] 그래서 만공에게는 출·재가를 막론하고 조선불교를 지키고 가풍을 계승할 의식 있는 불자들이 소중했다.[24] 만공회상을 찾은 비구니납자들의 공부를 지도하면서 시대를 통찰하는 지혜로운 눈[호시견虎示見]을 가질 것을 당부했거니와,[25] 조선불교의 정체성을 수호해 사상적·종교적 자주정신을 호지계승해주기를 재촉하면서 공부의 도를 묻고 또 물었던 우보행(牛步行)은 그러한 시대정신에서 비롯된 것이었다. 만공이 비구니납자들과 중중인연을 끌어안았던 두 번째 배경이 그것이다.

---

22) 1929년 조선군사령관을 지낸 일본군인 출신. 제7대 조선총독(재임 1936~1942). 총독 재임 6년 동안 '내선일체(內鮮一體)'를 표방해 일본어 상용·창씨개명·지원병제도 실시 등 한민족문화 말살정책을 강행했던 장본인이다.

23) 이석(황실문화재단 총재)의 증언. 이석(2016), 「만공스님과 의왕의 항일독립투쟁」, 『만공의 항일정신』, 덕숭총림 수덕사, 69-74쪽. ; 수연(견성암 주석)의 증언. 경허·만공선양회(2016), 앞의 책, 18-19쪽.

24) 만공이 금강산 마하연선원 종주로 있을 당시(1930년대) 이곳에서는 도속남녀(道俗男女), 즉 출·재가자가 함께 수선정진할 수 있도록 배려했다. 『유점사본말사지』(아세아문화사, 1940) 568쪽에 따르면 만공이 마하연 주지로 1933년 8월 30일자로 인가되었다고 나온다. 즉 만공은 주지 겸 조실이었다. 김광식(2015), 「김일엽 불교의 재인식」, 『불교학보』 제72집, 동국대 불교문화연구원, 251-252쪽에서 재인용.

25) 후학의 증언에 따르면 만공은 당시 시국에 관한 일을 대중에게 들려주면서 "승려는 항상 앞을 내다볼 줄 알아야 한다."고 가르쳤다고 한다. 각현(사천 사리암 주석) 증언. 적연(2009), 「진오스님-정진제일의 삶으로 회향한 수행승」, 『한국 비구니의 수행과 삶2』, 예문서원, 296쪽에서 재인용.

만공이 당대를 풍미했던 여타의 비구고승들에 비해 비구니들과 중중 법연을 기꺼이 섭수하며 각별한 배려를 아끼지 않은 저간의 배경은 또 있다. 바로 모친이 다름 아닌 견성암 비구니였던 것이다. 참으로 기연(機緣)이 아닐 수 없거니와, 모친이 견성암으로 출가하게 된 사연은 대강 이렇다.

"만공의 친가 모친은 김씨 부인이었다. 부친 송신통(宋神通) 거사는 만공이 열한 살 되던 해에 이생을 마감했다. 만공이 열세 살이던 겨울에 모친은 아들의 장수를 빌고자 어린 만공(바우=도암道岩)의 손을 이끌고 전북 김제 금산사를 참배했다.

그런데 어린 바우가 갑자기 미륵대불을 보는 순간 환호하며 삼배를 올리는 것이었다. 모친은 갑자기 남편이 살아생전 했던 말이 떠올라 가슴이 철렁했다. 바우가 두 살 때 부친은 모친에게 "이 아이는 아무래도 불교에 입문해 큰스님이 될 것 같다"고 말한 바 있었다. 그러니 열세 살의 어린 바우가 미륵대불을 보고 환호하며 절을 올리는 모습에 가슴이 내려앉을 수밖에 없었던 것이다.

이로부터 모친은 수심이 가실 날이 없었다. 어린 바우가 자꾸 "금산사에 언제 또 안 가느냐?"고 묻는 날이면 불길한 마음은 더했고, 그때마다 모친은 이런저런 핑계를 대며 바우가 절에 가지 못하도록 애써 막았다. 하지만 이미 부처님의 모습을 가슴 깊이 새긴 바우의 마음을 되돌릴 수는 없는 일이었다. 바우는 출가하기로 결심했지만, 모친과 사촌형 등 가족의 심한 반대에 부딪쳤다.

바우는 이듬해인 열네 살 때 급기야 가족 몰래 지게 하나만을 달랑 짊어지고 길을 나섰으니, 그 길로 출가였고 모친과의 작별이었다. 모친은 아들을 찾겠다고 안 다녀본 곳이 없을 정도였다. 마침내 천장암에 주석하고 있는 아들 바우를 수소문 끝에 찾아 해후하니, 흘러간 세월이 20년에 가까웠다. 아들 바우는 남편의 예견대로

'만공 큰스님'으로 불리고 있었다.

만공은 모친을 천장암에 한동안 머무시게 하더니 곧 덕숭산으로 모셔와 자신이 직접 삭발해드리고 수계한 뒤 견성암으로 출가하도록 안내했다. 오랜 세월 한숨과 눈물로 보내던 김씨 부인은 그렇게 비구니로 새롭게 태어났다."26)

만공의 모친인 김씨 부인, 이 비구니가 바로 한국 근대 비구니사의 한 획을 긋게 되는 의선(義善, ?~1923)이다. 의선은 견성암을 구심으로 하는 비구니 실상문중의 실질적인 기원을 이루는 인물이다. 실상문중은 실상(實相)을 초조로 하고, 그의 제자 순동(順同)을 2세로 추앙하고 있다. 두 사제(師弟)는 금강산 마하연에서 수행정진하다가 덕숭산 수덕사로 내려와 견성암27)에서 일편지(一片地)를 얻었고, 모두 이곳에서 입적했다. 의선은 만공의 안내를 받아 견성암에서 순동을 은사로 출가했다. 1900년대 초의 일이다.

초조와 2세가 단일제자만을 남기고 입적한 것과는 달리 의선은 문하에 위패상좌를 포함해 모두 열세 명의 제자를 두었다. 이로부터 문도번성의

---

26) 이 내용은 다음 자료를 참조했다. 윤청광(2002), 『만공 큰스님-사랑하는 사람 못 만나 괴롭네』, 『고승열전』14, 우리출판사, 261-265쪽 ; 만공문도회(1983), 앞의 책, 298-327쪽. 윤청광은 이 책 19절 '공양미 도둑을 잡아라'에서 모친이 아들 만공을 다시 만난 것은 집을 나간 지 30년, 수지한 법명을 원만(圓滿)이라고 기술하고 있다. 하지만 모친이 만공과 다시 해후했을 때, 만공이 당시 머물러 있었던 곳, 모친의 소속문중인 『실상문도계보』에 의거한 모친의 출가시기와 수계법명 등을 종합적으로 분석해볼 때 이 모든 정황을 충족해주는 연대기는 1901~1905년간으로 추정된다. 만공이 출가를 결심하고 집을 나선 때가 1884년의 일이니, 그로부터 17년~21년 후의 일이다.

27) 연혁에 따르면 견성암이 만공의 지원에 힘입어 정혜사 동쪽에 처음 초가로 지어져 비구니 전문선원으로 출발한 것은 1916년 1월의 일이다. 따라서 이전의 견성암 호칭은 훗날의 후학들이 수덕사 산내 비구니 수행처를 포괄해 부르게 된 관습호칭으로 추정된다.

전기가 마련됨으로써 오늘날 실상문중 성립의 기반을 제공했다. 성수(性修)·도덕(道德)·성각(性覺)·성윤(性允)·만성(萬性)·상정(常淨)·성욱(性旭)·혜장(慧藏)·각원(覺圓)·응주(應住)·정원(淨源)·만혜(萬慧)·두룡(頭龍) 등이 바로 의선의 상좌들이다. 이들이 의선을 은사로 견성암에서 출가득도했다는 사실은 어떤 형태로든 만공의 영향을 받았다는 반증이기도 하다.[28]

---

28) 의선의 다섯째 상좌 만성의 법손인 일법(一法)에 따르면 의선의 상좌 13인 가운데 여섯째 상정 이하 8명은 재가시절부터 참선수행을 하던 이들이다. 만성의 성품과 근기를 믿고 존경해 그의 지도를 받고자 출가한 경우라고 한다. 일법(2009), 「만성스님-걸림 없는 대도인」, 『한국 비구니의 수행과 삶2』, 예문서원, 59쪽.

Ⅲ. 만공월면의 비구니 교화방편과 사상적 경향

만공이 살았던 시대는 개화기를 거쳐 고스란히 일제강점기로 집약된다. 망국의 한과 절망을 넘어 민족적인 항거와 항일독립은 이 나라 국민들의 숙원이었다. 한편에서 독립방략을 세워 항일투쟁을 독려하고, 또 한편에서 독립정신의 씨앗을 심는 일은 지성인들이 가져야 할 책무이자 소명이었다. 시대의 지성인, 그들 가운데 적지 않은 인사들이 종교인들이었고, 그들을 중심으로 마침내 3.1독립운동이 조직적으로 준비되고 실천되었다.

일제강점기 항일독립운동은 다양한 유형으로 전개되었다. 대한민국 임시정부를 중심으로 주체적인 정부활동을 지속하면서 국제외교활동을 통한 국권회복운동을 전개했다. 만주와 연해주를 중심으로 무장항일투쟁을 위시한 독립군 활동과 애국지사들의 항일의거활동을 멈추지 않았다. 다른 한편에서는 우리 문화재가 일본이나 미국 등 다른 나라로 유출되는 것을 막기 위한 문화·문화재 지키기 운동을 전개한 사례도 있다. 이 또한 독립운동의 한 유형으로 볼 수 있거니와, 민족적·정신적·사상적 측면에서 정신계몽과 의식개혁의 움직임도 독립운동과 다르지 않을 터이다.

불교계 선각자들은 일제침략에 대응하고 민족의 요청에 부응하기 위한 독립방략을 세웠다. 외교권을 박탈당해 사실상 망국에 접어든 1905년 을사늑약이 체결된 직후였다. 불교정신에 입각한 우리나라 최초의 근대적 불교교육기관이 탄생한 것은 그러한 배경에서다. 1906년 5월 8일 개교한 동국대학교의 전신 명진학교가 그것이다.

명진학교 학생들은 대다수가 이전의 불교교육제도 하에서 높은 수준의 교육을 이수한 지성인들이었다. 이들은 숙식과 교재와 학용품 일체를 지원받으며 사회와 불교계의 개혁 엘리트로 교육받았다. 끊임없이 가해지는 일제의 탄압에도 불구하고 불교정신에 입각한 개혁자로서의 역량을 키워 나갔던 것이다. 이들이 바로 3.1운동 당시 만해의 지도 아래 조직적으로 전국을 돌며 독립만세운동을 추동했던 주인공들이다. 이처럼 정신계몽교육이나 의식개혁운동을 통해 시대를 직시하는 인재를 양성하는 일도 매우 유용한 독립방략의 하나였다.

만공의 항일정신을 뒷받침해주는 역사적 발자취의 유형은 선학들의 연구에 의해 이미 몇 가지로 정리된 터이다. △1937년 3월 11일 조선 13도 도지사 및 31본산주지들이 참석한 조선불교진흥책 논의자리에서 조선총독 미나미 지로(남차랑南次郞)에게 일할(一喝)을 던진 사건 △31본산주지 가운데 유일하게 창씨개명(創氏改名)을 거부한 사실 △조선불교의 정체성과 수선전통을 수호하기 위한 선학원 · 선우공제회 · 선리참구원 설립과 선종 창종 등의 주체로 참여한 일 △1941년 유교법회를 동조해 일제의 조선불교 장악을 막고자 했던 일 △2015년 9월 20일 경허 · 만공선양회가 개최한 제7회 만공 세미나에서 황실문화재단 총재 이석의 "만공과 의친왕이 의기투합해 제2의 3.1운동을 기획했다"는 증언 등이 그것들이다.

만공의 이러한 항일정신과 관련해 이제부터는 만공의 비구니 교화방편과 시대정신이 어떤 연관성을 가질 수 있는가에 대해서 논구해 보고자 한다. 이를 위해 만공의 수행지도를 직접 받고 한소식을 접한 당대의 비구니납자들이 마침내 만공으로부터 인가받거나 당호 내지 게문을 받아 지닌 벅찬 감화의 노정을 의제로 상정할 것이다. 그것은 조선불교의 정체성과 수선전통은 물론이거니와, 불조정맥의 수행정법을 계승해 왜색불교화 내지 식민지불교를 거부하고자 했던 모든 활동도 매우 긴요한 독립정신의 한 유형으로 볼 수 있기 때문이다. 아울러 만공의 행장에서 보이는 바와 같이 무장투쟁이나 의거활동 등 물리적 항쟁위주가 아닌, 민족적·정신적·사상적·종교적 측면에서 의식개혁 내지 정신계몽을 추동하는 다양한 교육도 그 범주에 포함될 수 있겠다는 판단에 따른 것이기도 하다.

1. 유형별 교화방편에 나타난 시대정신

가. 문답상량(問答商量: 법거량)

①묘리법희(妙理法喜, 1887~1975)

만공의 비구니 수제자는 단연 법희(法喜)이다. 만공이 법희와 주고받은 법거량을 소개하면 이렇다.

만공이 하루는 『무문관』 22칙인 '가섭찰간화(迦葉刹竿話)'를 들어 대중에게 한마디씩 말해보라고 하니 대중 속에서 불현듯 법희가 일어나 대답했다.

만공: "아난이 가섭에게 묻기를 '세존께서 당신에게 금란가사와 백옥발우를 전한 외에 무슨 법을 특별히 전하셨습니까?' 했다. 가섭이 아난을 부르니 아난이 답하매 가섭이 아난에게 이르되 '문 앞의 찰간대를 꺾어버려라' 했으니, 여기에 대해서 대중은 한마디씩 일러보라!"

대중: "………."

법희: "스님!"

만공: "왜!"

법희: "물고기가 헤엄치니 물빛이 흐려지고, 새가 날아가니 깃털이 떨어집니다."

만공: "쉬운 일이 아니리라."[29]

평하기를, 은밀히 숨은 기량이 아니면 어찌 눈을 가릴 수 있으랴.[30] 만공이 다시 만해의 오도송 '흰 눈 속에 복사꽃이 조각조각 흩날린다'[31]는 구절을 들어 대중에게 물으니, 법희가 일어나 대답했다.

만공: "흩날린 꽃송이 어느 곳에 있는고?"

법희: "흰 눈이 녹아지니 한 조각 땅입니다."

만공: "다못 일편지(一片地)를 얻었도다."[32]

평하기를, 도(道)는 재주와 지혜로는 얻을 수 없다.[33] 공안참구와 직관을 요구하는 만공의 수행지침을 엿볼 수 있는 문답상량(問答商量)의 실례들이다. 조사선에 뿌리를 둔 간화선풍의 종지가 이 거량에서 그대로 드러나고 있음을 확인할 수 있다. 이른바 왜색불교의 도래와 조선불교의 순수성이 혼재된 혼돈시대에 즈음하여 조선불교의 정체성이라 할 수 있는 선불교전통의 수행종풍을 계승하도록 함으로써 민족의식의 고취를 견인하고

---

29) 만공문도회(1983), 앞의 책, 123쪽.

30) 만공문도회(1983), 위의 책, 124쪽.

31) 만해 한용운의 오도송 마지막 구절이다. 만해는 오도송을 지어 만공에게 알렸다. 이에 만공이 마지막 구절을 들어 "흩날린 꽃송이 어느 곳에 있는고?"라고 반문하니, 만해가 답하기를 "거북털과 토끼뿔(龜毛兔角)이로다." 하였다.

32) 만공문도회(1983), 앞의 책, 134-135쪽.

33) 만공문도회(1983), 위의 책, 135쪽.

있음이다.

법희가 견성암 만공회상에서 처음 든 화두는 '만법귀일 일귀하처(萬法歸一 一歸何處)'였다. 화두를 결택 받은 후 잠시도 늦추지 않은 정진으로[34] 어느 날 한소식을 접하니, 만공은 '묘리(妙理)'라는 당호와 함께 전법게[35]를 내렸다. 1916년, 법희의 세수 서른 살이었다. 전법게 전문을 옮기면 다음과 같다.

示妙理比丘尼法喜(시묘리비구니법희)
萬像寂滅釋迦面(만상적멸석가면)
寂滅滅已眞歸面(적멸멸이진귀면)
佛祖遷化二三千(불조천화이삼천)
妙理眞光永不昧(묘리진광영불매)
일만상 적멸함이 석가불의 면목이요
적멸함도 멸하여 다한 곳이 진귀조사 면목이로다.
불조가 천화한 지 2~3천 년에
묘한 이치 참된 광명 길이 매하지 않도다.[36]

②월조지명(月照智明, 1921~2013)

지명은 『만공법어집』의 비구니 관련내용 중 만공과 나눈 법거량이 제

---

34) 효탄(2007), 「비구니 선풍의 중흥자, 묘리법희 선사」, 『한국 비구니의 수행과 삶』, 예문서원, 204쪽.
35) 전법게 전문은 만공문도회(1983), 앞의 책, 201-202쪽에서 확인할 수 있다.
36) 하춘생(1998), 앞의 책, 32쪽 ; 만공문도회(1983), 위의 책, 201-202쪽.

일 먼저 소개된 비구니다. 1942년 겨울, 눈이 많이 왔을 때 견성암에서 공양청정을 하기 위해 눈길을 말끔히 쓸고 만공을 모시러 왔다.

지명: "노스님! 눈길을 깨끗이 쓸었습니다. 어서 가시지요."
만공: "너희들이 쓴 길로는 안 가련다."
지명: "그럼, 스님께서는 어느 길로 가시겠습니까?"
만공: "너희 절 부처님이 하얗더구나!"
지명: "………."[37)]

평하기를, 한 발자국도 움직이지 않음이 크게 공양을 받음이로다.[38)] 지명은 불과 열두 살 때 만공을 처음 친견한다. 수원에 친가가 있었는데 외삼촌을 따라 유점사 뒤쪽 암자에서 법화경 사경공부를 하며 살고 있던 이모댁에 놀러간 것이 계기였다. 만공은 어린 지명을 보더니 "어린 것이 멀고도 험한 길을 오게 된 것은 전생에서부터 숙연(宿緣)이 있어 그러하다. 공부를 잘하면 성불할 것이다"[39)]라고 일러주었다.

지명은 그때 만공이 일러준 말이 무슨 뜻인지 잘 몰랐지만, 괜히 감격하면서 유점사 홍성암 선방에서 50여명의 대중 속에 끼어 좌선하기를 좋아했다. 만공이 대중에게 내린 화두는 '만법귀일 일귀하처(萬法歸一 一歸何處)'였다. 지명은 만공에게 산딸기를 따다가 드렸고, 만공은 그런 지명을 매우 예뻐해 주면서 산딸기를 같이 먹곤 했다. 7월에 안거를 해제하자 만공은 수덕사로 돌아갔고, 그 직후 이모도 수덕사로 내려가더니 그길로

---

37) 만공문도회(1983), 위의 책, 122쪽.
38) 만공문도회(1983), 위의 책, 122쪽.
39) 지명(2014), 『달빛은 우주를 비추네 : 월조당 지명선사 문집』, 화운사, 150쪽.

의선을 은사로 출가했다.

지명은 그렇게 금강산 만공회상에서 여름안거 한 철을 나고 겨울을 보냈다. 친가로 돌아와서 모친을 뵙고 그해 다시 이모가 있는 수덕사에 도착하니 마침 겨울안거 결제일이었다. 정혜사로 올라가 만공의 결제법문을 듣고 발심했다. 금선대에 올라가 불공을 올리면서 사흘 낮 사흘 밤을 고민한 끝에 이모에게 출가의 뜻을 내비쳤다. 축발득도, 1933년 세수 열세 살이었다. 만공에게 사미니계를 수지하고, 법명으로 '지명(智明)'을 받아 지녔다.

지명은 견성암에서 정진을 거듭했다. 그 사이 망월대 강원에서 성능복문(性能福文)으로부터 사미·사집과를 마쳤다. 만공은 지명의 공부를 점검하더니 '월조(月照)'라는 당호와 게문을 내렸다. 1937년 5월 23일의 일이다. 게문은 이렇다.

示月照智明尼(시월조지명니)

性空復境寂(성공부경적)   성품도 공하고 다시 경계도 고요한데

心月照十方(심월조시방)   마음 달 시방세계를 비추네.[40]

1939년 설날 아침, 지명이 대중과 함께 세배를 마치자 만공이 목침을 가리키며 일렀다.

만공: "목침을 목침이라고 하지 말고, 목침이 아니라고 하지도 말고 한마디 일러라."

대중: "………."

---

40) 지명(2014), 위의 책, 161-162쪽.

지명: (주먹으로 목침을 치며) "이렇습니다."

만공: "공부 잘 하여라."[41]

만공은 지명에게 요중(鬧中, 시끄러운 곳) 공부를 잘 할 것이요, 앉으나 서나 지게를 지거나 빨래를 하거나 항시 화두를 끊이지 않게 하라고 당부했다. 지명은 그대로 따랐다. 이듬해 만공이 다시 지명을 부르더니 물었다.

만공: "가섭이 아난존자에게 '도각문전에 찰간착(倒却門前刹竿着)하라'고 하니, 아난이 대답을 못하고 교족(翹足)공부 칠일칠야를 하여 활연대오(豁然大悟)했는데, 지명이 너는 어떻게 답할 것인가?"

지명: "꺾을 것이 없는데 무엇을 꺾으란 말입니까?"

만공: "더더욱 열심히 공부하여라."[42]

일제강점기의 일본불교는 일제의 정치적 지배에 편승해 조선불교를 끊임없이 식민지불교로 편입하려는 시도를 자행했다. 그런 속에서 조선불교는 점차 취처식육을 당연시하는 이른바 왜색불교화가 급속화 되었다. 일제의 식민통치 아래에서 민족정신문화인 불교마저 식민지불교로 전락한다면 민족정신을 상실할 뿐더러, 일제의 민족문화 말살정책에 부응하는 결과를 초래해 국권을 회복할 수 없는 위난에 영원히 빠지게 될 터이다.

만공은 이를 너무나도 잘 알고 있었다. 출가양중의 차별 없는 제접을 통해 안으로는 깨달음을 재촉했고 밖으로는 절망속의 국민들에게 희망을

---

41) 지명(2014), 위의 책, 160쪽.
42) 지명(2014), 위의 책, 161쪽.

주어야 한다는 당위를 일깨웠던 모든 행보는 그 때문이었다. 식민지 국민이자 수행자로서 존망의 위기에 처한 민족정신과 그 가치를 잃지 않도록 공부에 정진할 것을 재촉하고 점검하고 부촉하기를 거듭했던 것이다. 당대의 기라성 같은 비구선승들을 비롯해 수많은 비구니납자들이 만공회상을 찾아 시대를 가슴에 안는 포부와 원력을 배우고 익혀 식민치하 어둠의 긴 터널을 빠져나올 수 있도록 그 빛이 되었던 배경이 그것이다.

지명도 그러한 납자들 가운데 별 같은 존재였다. 만공의 법화를 직접 입고 당대의 지표를 실천했거니와, 만공이 입적한 이후에도 서산 개심사와 용인 화운사 등 인연되는 절마다 강원과 선원을 개설해 후학들의 교육과 선풍진작을 도모했던 시대의 선지식이었다.

나. 게문/게송(偈文/偈頌)

③하엽일엽(荷葉一葉, 1896~1971)

일엽은 일제강점기 신여성운동을 주도했던 문인출신이다. 1923년 9월, 세수 28세 때 수덕사 참배길에 만공의 안심입명 열반법문[43]을 듣고 발심했다. 그리고 5년 후인 1928년에 마침내 출가를 결행해 만공문하로 입문했다. 출가 5년째 되던 해인 1933년 9월에 일생 구도처가 되었던 견성암에 안착했다.[44]

---

43) 김일엽(1974), 『미래세가 다하고 남도록』, 인물연구소, 322-323쪽.
44) 하춘생(1998), 앞의 책, 74-76쪽. 일엽의 발심, 입산출가, 만공과의 만남, 견성암 안착 등 불교입문 전후의 시제는 일엽문도회(수덕사 환희대)가 간행한 일엽의 저서에 수록된 생애와 연보, 이 책 출간 이전 논자가 후학들의 증언을 청취한 내용 등을 토대로 기술한 것이다. 이와 관련해 김광식(2015, 앞의 책)은 일엽의 잡지 기고문과 일

만공은 이때 일엽에게 이렇게 일렀다.

"그대가 지금 귀하다고 가진 무엇이라도 다 버려야 하고, 더구나 책을 읽고 보는 일이나 글 쓰고 구상하는 일은 아주 단념해야 한다."[45]

이것은 일엽의 출가 전 세간살이를 모두 비우라는 것이었다. 신학문 소유자, 최초 여류문인, 신여성운동가, 자유연애, 자유결혼, 자유이혼, 신정조론자, 시대의 반역아 등 세간에서 그를 지칭하는 말은 모두 당대의 관심을 한 몸에 받기에 부족함이 없는 것들이었다. 만공은 바로 이러한 세간에서의 열정적 삶과 확고한 신념을 갖고 있던 일엽으로 하여금 세파의 모든 것을 잘라내지 않는다면 그것은 한갓 자만이요 독선에 지나지 않음을 완고하게 일렀던 것이다.

일엽은 스승의 뜻을 그대로 따랐다. 27년 간 산문 밖을 나가지 않은 채 견성암에서 입승소임을 보았거니와,[46] 입적할 때까지 40여 년간 가행

엽관련 기사 등을 인용하면서 일엽의 불교인연을 위시해 불교문예활동, 불교신도로서의 수행, 연애·결혼·이혼의 정황, 여성불교청년활동, 불법에 대한 자각과 확신, 입산출가 등을 세밀하게 다루고 있다. 그런데 김광식은 일엽이 기고한 『불교』지 등의 내용을 인용한 가운데 일엽이 처음 불교와 인연 맺은 것은 1928년 봄부터이고, 출가는 1934년 3~4월경이라고 밝히고 있다. 선학원에서 비구강백 관응의 은사인 탄옹에 의해 발심출가의 계기가 되어 삭발과 만공에의 인도로 이어졌으며, 1934년 3~4월경 만공의 지도로 마침내 출가했고 이때 은사 성혜를 만났다는 것이다. 김광식은 이때 (1934.3.2) 만공이 일엽에게 내보인 「一葉子에게 回示」에 '荷葉堂 白蓮道葉 比丘尼'라는 내용을 들어 이것이 만공이 일엽에게 정식 승려로서 법명을 주고 수계한 것으로 볼 수 있다고 기술했다. 하지만 일엽의 증법손 경완(2007, 「일엽선사의 출가와 수행」, 『한국 비구니의 수행과 삶』, 전국비구니회)은 만공이 내린 '荷葉堂 白蓮道葉 比丘尼'를 당호(堂號)와 도호(道號)가 담긴 법문으로 해석하고, 일엽이 한소식을 얻은 것에 대한 인가의 증거로 보았다. 경완은 이 논문에서 일엽의 행장과 관련한 시제에 대해서는 구체적으로 적시하지 않았다. 선행연구들이 이와 같으니 일엽의 연보를 재검토하는 작업은 필요해 보인다.

45) 하춘생(1998), 위의 책, 78쪽.

정진의 표상으로 우뚝 섰다. 견성암에 입산한 그해 홀연 한소식을 접하고
깨달음의 노래[오도송悟道頌]를 남겼다.

"고인(古人)의 속임수에

　헤매이고 고생하기

　예로부터 그 얼마인고

　큰 웃음 한 소리에

　설리(雪裏)에 도화(桃花)가 만발하여

　산과 들이 붉었네."[47]

만공은 일엽의 금강과 같은 도의 경지를 보고 잇달아 게문을 내렸다.

一葉子에게 回示(일엽자에게 회시)

荷葉堂 白蓮道葉 比丘尼(하엽당 백련도엽 비구니)[48]

示白蓮道葉比丘尼(시백련도엽비구니)

性若白蓮後(성야백련후)　성품이 백련과 같은 연후에라야

---

46) 일엽이 1933년 견성암에 안착하면서 만공의 가르침에 따라 세속에서 익힌 습성을 모
두 내려놓았다가 다시 글로써 세상에 나온 것은 1960년 3월이다. 『어느 수도인의 회
상』(1960, 회상록)·『청춘을 불사르고』(1962, 인생회상록)·『행복과 불행의 갈피에서』
(1964, 수상록) 등이 출간되었고, 이 책들은 나오자마자 세인의 관심을 끌며 서점가
를 강타했다[하춘생(1998), 위의 책, 79쪽]. 일엽은 『어느 수도인의 회상』 출간에 즈
음해 발표한 「30년 침묵을 깨뜨리고」[김일엽(2001), 『일엽선문』, 수덕사 환희대,
193쪽] 제하의 글에서 "인간문제를 정말 해결할 나의 나머지 날들은 아직 알 길이
없다. 그러나 해결 지을 법은 알았기 때문에 이 글로 천하에 전하려 하는 것이다."며
글을 다시 쓰게 된 이유를 이렇게 밝혔다. 그것은 "性若白蓮後始之出山(성야백련후
시지출산)"하라는 만공의 뜻을 그대로 받아 지닌 결실이었다.

47) 하춘생(1998), 위의 책, 76쪽.

48) 김일엽(2001), 위의 책, 270쪽.

始之出山(시지출산)　　　　비로소 산에서 나가게 하여라.49)

　앞의 게문은 1934년 3월 2일의 것이고, 뒤의 게문은 같은 해 5월 1일의 것이다. 하엽은 당을 붙였으니 당호이겠거니와, 백련도엽은 불교에 입문한 뒤의 이름[도호道號]으로 보아도 무방할 터이다.

　뒤의 게문내용에서 백련은 '진흙속의연꽃'을 뜻하고, 산에서 나가게 함은 대중 속으로 들어감이다. 그러니까 이 게문은 한마디로 상구보리 하화중생을 일러주고 있는 것이다. 그것은 일엽에게 평생 가행정진해 견성할 것이며, 그로써 대중포교를 소홀히 하지 말라는 이중적 함의를 담고 있는 만공의 부촉이라 하겠다. 일엽문도는 이 게문을 인가의 징표인 전법게로 받아들이고 있다.

　만공은 예서 멈추지 않고 일엽에게 다섯 가지 유훈을 남겼거니와, 일엽은 일생을 그와 같이 살았다. 유훈 다섯 가지 내용을 옮기면 다음과 같다.

　　　"첫째, 세세생생 참선밖에 할 것이 없음을 알아야 할 것. 둘째, 정
　　　법사(正法師)를 여의지 않아야 할 것. 셋째, 살아서 육체와 남이
　　　되어야 할 것. 넷째, 남이 곧 나인 줄을 알아야 할 것. 다섯째, 제
　　　일 무서운 것이 허공(虛空)인 줄을 알아야 할 것."50)

　여기서 참선은 간화선이요, 정법사는 본색종사요, 육체와 남이 되어야 함은 오온육근(五蘊六根)에 매이지 않는 자재함이요, 남이 곧 나인 줄 알

---

49) 만공문도회(1983), 앞의 책, 202쪽.
50) 김일엽(2001), 앞의 책, 165쪽.

아야 함은 불이법(不二法)의 깨침이요, 허공은 화엄경에서 진리의 성품[법성法性]이라고 했듯이 일체를 함장(含藏)하고 있는 마음과도 같은 것이다. 일체유심조(一切唯心造)라고 했듯이 제일 무서운 것이 그것이겠다. 만공의 이 유훈은 선가의 수행가풍을 고스란히 담고 있는 것이라 하겠다.

일엽의 유고법문을 살펴 일관하고 있는 사상적 전개를 보면 "'나'를 알아 얻는 법은 오직 참선법뿐이다. 개인·국가·사회·세계, 심지어 짐승·무정물의 문제까지 이 참선이란 법 하나로 해결되는 것은 제성(諸聖)이 공증하는바"라고 했다.[51] 일엽이 의지했던 정법사는 만공이었고, 그것은 그의 증언으로 분명히 확인된다.

> "만공스님이 대가인 줄을 알게 되어 금강산으로 갈 봇짐까지 싸놓았다가, 결국 큰스님이 계신 이 덕숭산 수덕사로 오게 되었다. 여기로 온 이 일은 참으로 내가 나를 믿을 만한 지혜로운 생각이었다."[52]

이렇듯 일엽은 정식 출가해 은사·법사의 수행지침을 받고 간화선 정진의 관행을 수용해 참선정진하는[53] 철저한 원력비구니가 되었다. 은사는 비구니 성혜(性惠)[54]를 말하고, 법사는 만공이다. 이렇게 보면 기실 만공의 영향을 받은 수많은 비구니들 가운데 만공의 선풍과 사상을 가장

---

51) 김일엽(2001), 위의 책, 117쪽.

52) 김일엽(1974), 앞의 책, 328쪽. ; 경완(2007), 앞의 책, 228쪽.

53) 김광식(2015), 앞의 책, 253쪽.

54) 일엽의 증언에 따르면 성혜는 금강산 표훈사 뒤 산속 자그마한 암자에서 60여 년 동안이나 도를 닦았던 마음이 높은 비구니였다. 다시말해 은둔적 참선수행자였다는 것이다. 김광식(2015), 위의 책, 252쪽.

여법하게 인식하고 세상에 펼친 인물은 바로 일엽이라 할 것이다. 일제가 한민족을 지옥보다 더한 벼랑으로 몰고 한민족문화 말살에 혈안 되어 있었던 시대에 자신의 특기인 글[문인文人]과 말[변인辯人]로써 불교를 널리 알리는 일에 매진할 것을 서원했고, 실제로 불교의 근본과 한국불교의 나아갈 길을 제시해 중생을 건지겠다는 자각의식을 싹틔웠던 것도 모두 그런 맥락에서 이해할 수 있겠다. 일엽의 다부진 원력을 원문 그대로 옮기면 이렇다.

> "그리고 요행하게도 나는 불법을 얻어 드럿스니 교리를 좀 연구도 하고 알기도 한 후에 건필(健筆)을 만드러 대도(大道)를 대중에게 전하는 글을 쓰며 교리에 이그러진 모든 현상을 곳치며 번뇌에 우는 중생을 건지는데 도읍는 일분자(一分子)가 되기로 원력을 가지는 바이다."[55]

그래서 일엽은 1928년 3월에 개최된 조선불교학인대회에서 결성된 조선불교학인연맹의 기관지 『회광(回光)』 2호(1932.3)에 기고한 글[56]에서 "학인들은 중생의 눈에 비치는 스승이 되어야 한다."고 강조했던[57] 것이겠다.

일제강점기에 있어서 대도는 국권회복이요, 가장 절실한 중생구제는 식민통치로부터의 독립일 것이다. 일엽은 그렇게 만공의 일할(一喝)을 배우

---

55) 김일엽(1931), 「가을바람 소리를 드르면서」, 『삼천리』 제3권 제10호, 삼천리사, 124쪽. ; 김광식(2015), 위의 책, 243쪽에서 재인용.
56) 김일엽(1932), 「중생의 눈에 비치는 스승이 됩시다」, 『회광』 2호, 39-40쪽. ; 김광식(2015), 위의 책, 243쪽에서 재인용.
57) 김광식(2015), 위의 책, 243쪽.

고 익히며 치열한 정진의 삶을 살았거니와, 어찌 독립운동사에 적잖은 정신적 영향을 끼치지 않았겠는가.

④숭심명수(崇心明洙, 1925~2013)

示崇深明順尼(시숭심명순니)

立志如山(입지여산)　뜻 세우기를 산과 같이 하면

成佛自然(성불자연)　자연히 부처를 이룰 것이며

安心似海(안심사해)　마음 편안히 하기를 바다 같이 하면

頭頭安樂(두두안락)　어디라도 무위진락 수용하리라.[58]

만공이 명수에게 내린 '숭심(崇深)'이라는 당호와 계문의 전문이다. 1939년 2월 3일의 일이다. 명순은 명수의 출가 전 본명이다.

『만공법어집』에 비구니로서 그 이름을 남기고 있는 인물은 법희·선복·일엽·만성·지명·명수 등 6명이다. 거량 편에 법희와 지명이, 게송 편에 법희·일엽·지명·명수가, 수법제자 명단에 법희·선복·일엽·만성이 수록되어 있다.

명수는 지명의 친가 동생이다. 모친자매도 훗날 출가해 만공의 모친인 의선의 셋째·넷째 상좌가 되었다. 만성의 사형이 되는 성각과 성윤이 그들이다. 불가(佛家)에서 이들은 지명의 사숙이 되었고, 명수는 친가이모인 성윤의 맏상좌가 되었다.

명수자매와 모친자매는 이처럼 만공과 대를 이어 중연을 맺은 참으로

---

58) 만공문도회(1983), 앞의 책, 204쪽.

기이한 집안이었다. 모친자매는 만공의 인도로 의선의 세계(世系)를 계승함으로써 문도번성의 전기를 마련해주었거니와, 만공에게 당호를 받아 지닌 지명·명수 자매는 실상문중 형성의 중추가 되었다.

⑤본공계명(本空戒明, 1907~1965)

> "어찌 불법(佛法)에 비구 비구니가 있으며
> 세간과 출세간이 있겠는가.
> 어찌하여 북(北)이 있고 남(南)이 있으며
> 어찌 너와 내가 있을 수 있으리오."[59]

오도송이다. '하나(一)'를 관하는 경지를 읽을 수 있다. 만공이 그 즉시 인가와 함께 '본공(本空)'이라는 법호와 게문을 내렸다. 1935년의 일이다. 게문은 이렇다.

賜本空尼(사본공니)
達磨大師四行論(달마대사사행론)
不作一介物名爲作道(부작일개물명위작도)
不見一介物名爲見道(불견일개물명위견도)
不修一介物名爲修道(불수일개물명위수도)
不得一介物名爲得道(부득일개물명위득도)
본공 비구니에게 내리노니

---

59) 하춘생(1998), 앞의 책, 92쪽. ; 진광(2007), 「본공당 계명선사의 삶과 수행」, 『한국 비구니의 수행과 삶』, 예문서원, 300쪽.

달마대사의 사행론이 그것이다.

한낱 물건도 지음 없음을 이름하되 도를 짓는다 하며

한낱 물건도 봄이 없음을 이름하되 도를 본다고 하며

한낱 물건도 닦음 없음을 이름하되 도를 닦는다 하며

한낱 물건도 얻음 없음을 이름하되 도를 얻는다 하느니라.

이 네 가지를 경솔하게 살피면 도로(徒勞, 헛수고)이며 큰 병을 얻을지니 살피고 살필지어다.[60]

본공이 만공과 첫 인연을 맺은 것은 1928년 가을 금강산 마하연선원에서다. 만공의 참선법문을 듣고 화두선법에 큰 의심을 품게 되면서부터다. 유점사 득도암에서 득도수계한 지 3년째 되던 해였다. 그길로 덕숭산 만공회상으로 발길을 재촉해 1929년부터 견성암에 방부를 들이고 화두참구에 전념했다. 6년이 흐른 1935년, 세수 스물아홉 살 때 본공은 한소식을 접했다. 그때 읊은 깨달음의 노래가 앞에 소개한 오도송이다.

본공이 1925년 득도수계 당시 수지한 법명은 계명(戒明)이다. 견성암에서 정진 중이던 계명에게 만공이 법서를 보내왔다.

示無相戒明比丘尼(시무상계명비구니)

若以色見我(약이색견아)　　만일 물질로써 나를 보거나

以音聲求我(이음성구아)　　음성으로써 나를 구한다면

是人行邪道(시인행사도)　　그는 사도를 행하는 사람이니

不能見如來(불능견여래)　　능히 여래를 볼 수 없다.[61]

---

60) 하춘생(1998), 위의 책, 94-95쪽. ; 진광(2007), 위의 책, 302쪽.
61) 하춘생(1998), 위의 책, 92쪽. ; 진광(2007), 위의 책, 300쪽.

1930년 11월, 만공이 금강산에 있을 때 보내온 것이다. 금강경 사구게를 들어 본공의 속성개오(速成開悟)를 재촉한 글이다. 본공이 오도한 이후 보림을 당부하며 법호와 게문을 내렸던 만공은 1943년 12월 8일자로 다시한번 게문을 보내왔다.

如是因緣法(여시인연법)
示夢惺尼(시몽성니)
迷也卽是夢悟也(미야즉시몽오야)
亦是夢迷悟放下則眞是夢惺尼(역시몽미오방하측진시몽성니)
인연법이 이와 같도다.
몽성 비구니 보아라.
미혹함이란 바로 꿈에서 깨어남이다.
또한 꿈이든 미혹함이든 깨달음이든 모두 놓아버리면 진실로 몽성 비구니로다.[62]

만공은 이 게문에서 본공에게 '몽성'이라고 호칭하고 있다. '꿈에서 깨어나다'는 뜻이다. 만공은 게문 말미에 자신을 '困夢客(곤몽객)'이라 적었다. '졸며 꿈꾸는 나그네'이다. 만공은 자신에 빗대어 본공을 관하고 있음이었다. 만공은 이를 전후해 몇 번 더 법서를 보내와 본공의 정진을 독려했다.

본공은 오도직후 만공의 권유로 사불산 윤필암 입승으로 부임한 것을 시작으로 제방선원에서 입승소임을 도맡았다. 만공을 비롯한 당대의 비구

---

62) 『봉래문중계보』, 24-25쪽.

선승인 한암·효봉·석우·향곡 등과 교류하며 거량을 나누었거니와, 그때마다 이들에게서 법호와 게문을 받아 지녔다.[63] 만공이 내린 '본공'과 '몽성'을 위시해 한암은 '달공(達空)'을, 석우는 '각환(覺幻)'을 각각 본공에게 내려주었다. 본공은 '본래 공하다', 몽성은 '꿈에서 깨어나다', 달공은 '공에 통달하다', 각환은 '허상을 깨닫는다'는 뜻이니, 각고의 화두참구 끝에 마침내 하나(一)의 경지를 터득한 것처럼 당대의 비구선승들로부터 받은 법호가 모두 하나로 맞닿고 있음을 엿볼 수 있다. 한소식을 접한 이들의 보는 눈이 그와 같았다.[64] 본공이 '시대의 참선객'으로 거듭나면서 비구중심 교단구조에서조차 거침없이 '선승' 내지 '선사'로 불렸던 이유가 그것이다.

---

63) 만공을 비롯한 비구선승들로부터 받아 지닌 게문은 봉래문도회장 경희가 주석하고 있는 대구 기린산 서봉사에 봉안되어 있다. 게문의 전문은 다음과 같다.
①한암의 게문(1932.3.7)/하춘생(1998), 앞의 책, 93~94쪽.
佛種從緣生(불종종연생) 부처의 종자는 인연 따라 나는 바
以達空號之贈(이달공호지증) 달공으로써 호를 지어주느니
比丘尼戒明 仍示以大經一偈(비구니계명 잉시이대경일게) 비구니 계명에게 대경일게로써 재차 보여준다.
心不妄取過去法(심불망취과거법) 마음이 망녕되이 과거의 법을 취하지 않고
亦不貪着未來世(역불탐착미래세) 또한 미래의 일도 탐하여 집착하지 않으며
不於現在有所住(불어현재유소주) 현재 머물러 있는 곳에도 의지하지 않는다면
了達三世悉空寂(요달삼세실공적) 삼세가 모두 공적함을 요달하리라.
②석우의 게문(1951)/하춘생(1998), 위의 책, 98~99쪽.
示比丘尼覺幻(시비구니각환)　　　　　비구니 각환 보아라.
知幻卽離不作方便(지환즉리부작방편) (생사가) 환상인줄 알면 곧장 (생사를) 벗어남이니 방편 을 지을 필요가 없고,
知離卽覺亦無漸次(지리즉각역무점차) (생사를) 벗어난 줄 알면 곧장 깨달음이니 또한 차근차근 닦을 필요가 없다.
凡道不方便無漸次(범도불방편무점차) 무릇 도라 함은 방편도 아니고 점차(漸次)도 없는 것이거늘,
是甚麼境界(시심마경계)　　　　　　　이것이 무슨 경계인고?
只是筒覺幻比丘尼咄(지시통각환비구니돌) 그것은 바로 각환 비구니로다. 억!
64) 하춘생(2009), 『비구니 본공의 선풍진작과 법맥상승』, 『한국선학』 제23호, 한국선학회, 16~17쪽

⑥혜일대영(慧日大英, 1903~1985)

대영은 출가 이듬해인 1922년 세수 스무 살 때부터 만공회상인 덕숭산 견성암에서 수행정진에 몰두했다. 후원 일을 보면서 예불과 참회수행에 조금도 게으름 없이 대중생활의 수범을 보여 만공으로부터 상찬을 받기도 했다. 세 분의 노비구니를 뒷바라지 하는 일도, 대중의 공양물을 챙기는 일도 모두 대영의 애호심의 발로였다. 그렇게 견성암에서의 생활은 정진과 인욕의 나날이었고, 그 세월이 15년이었다.

대영이 만공에게 받은 화두는 '만법귀일 일귀하처(萬法歸一 一歸何處)'였다. 대영은 한 순간도 이 화두참구를 놓지 않았고, 끝내 그 결실을 보았다. 만공이 대영의 공부를 점검하더니 마침내 '혜일(慧日)'이라는 법호와 함께 게문을 내리고,[65] 인가의 징표로 주장자를 건네주었다.[66] 게문의 원본은 소실되었으나, 수지여부는 후학들의 구전으로 확인된다.

⑦백련윤호(白蓮輪浩, 1907~1996)

윤호는 1927년 여름부터 금강산 법기암 석두회상에서 2년간 4안거를 마친 후, 1929년 여름부터 마하연과 유점사 반야암에서 세 철을 집중 수선정진했다. 만공을 친견한 것이 이때다.

윤호는 만공회상에서 수행지도를 받으며 게으름 없는 구도열정을 불살

---

65) 우관(2009), 「대영스님-불퇴전의 인욕정진으로 무위에 들다」, 『한국 비구니의 수행과 삶2』, 예문서원, 46쪽. 우관은 이 시기를 만공이 입적하기 직전의 일로 기술하고 있다.

66) 하춘생(1998), 앞의 책, 149쪽. 이 주장자는 맏손상좌 경산이 주석하고 있는 부산 덕운사에 보관되어 있다.

랐다. 그 결과 만공은 윤호에게 '백련(白蓮)'이라는 당호와 함께 게문을 내렸다. 1930년, 윤호의 세수 스물네 살이었다. 게문의 내용은 다음과 같다.

天堂是幻夢(천당시환몽)　　천당도 꿈이로다
地獄是幻夢(지옥시환몽)　　지옥도 꿈이로다
夢覺復何物(몽각부하물)　　그 꿈을 깨고 나면 꿈 아닌 것 무엇일까
頭頭白蓮笑(두두백련소)　　어즈버 한 떨기 백련이 방긋 웃음 짓노라.[67]

다. 사법사연(嗣法師緣)

⑧선복(善福, ?~?)

선복(善福)은 법희(法喜) · 일엽(一葉) · 만성(萬性)과 함께 만공의 비구니 수법제자 4인 중 한 명이다. 수법제자라 함은 법을 전하고, 이를 제자가 받아 지녔다는 뜻이다. 그러니까 만공의 법이 보월성인(寶月性印) · 용음법천(龍吟法泉) · 혜암현문(惠菴玄門) · 연등순오(燃燈順悟) · 서경금우(西畊金牛) · 고봉경욱(古峰景煜) · 금봉주연(錦峰周演) · 전강영신(田岡永信) · 벽초경선(碧超鏡禪) · 효봉원명(曉峰元明) · 춘성(春城) 등 기라성 같은 비구제자와 함께 4명의 비구니에게로 전해졌다는 뜻이다.

하지만 선복의 이력 내지 행장은 거의 전무한 현실이다. 문중자료인 『법기문중계보』에서조차 이름과 은사만 남기고 있을 뿐, 생몰연대를 비롯

---

67) 하춘생(2001), 앞의 책, 111쪽. ; 혜정(2009), 「평상심시도를 실천한 윤호스님」, 『한국 비구니의 수행과 삶2』, 예문서원, 202쪽.

한 그 이상의 이력에 대한 자료를 아직 찾을 수 없다. 한국비구니연구소가 2007년에 간행한 비구니의 이력 총서라 할만한 『한국비구니명감』내지 『한국비구니수행담록』(上·中·下)에도 선복은 물론이거니와, 대를 이어 만공을 시봉했던 그의 제자 성오, 성오의 제자 수업의 기록은 모두 빠져 있다. 만공을 시봉한 인물 가운데 선복의 법손인 수연의 간략한 이력만이 『한국비구니명감』에 수록되어 있을 뿐이다.

다만, 논자가 확보한 자료 가운데 선복을 기리는 만장(輓章)이 만공의 수법제자인 혜암(1886~1985)의 법어집 『늙은 원숭이』에 게재되어 있는 바, 그 내용을 옮기면 이렇다.

見性庵 善福比丘尼輓(견성암 선복비구니만)

脫緣身外無餘物(탈연신외무여물)　　인연의 몸 벗은 뒤에 아무 남은 것 없고

無空天涯獨去身(무공천애독거신)　　가없는 하늘 허공에 홀로 가는 몸이로다.

莫論脫緣與天涯(막론탈연여천애)　　인연을 벗은 것과 천애를 더불어 의논하지 말지니

六窓都是夢中人(육창도시몽중인)　　여섯 창이 모두 다 꿈속의 사람이네.[68]

선복을 기리는 이 게송은 비록 만공의 비구제자 법어집에 실려 있으나, 이를 통해 선복의 자재무애한 경지를 일말 읽을 수 있다. 제법종연생(諸

---

68) 강인봉(1991), 『혜암선사 법어집-늙은 원숭이』, 열음사, 307쪽.

法從緣生)이요, 제법종연멸(諸法從緣滅)이라. 이 세상의 모든 법은 인연 따라 생겼다가 인연 따라 사라진다고 했듯이, 인연을 벗고 보니 여섯 감 각기관에 쫓기어 살다간 이생의 삶이 모두 일장춘몽이었다는 공성(空性) 의 깨침이 이 게송의 뜻이겠다.

붓다는 한 경에서 "잠 못 이루는 사람에게 밤은 길고, 피곤한 사람에게 길은 멀 듯, 바른 법을 모르는 어리석은 사람에게 생사의 밤길은 길고도 멀다"[69]고 설했다. 일제강점기가 던져준 모든 정황이 그와 같았다. 이른 바 창살 없는 감옥에서 벗어날 기약 없는 구속과 핍박의 삶을 살아야 했 던 그야말로 지난한 시대였다. 그래서 하루빨리 자유와 독립을 되찾아 국 권을 회복하는 일은 한민족의 숙원이자 숙명이었다. 그것은 진리를 바로 아는 지혜의 체득만이 생사의 아득함을 벗어날 수 있다는 사상적 계몽과 도 일맥상통한다고 할 것이다. 이 만장에서 느껴지는 선복의 삶이 그리 다가서는 듯하거니와, 만공의 가풍이 선복에게 이어졌음을 수행도반 혜암 을 통해 확인해주고 있음이다.

⑨만성(萬性, 1897~1975)

만성은 만공의 모친인 의선(義善)의 위패상좌이다. 위패상좌라 함은 은 사로 모실 영가의 영정 또는 위패 앞에서 득도수계의식을 행함으로써 영 가의 제자가 되었다는 뜻이다. 이 모든 절차를 주선하고 인도한 이가 바 로 만공이다. 그러니까 실제는 만공이 만성의 스승인 셈이나, 은상좌연 (恩上佐緣)의 인연관계를 모친으로 연계시켜 준 것이겠다. 1936년 1월 15

---

69) 『법구경』 5 「우암품」, "不寐夜長 疲倦道長 愚生死長 莫知正法."

일의 일이다.

만공과의 이러한 인연은 3년 전 만성이 만공을 친견하고자 수덕사를 찾았고, 만공은 첫눈에 법기(法器)임을 알아보고 만성을 선문(禪門)에 들게 한 것이 일대사인연으로 작용했던 바다. 만공은 일찍이 금강산 마하연 조실로 있을 때 재가대중의 신분으로 자신의 참선지도를 직접 받았던 만성의 성품과 근기를 보아온 터였다.70) 만성을 모친 의선의 위패상좌로 주저 없이 인도한 것도 그러한 중연이 있었던 까닭이다.

이렇게 만성은 의선을 득도사(得度師)로 모시면서 실상문중의 상징적 인물로 우뚝 섰거니와, 만공을 사법사(嗣法師)로 모시고 그의 가르침과 선지종풍을 계승했다. 만공은 만성의 공부를 점검하며 거량을 통해 게으름 없는 정진과 화두참구의 안목을 일깨워주었다. 만성은 스승의 가르침을 철저히 따랐다. 만공이 "상근은 7일이요, 중근은 3·7일이요, 하근은 100일"이라는 준엄한 지표를 제시하니, 만성은 100일을 정해놓고 무려 70일 동안이나 허리를 땅에 대는 일 없이 용맹정진하는 근기를 보여주었다. 3·7일째 되는 날 정신적 희열을 느끼게 되고, 이로부터 수마(睡魔)에서 벗어나 정진에 박차를 가할 수 있었다.

만성이 만공의 지도를 받으며 용맹정진 화두를 챙긴 지 5년, 만공은 마침내 만성을 인가하기에 이른다. 1941년, 만성의 세수 마흔다섯 살이었다.71) 전법계문은 유실되어 현존하지 않는다.72)

---

70) 만성이 재가시절 금강산 마하연선원에서 만공의 참선지도를 직접 받았다는 내용은 후학의 증언에 따른 것이다. 일법(2009), 앞의 책, 55-59쪽.

71) 하춘생(1998), 앞의 책, 61쪽.

72) 전법계문이 유실된 것은 후학들의 책임이 없지 않은 바, 질정 받아 마땅한 일일 것이다. 이 때문에 만성이 만공에게 인가받은 사실을 후학들의 증언일 뿐이라고 오해하는 경우도 발생한다. 하지만 만공문도회가 간행한 『만공법어집』의 수법제자 명단에 만성이 분명히 명기되어 있는 것으로 보아 만공이 만성에게 법을 전한 것만큼은

만성이 1956년 범어사 대성암에 최초로 비구니선방을 개설하고 입승을 보던 시절이다. 하루는 조실인 동산(東山)을 찾아가 거량을 청했더니, 동산이 적당한 답을 하지 못했나 보다. 만성이 그 자리에서 한마디 일렀다.

만성: "푹푹 썩었구나. 그렇게 앉은 채로 그대로 썩었구나."
동산: "………." (주장자를 들고 두들겨 패려고 문을 열고 나왔다.)
만성: "그래도 살았다고 성질은 있네."[73]

또 하루는 향곡(香谷)이 대성암에 왔다가 만성을 보더니 인사를 하지 않는다고 힐책했다. 만성이 한마디 일렀다.

만성: "어디에 절을 할까요, 스님. 장삼에다 할까요?"
향곡: "………." (다음날 아침에 대성암 앞마당을 찾아와 큰 절을 했다.)[74]

만성의 만년의 일이다. 하루는 젊은 운수납자가 대성암을 찾아와 만성에게 거량을 청했다.

납자: "도를 닦음이 있습니까?"
만성: "닦은 바가 없다[무수無修]."
납자: "생사를 해탈함이 있습니까?"
만성: "누가 너의 생사를 줄로 묶어 놓았더냐!"

부인할 수 없다. 수법제자들에게 전해오고 있는 인가의 공통적 사례를 보더라도 법을 전했다고 함은 어떤 형태로든 인가하고 전법게를 내렸다고 보는 것이 타당하다고 하겠다.
73) 학성선원장 우룡 증언. 일법(2009), 앞의 책, 70-71쪽에서 재인용.
74) 일법(2009), 위의 책, 71쪽.

납자: "그러면 성불함이 있습니까?"

만성: "본래 범부가 없노라."[75]

만성의 이러한 행각과 관련해 당대의 비구고승들과 이루어진 범상치 않은 거량과 그 속에서 살필 수 있는 담대함과 사상성을 볼 때 만공의 간화선풍을 계승한 것만큼은 부인할 수 없는 사실로 보인다.

만성은 '생사 초탈한 웅대 작대기'란 별칭으로 불릴 정도로 깔끔하고 직설적이며 냉엄하면서도 매서웠다. 일체 상(相)에 걸림 없었으며, 법문은 강렬하고 힘이 넘쳤다. 그래서인지 비구니납자들은 만성회상에서 스스로 공부에 전념하는 분위기에 젖었고, 만공이 그랬듯이 만성도 수좌들의 공부를 점검해주는 일을 소홀하지 않았다.

⑩성오(性悟, ?~?), ⑪수업(修業, 1918~?), ⑫수연(修蓮, 1927 ~2019)

성오는 만공의 비구니 수법제자 4인 가운데 한 명인 선복의 맏상좌로서 법기문중 9대손이다. 수업과 수연은 성오의 첫째와 둘째 상좌로서 선복도 그랬거니와, 성오와 수업·수연이 모두 대를 이어 만공을 시봉했다. 그런데도 이들의 구체적인 행장이나 여타의 기록이 전해오지 않아 안타까움을 던져준다.

다만, 만년의 만공을 시봉하고 최근까지 생존했던 수연은 지난 2015년에 다음과 같이 증언한 바 있다.

---

75) 하춘생(1998), 앞의 책, 55-56쪽.

"만공 큰스님께서는 독립의 날이 반드시 와야만 하고, 오게 해야 한다는 신념을 갖고 계셨다. 간월암 천일기도는 큰스님의 그러한 서원으로 이루어진 것이다. 대외적으로는 평화 기원을 표방했지만 실제로는 독립을 기원하는 기도였다. 우리나라가 꿈에 그리던 해방이 된 것은 천일기도를 회향한 3일 후였다."[76]

수연의 이러한 증언은 만성·진오 등 당시 간월암 3년 결사에 동참했던 비구니들의 행장과도 어느 정도 일치한다. 이러한 내용은 후학들의 증언을 바탕으로 한 것이기에 천일기도니, 3년 결사니, 백일기도 운운 등 그 용어가 다르게 표현되었지만 만공이 간월암에서 대중기도를 주도한 실질적인 목적과 의도에 대해서는 동일하게 증언하고 있다는 사실을 알 수 있다.

라. 화두참구(話頭叅究)

⑬담연선경(湛然禪敬, 1904~1996)

선경이 하루는 만공에게 나아가 삼배의 예를 올리고 화두를 청했다. 출가 15년 되던 해인 1936년, 세수 서른세 살 때 견성암에서의 일이다. 만공이 청천벽력과 같은 할을 던졌다.

"머리도 모르고 꼬리도 모르는 주제에 무슨 화두냐?"[77]

선경은 분심(憤心)이 일었다. 만공은 선경의 그러한 분심을 노린 것이

---

76) 경허·만공선양회(2016), 앞의 책, 18–19쪽.
77) 하춘생(1998), 앞의 책, 127쪽.

었다. 만공은 참선수행자가 갖춰야 할 몇 가지 안팎의 조건을 제시해 놓은 바 있다. 외적요소로 도량(道場) · 도사(道師) · 도반(道伴)[78]이 그것이거니와, 이는 앞에서 이미 밝힌 바 있다. 여기에 내적요소로서 신심(信心) · 분심(憤心) · 의심(疑心)[79]이 있다. 만공은 "선지식을 믿는 그 정도에 따라 자신의 공부가 성취되는 만큼, 남음 없는 신심만 있으면 도의 기반은 이미 튼튼해진 것"[80]이나 진배없다고 가르친다. 그렇다고 무조건 신심에 머물러서는 안 되고 깊은 신심으로부터 억울하게 윤회하는 '나'에 대한 분심으로 발전해야 하고, 강한 분심에서 다시 화두에 대한 강한 의심으로 발전해야 한다.[81] 이것이 간화선 수행자가 갖춰야 할 세 가지 요소(三要)인 대신심 · 대분심 · 대의심이다.

만공은 선경의 공부를 점검하고 그렇게 정곡을 찔러준 것이었다. 선경은 사생결단을 내겠다고 다짐했다. 견성암에서 한철을 나고 윤필암에 입방했다. 청안(淸眼)이 납자들을 제접하고 있었다. 선경은 청안에게 나아가 예를 올린 후 화두를 청했다. 청안도 버럭 한마디 일렀다.

"만공선사께 얻지 못한 화두를 내가 왜 가르치겠느냐?"[82]

선경은 더욱 분심이 일어나 먹고 자는 것조차 잊고 오로지 참구에 매진했다. 분심을 넘어 강한 의심덩어리만 가득차서 3 · 7일이 지나도 수마는 간데없고 더욱 성성적적(惺惺寂寂)할 뿐이었다. 여러 날이 지났다. 청안이 큰방에 글씨를 써 붙였다.

78) 만공문도회(1983), 앞의 책, 253쪽.
79) 만공문도회(1983), 위의 책, 251쪽.
80) 만공문도회(1983), 위의 책, 251쪽.
81) 석지명(1990), 「만공선사」, 『한국불교인물사상사』, 민족사, 450쪽.
82) 하춘생(1998), 앞의 책, 128쪽.

'밑 없는 철배를 타고 육지에 행하여도 걸림이 없음을 알아라.'[83]

선경이 이 글을 보는 순간 마음속의 의심이 화롯불에 눈 녹듯 스러졌다. 심안(心眼)이 열린 것이었다. '머리도 꼬리도 모른다'던 만공의 할이 무슨 뜻인지 확연히 다가왔다. 선경은 만공이 만약 지금 곁에 있었다면 '둘러치기'했을 것이라는 생각이 스쳤다. 그 또한 무슨 걸림이 있겠느냐는 생각에서다. 1938년, 선경의 세수 서른다섯 살이었다.

선경은 윤필암에서 세 철을 나는 동안 숙명통을 얻었다. 그 후 3년이 흐르자 만공으로부터 친서가 도착했다. 친서에는 '아는 바를 적어 보내라'는 만공의 주문이 적혀 있었다. 선경이 답서를 보내고 다시 만공이 친서를 보내왔다.

선경: "윤필바위를 말랑말랑하게 삶아서 선지식께 공양 올리겠습니다."
만공: "도인은 생돌을 좋아하느니라."[84]

어느 날 꿈과 생시가 둘이 아닌 경지에서 만공을 친견했다.
만공: "어서 일러라."
선경: "본래는 머리도 꼬리도 없는 것을 있다고 하셨습니까?"[85]
그 순간 홀연히 스승도 제자도 없는 공한 경지가 나타났다. 다시금 견성의 도를 깨우침이었다. 그것은 몽중일여(夢中一如)[86]였다. 선경은 윤필

---

83) 하춘생(1998), 위의 책, 129쪽.
84) 하춘생(1998), 위의 책, 130쪽.
85) 하춘생(1998), 위의 책, 131쪽.
86) 꿈속에서도 깨달음을 접하는 상태. 성철(性徹)은 공안참구 과정에서 자기점검 기준으로 동정일여(動靜一如)·몽중일여(夢中一如)·숙면일여(熟眠一如)의 삼관돌파(三關突破)

암에서 한소식을 접하고 금강산을 두루 참례한 뒤 오대산 한암회상에 방부를 들였다. 한암은 선경의 정진을 점검하더니 '담연(湛然)'이라는 당호와 게문을 내렸다. 1942년 3월 24일, 선경의 세수 서른아홉 살 때의 일이다.[87]

⑭무주진오(無主眞悟, 1904~1994)

진오가 만공의 눈에 드는 직접적 인연이 주어진 것은 1940년대 초 간월암 만공회상에서 흔히 조국해방 천일기도로 알려진 3년 결사에 들어가 용맹정진할 때이다. 진오는 도반 만성과 함께 기도대중을 외호하는 일에 모범을 보여 만공으로부터 극찬을 들었다.

우리는 진오의 이러한 행장을 통해 중요한 역사적 사실을 확인할 수 있다. 진오의 행장에 따르면 정진결사에 몰두하고 있던 어느 날 만공이 이르기를 "아무래도 이러다간 우리나라를 영영 잃어버릴 것 같으니 산중공사에 부쳐 기도에 들어가자'고 제안했거니와, 대중 모두가 이에 뜻을 같이해 '일본인들을 이 땅에서 몰아내자'며 백일기도에 들어갔는데 기도회향 하루를 앞두고 광복을 맞이했다"[88]는 것이다.

를 제시하고 있다.

87) 하춘생(1998), 앞의 책, 134-136쪽. 게문의 전문은 다음과 같다.
   比丘尼盧善敬求偈於余(비구니노선경구게어여) 비구니 노선경이 내게 게송을 구하기에
   余以湛然號贈之乃示以古偈(여이담연호증지내시이고게) 내가 '담연'이라는 호를 주고 옛 게송으로써 이를 보인다.
   徹底澄淸萬丈寒(철저징청만장한) 맑은 물 꿰뚫으니 만 길이나 써늘하고
   西風吹動動逅難(서풍취동동환난) 서풍이 몰아치니 움직이기 어려워라
   膠深廣遠含秋月(교심광원함추월) 교교하게 깊고 넓은 연못 가을달 머금으니
   土塊泥團秦得歡(토괴니단진득환) 흙덩어리 진흙덩어리가 모두 다 기쁨을 얻었도다.
88) 하춘생(2001), 앞의 책, 99-100쪽.

이러한 내용은 "1942년 여름부터 조국해방 천일기도를 올렸는데, 회향 3일 만에 8.15해방을 맞았다"고 기술한 『만공법어집』의 내용89)은 물론이거니와, 만공은 당시의 시국에 관한 일을 대중에게 들려주면서 "승려는 항상 앞을 내다볼 줄 알아야 한다. 언제나 하심수행이 제일이다"90)고 말했다는 후학의 증언이 결부되면서 신빙성을 더해준다고 하겠다. 만공의 항일정신을 확인해주는 일단의 행보를 앞에서 밝힌 바 있거니와, 간월암에서 대중공사에 들어간 조국해방 천일기도는 그렇게 이루어진 것이었다.

진오는 간월암 3년 결사를 통해 만공의 지극한 찬사를 받았다. 진오는 이 3년 결사에 앞서 오대산 한암회상에서 화두참구에 들었고, 한암으로부터 정진의 도를 배웠다. 한암이 진오의 하심정진력을 인정하고 '무주(無主)'라는 법호와 게문을 내려주니, 진오의 세수 서른아홉 살 때인 1942년 3월 24일이었다.91)

⑮응민(應敏, 1923~1984)

어느 날 만공이 스승인 경허의 임종게를 화두로 삼아 대중에게 일렀다.

---

89) 만공문도회(1983), 앞의 책, 325쪽.
90) 각현(사천 사리암 주석) 증언. 적연(2009), 앞의 책, 296쪽에서 재인용.
91) 적연(2009), 위의 책, 297쪽. 게문의 전문은 이렇다.
比丘尼李眞悟求偈於余(비구니이진오구게어여) 비구니 이진오가 내게 게송을 구하기에
余以無主號贈之乃示以古偈(여이무주호증지내시이고게) 내가 '무주'라는 호를 주고 옛 게송으로써 이를 보인다.
南北東西虛豁豁(남북동서허활활) 남북과 동서가 비고 넓게 통하니
諸般所作摠皆空(제반소작총개공) 일체 하는 것이 모두 다 공이라
泯然蕩盡誰能測(민연탕진수능측) 고요히 온갖 번뇌 쓸어 다하니 누가 능히 헤아릴까
兀兀晴晴現古風(올올청청현고풍) 우뚝하게 번뇌 구름 개이니 옛 조사 가풍 드날리도다.

만공: "心月孤圓 光吞萬像 光境俱忘 復是何物"

　　　　심월고원 광탄만상 광경구망 복시하물

(마음달이 외로이 둥글어 그 빛이 만상을 삼켜서, 빛과 경계를 함께 잊으니 다시 이 무슨 물건인고?)

대중: "………."

응민: "빛이 비추는 바가 없으면 경계 또한 있는 바가 없습니다. 마치 거울로 거울을 비추는 것과 같아서 상(相) 가운데는 불(佛)이 없습니다."

만공: "그래, 그거야. 응민수좌가 공부를 열심히 하는구면."[92]

　

법기(法器)가 법기를 알아본 사례는 응민의 일대사인연이기도 하다. 1937년 2월 금강산 신계사 법기암에서 출가인연을 맺은 응민은 법기암 큰방에 걸려 있던 만공의 사진을 보고 큰 의심이 일었고, 자신을 법기암으로 인도한 수덕사 혜암으로부터 덕숭산 조실 만공이라는 사실을 알게 되었다.

응민은 선지식을 찾아 덕숭산으로 반드시 가겠다고 마음을 품었고, 1941년 세수 열아홉 살 되던 해에 이를 결행했다. 보름 만에 덕숭산 정혜사에 당도하니 온 몸은 상처투성이었다.

　

"나를 찾아온 선재동자가 아닌가."[93]

　

만공이 응민을 보더니 한눈에 법기임을 알아보았다. 만공은 응민을 견성암에 머물게 하고 공부를 직접 지도하는 정성을 보였다. 만공이 응민에

---

92) 하춘생(1998), 앞의 책, 175쪽.
93) 하춘생(1998), 위의 책, 174쪽.

게 붙여준 별칭은 '정진제일수좌' '방울대사'였다. 그리고 늘 칭찬을 아끼지 않았다.

"소는 목에 방울을 달고 있으므로 어느 곳에 가든 위치를 알 수 있다. 응민이는 가는 곳마다 정진의 방울로 대중의 졸음을 깨운다."[94]

만공 입적 후 걸망수좌가 되어 수덕사를 떠났다. 20년간 제방선원을 납행하며 기라성 같은 당대의 비구선사들을 만나 공부의 정도를 점검했다. 봉암사에서 성철(性徹)이 거량을 청하는 응민에게 말했다.

성철: "내게 법을 물으려거든 법을 위해 몸을 버리는 위법망구(爲法忘軀)의 믿음을 보여라."

응민: (주저없이 실오라기 하나 걸치지 않은 알몸으로 대중 앞에 섰다)[95]

응민은 그 즉시 산문 밖으로 쫓겨났다. 마음의 고향 견성암을 비롯한 제방의 비구니선원에서도 이 소식을 듣고 응민을 방부들이지 않기로 결정했다. 응민이 탄식했다.

"아, 우리 법사 만공선사께서 봉암사 선지식 대열에 계셨다면 이렇게 수모만 남는 폭행 폭언의 거래는 없었을 것 아닌가!"[96]

1966년 다시 견성암으로 돌아와 입적 때까지 주경야선 정진의 도를 보이는 가운데 납자를 제접했다. 응민을 출가의 길로 인도했던 만공의 수법

---

94) 선혜(2009), 앞의 책, 247쪽.
95) 선혜(2009), 위의 책, 250쪽.
96) 선혜(2009), 위의 책, 251쪽.

제자 혜암은 이렇게 평했다.

"응민은 법이 뛰어나다. 비구가 되었으면 그 법기가 사바를 감명케 하였을 텐데, 참으로 비구니가 된 것이 안타깝다."[97]

만공의 허공을 찌르는 일할(一喝)의 기운이 방울대사 응민에게서 포효되고 있음이었다.

2. 비구니 교화방편에 나타난 사상적 경향

지금까지 만공의 비구니납자 제접의 면면을 살폈다. 이 과정에서 만공이 보여준 수행지도와 교육방식의 일단을 엿볼 수 있었다. 이를 통해 만공의 사상적 경향을 몇 가지로 정리할 수 있겠다.

첫째, 만공은 한국 선불교 중흥자답게 비구니납자들에게도 전통 수행가풍의 전형을 보여준 인물이다. 만공은 "중노릇을 잘못하면 삼가(三家: 국가國家·친가親家·불가佛家)에 죄인을 면치 못"[98]할뿐더러 "공부하지 않으면서 중의 명목으로 시물을 얻어 쓰는 것은 사기취재(詐欺取材)"[99]라는 강한 신념의 소유자였다.

둘째, 일제에 의해 조선불교가 존망의 위난에 처했을 때 선풍진작을 통해 그 기개로써 조선불교의 왜색화 내지 식민지불교를 거부하는 시대정신

---

97) 하춘생(1998), 앞의 책, 178쪽.
98) 만공문도회(1983), 앞의 책, 284쪽.
99) 만공문도회(1983), 위의 책, 284쪽.

을 고취했다는 평가다. 그래서 어떤 후학은 만공을 "유심정토(唯心淨土) 가르친 외골수 선승"100)이라고 평하기도 한다.

셋째, 만공은 수많은 납자들을 제접하면서 대체로 '만법귀일 일귀하처' 또는 '무자' 화두를 권했다. 여기서 막연히 '나를 찾으라'고만 주장하지 않고, 어떻게 참선해 나를 찾을 것인가의 '방법'에 대한 중요한 기초사항들을 제시했다. 참선법에 의거한 올바른 수행법과 승려상을 『만공법어집』에 조목조목 남겨놓은 것이 그것인데, 이 조목들은 만공의 견처를 볼 수 있는 매우 귀중한 가르침들이다.101)

넷째, 만공은 납자들에게 죽음을 두려워하지 않는 담대함을 촉구했다. 이는 "사람을 대할 때는 자비심으로 대해야 하지만, 공부를 위해서는 극히 악하고 극히 독한 마음이 아니면 팔만사천 번뇌를 쳐부수지 못한다."102)는 그의 신념에 잘 나타나 있다.

다섯째, 만공은 납자들에게 간화선 수행의 세 가지 내적요소인 대신심·대분심·대의심으로써 대의대오(大疑大悟)하도록 독려하면서, 수시로 거량을 통해 시대를 통찰하고 직시할 수 있는 지혜로운 눈[호시견虎示見]을 가질 것을 당부했다. 아울러 용맹정진을 재촉하는 게문·게송을 내려 공부의 도를 묻고 또 물으면서[우보행牛步行] 민족적 가치의 총화로서 조선불교의 정체성과 수선가풍을 호지계승해주기를 갈망했다.

여섯째, 만공은 "도는 둘이 아니지만 도를 가르치는 방법은 각각 다르

---

100) 석지명(1990), 앞의 책, 443쪽.

101) 만공문도회(1983), 앞의 책, 243-293쪽. 만공은 「법훈」편에 '나를 찾아야 할 필요와 나' 19조목, '나를 찾는 법-참선법' 76조목, '현세 인생에 대하여' 37조목, '불법(佛法)' 13조목, '불교' 10조목, '승니란 무엇인가' 25조목, '대중처에서 할 행리법' 19조목, '경구(警句)' 30조목 등 총 229조목을 남겼다.

102) 만공문도회(1983), 위의 책, 258-259쪽.

니, 내 법문을 들은 나의 문인들은 도절(道節)을 지켜 내가 가르치던 모든 방식까지 잊지 말고 지켜갈지니…도량·도사·도반의 3대 요건이 갖춰진 곳을 떠나지 말라"[103]는 최후설(最後說)을 통해서도 후학들의 공부를 재촉했다.

이처럼 만공은 불퇴전의 참선자세를 견지하며 일제강점기 지난했던 시절을 이겨냄으로써 스스로 마음극락[유심정토唯心淨土]을 이루고 그것이 현실극락으로 전환되도록[104] 모든 제접납자들에게 사상적·종교적 시대정신을 심어준 선지식이었다.

---

103) 만공문도회(1983), 위의 책, 294-295쪽.
104) 석지명(1990), 앞의 책, 444쪽.

Ⅳ. 결어

이 글은 만공과 인연 깊은 비구니납자들을 중심으로 법거량과 게문게송·화두참구 등에 의거해 만공의 비구니 교화방편에 나타난 시대정신을 고찰한 글이다. 아울러 만공의 선풍진작에 의거한 사상적 경향도 살폈다. 그 과정에서 만공은 조선불교마저 일제의 지배하에 놓이게 해서는 안 된다는 강한 의지의 소유자였거니와, 수행자로서 존망의 위기에 처한 불교의 정신적 가치와 국권회복의 길을 동시에 추구했다는 사실을 알 수 있었다. 만공의 이러한 행보는 대중제접을 통해 호시견 우보행(虎示見牛步行)의 지혜로써 나타났다.

주지하다시피 만공이 대중을 제접하면서 그들로 하여금 깨침을 결택할 수 있도록 재촉했던 시기는 대체로 일제강점기로 집약된다. 현실적인 위난에 맞서 민족적 가치를 수호하고 국권회복을 위한 독립성취는 이 나라 국민들의 염원이었다. 독립방략을 세워 항일투쟁을 독려하고 독립정신의 씨앗을 심는 일은 지성인들이 앞장서 실천해야 할 책무이자 소명이었다. 이 시대 종교인들은 그러한 지성인들을 대표할 뿐더러 만공과 만해 등을 비롯한 조선불교의 주체들도 지성인으로서의 소명을 부여받고 있었다.

만공이 비구니납자들의 수행공부를 직접 지도점검하고 정진을 독려하면서 한소식을 재촉했던 일련의 정황에는 짐짓 그러한 타당한 이유가 있었고 그 배경이 담보되고 있었다.

만공은 식민통치하 절망적 현실에서 그나마 민족적 가치의 보루인 불교를 통해 시대정신의 소유자들을 길러내는 일이 무엇보다 긴요하다고 판단했다. 그것은 만공이 비구와 차별 없이 비구니납자들을 모두 제접했던 배경이었다. 기실 만공의 대중제접은 출·재가의 경계를 허물었다고 표현하는 게 더 맞는 것인지도 모를 일이다. 만공회상에서는 출가양중은 물론이거니와 재가양중도 방부를 들여 자유롭게 안거수선할 수 있었기 때문이다.

만공은 비구니납자들에게 시대를 통찰하고 직시할 수 있는 지혜로운 눈[호시견虎示見]이 되어줄 것을 당부했다. 그것의 수시점검은 문답상량[법거량]으로 이루어졌다. 대신심·대분심·대의심이라는 간화선 수행의 세 가지 요소를 접목하면서 특히 공안에 대한 대의단(大疑團)을 불러일으켜 그것을 통해 깨침으로 나아가도록 독려했다. 이른바 대의대오(大疑大悟)의 기개(氣槪)를 전수한 것이었다. 만공은 또한 민족적 가치의 총화로서 조선불교의 정체성과 수선가풍을 호지계승해 줄 것을 갈망했다. 비구니납자들에게 용맹정진을 재촉하는 게문·게송을 내려 공부의 도를 묻고 또 물었던[우보행牛步行] 까닭이 그것이다.

마침내 만공회상에서 한소식을 접한 비구니납자들은 만공으로부터 인가받거나 당호 내지 게문을 받아 지닌 벅찬 감화로써 오후보림(悟後保任)하는 한편, 그들의 기개는 불조정맥의 수행정법을 계승해 조선불교의 왜색화 내지 식민지불교를 거부하는 시대정신으로 갈무리되었다.

만공은 이처럼 비구니납자들의 수행지도에서도 결코 지울 수 없는 호시우보(虎示牛步)의 자취를 남겼다. 그는 불퇴전의 참선자세로 마음지옥을 극복해 마음극락[유심정토]을 이루고 그것이 현실극락으로 전환되도록 모든 제접납자들에게 의식개혁 내지 정신계몽을 추동하는 사상적·종교적 시대정신을 심어준 선지식이었다.

제2장

노천월하의 포교인식과 실천이념

Ⅰ. 서언

노천당 월하(老天堂 月下, 1915~2003)는 광복 이후 지금의 대한불교 조계종의 성립과정에 주체적으로 참여했던 주역의 일원이요, 불보종찰인 영축산 통도사를 지탱해왔던 현대사의 산 증인이다.

주지하다시피 통도사는 예로부터 불지종찰(佛之宗刹)이요 국지대찰(國之大刹)로서 그 위상을 자랑한다. 신라 제27대 선덕왕 15년(646)에 대국통 자장(慈藏, 590-658)에 의해 창건된 당시부터 붓다의 진신사리와 금란가사를 금강계단(金剛戒壇)에 모셔오고 있는 역사성에 따른 것이다.[1]

통도사는 그 이름의 유래로부터 이미 포교의 실천을 부여받고 있는 사실을 알 수 있다. "승려가 되려는 사람은 모두 붓다의 진신사리를 모신 금강계단에서 계를 받아야 한다[위승자통이도지爲僧者通而度之]"거나 "모든 진리를 회통하여 중생을 제도한다[통만법도중생通萬法度衆生]"[2]는 '통도(通度)'의 의미와 유래에서 상구보리 하화중생(上求菩提 下化衆生)이라는 성불도생(成佛度生)의 내용을 살필 수 있기 때문이다.

통도사가 개산 이래 줄곧 수사찰(首寺刹)의 면모를 이어온 까닭은 이러한 창건의 역사가 큰 몫을 차지한다고 볼 수 있다. 특히 구한말 개화기를

---

1) 『삼국유사』의 기록에 따르면 "선덕왕 때인 정관 17년 계묘년(643)에 자장법사가 붓다의 머리뼈와 어금니 등 붓다의 사리 100립과 붓다가 입던 붉은 비단에 금색 점이 있는 가사 한 벌을 모시고 왔다. 그 사리를 셋으로 나눠 일부는 황룡사탑에, 일부는 태화사탑에, 일부는 가사와 함께 통도사 계단에 모셨다[善德王代貞觀十七年癸卯 慈藏法師所將佛頭骨佛牙佛舍利百粒佛所著緋羅金點袈裟一領 其舍利分爲三 一分在皇龍塔 一分在太和塔 一分幷袈裟在通度寺戒壇]."고 한다.[『삼국유사』 권3 탑상(塔像) 제4 전후소장사리조(前後所將舍利條)]. 통도사가 금강계단을 보유한 불지종가(佛之宗家)로서 면모를 갖추게 된 것은 이로부터다.

2) 이기영·김동현·정우택(1991), 『빛깔있는 책들: 통도사』, 대원사, 11쪽.

거쳐 일제강점기와 혼돈의 해방정국 이후 오늘에 이르기까지도 불지종가
(佛之宗家)로서 대본산(大本山)의 위용을 자랑할 수 있는 것은 창건주인
자장의 구법의지와 계율정신의 총화(總和)를 계승한 근·현대기 고승들의
원력에 힘입은 바 크다. 성해남거(聖海南居, 1854~1927)[3]·구하천보(九
河天輔, 1872~1965)[4]·경봉정석(鏡峰靖錫, 1892~1982)[5]·노천월하(老天

---

3) 성해남거는 숭유억불의 조선시대를 지나며 쇠잔(衰殘)한 모습을 보이던 통도사의 사격
(寺格)을 일신한 인물이다. 1892년에 조선조 이후 끊어진 계맥을 이은 당대의 율사 만
하승림(萬下勝林)에게 대소승계(大小乘戒)를 수지하고, 1906년에는 황화각(皇華閣)에
불교전문강원을 설립해 후학을 양성하는 한편, 1914년에는 보광선원(普光禪院)의 선원
장이 되어 납자를 제접하는 등 일찍이 통도사가 총림으로서의 사격을 갖출 수 있는
기반을 마련했다. 문하에 구하천보(九河天輔)·재하법성(齋河法晟)·경봉정석(鏡峰靖
錫)·경하달윤(鏡河達允) 등을 두었다. 통도사 홈페이지 통도사 소개〉역대큰스님
(http://www.tongdosa.or.kr/).

4) 구하천보는 1911년 근대기 초대주지에 취임한 이후 1924년까지 3임(任)을 하는 동안
인근 40리 안팎의 농토 대부분이 통도사 소유라고 할 정도로 비약적인 사세(寺勢)확
장을 이룩한 인물이다. 특히 일제강점기 암울한 시대에서도 통도사가 교육·포교에
일대 전기를 마련할 수 있도록 힘썼다. 마산 대자유치원·진주 연화사유치원·울산
동국유치원 등을 설립해 어린이교육에 앞장섰을 뿐만 아니라, 마산포교당 정법사
(1912)·진주포교당 연화사(1922)·창녕포교당 인왕사(1922)·물금포교당(1924)·언양
화장사(1927)·창원 구룡사(1929)·의령 수월사(1930)·부산 연등사(1932)·울산 포교
당 해남사(1936)·양산포교당 반야사(1940) 등을 잇달아 설치해 전법에 매진하고, 해
인사·범어사와 함께 해동역경원(海東譯經院)을 설립해 역경사업에 전념한 일은 당대
의 선각자로서 그 면모를 보여주기에 부족함이 없다. 상해 임시정부에 독립자금을 제
공하고 대한승려연합회 독립선언서에 서명하는 등 조국해방을 위한 항일운동에 앞장
선 사실(史實)은 구하천보의 간과할 수 없는 업적이다. 구하천보의 항일운동에 관한
자료와 기록은 통도사가 2008년에 발행한 『취산 구하대종사 민족불교운동 사료집』
(상·하권)에 상세히 총합·기술되어 있다. 통도사 홈페이지 통도사 소개〉역대큰스님
(http://www.tongdosa.or.kr/).

5) 경봉정석은 구하천보 이후 통도사의 위상을 한껏 드날린 고승이다. 1932년 통도사 불
교전문강원장에 취임한 이래 두 차례의 주지(4대: 1935~1938/9대: 1949~1950)를 거
쳐 1953년 극락호국선원(極樂護國禪院) 조실에 추대된 이후 입적하는 날까지 50여 년
동안 한결같이 전법교화의 소임을 다한 인물로 이름이 높다. 특히 세수 82세부터는
매월 첫째 일요일에 극락암에서 정기법회를 열었는데, 매 회마다 1천명 이상의 대중
이 동참해 설법교화의 전형을 보여준 것으로 유명하다. 세수 18세 때부터 85세까지
67년간 매일의 중요한 일들을 기록한 그의 일지(日誌)는 당시의 사회상과 한국불교
최근세사를 알게 해준다는 점에서 귀중한 사료로 평가받고 있다. 통도사 홈페이지 통
도사 소개〉역대큰스님(http://www.tongdosa.or.kr/).

月下, 1915~2003) · 벽안법인(碧眼法印, 1901~1988)[6] 등이 바로 그들이다.

이 가운데 통도사가 오늘날의 불보총림(佛寶叢林)으로서 그 위용을 갖추게 된 것은 월하의 힘이 컸다고 볼 수 있다. 대동아전쟁 말기 일제의 발악적인 수탈정책과 해방정국의 혼돈기에 야기된 농지개혁, 그리고 이른바 비구―대처승 간의 분규로 점철된 교단정화의 지난한 험로를 거치는 동안 쇠락일로에 접한 통도사를 일대 쇄신하고 총림살림의 기반을 구축했던 주인공이 바로 월하이기 때문이다.

스승인 구하천보의 사상과 실천이념을 그대로 계승한 월하는 평소에도 "안으로 구하는 것이 없고 밖으로도 구하는 것이 없는 것 자체"가 자신의 가풍이라며, 언제나 문을 열어놓은 채 출―재가 · 지위고하 · 남녀노소를 막론하고 방문객을 마다하지 않는 등 대중교화에 남다른 애정을 보였다. 통도사가 1920년대 중반부터 개설한 '고승초청 화엄산림법회' 등의 대중법회를 면면히 이어오면서 여타 교구본사의 실정과는 다르게 현재까지도 안정된 신도관리와 포교불사에 진력해올 수 있었던 것은 월하의 남다른 원력에서 비롯되었다.

통도사의 이러한 역사성에 기반해 그 기능과 역할을 충실히 수행한 것

---

6) 벽안법인은 경봉정석의 상좌로서 노천월하 주지(12대: 1957~1959) 당시 총무소임을 보았다. 이후 통도사 주지를 두 차례(13대: 1959~1963/15대: 1966~1967) 지내면서 청렴결백하고 공사(公私)를 구별하는데 엄격했다. 은사인 경봉정석에게 매일 아침 문안을 드렸는데, 극락암에 도착하면 암자 입구에 있는 감나무에 지팡이를 세워놓고 경내에 들어갔다. 은사가 계신 곳에 지팡이를 짚고 가는 것이 예의가 아니라는 생각 때문이었다. 만년에 머물던 요사채에 '寂墨堂(적묵당)'과 '淸白家風(청백가풍)'이란 편액을 걸어 놓고 스스로 정진을 촉(促)했다. 자세한 행장은 2013년 12월 27일 통도사 설법전에서 거행된 열반 25주기 추모다례 때 봉정된 추모문집 『청백가풍의 표상-벽안스님의 수행과 가르침』(김광식 엮음)을 참고할 수 있다. 통도사 홈페이지 통도사 소개〉역대큰스님(http://www.tongdosa.or.kr/).

으로 평가되는 월하의 행적과 수행세계를 조명하는 작업은 막속급호(莫速 急乎)의 일일 것이나, 입적 10년이 흐른 2014년도 상반기에 이르러서야 유훈(遺訓)을 살피는 일이 진행되었으니 만시지탄(晚時之歎)이나 다행으로 여기지 않을 수 없다.[7]

더욱이 대중제접에 있어서 중생을 향한 붓다의 연민심을 그대로 발현 했다고 평가받는 월하의 사고유형과 일거수일투족의 행보는 그대로 실천 포교의 전형이었다고 볼 수 있다. 하지만 월하를 제대로 접근할 수 있는 자료적 전거는 2014년 3월의 다례재에 상정된 윤청광의 『영축산에 달뜨 거든』 제하의 행록집(行錄集)과 문도들의 산일(散逸)한 증언이 전부라고 해도 과언이 아닐 정도로 집적(集積)된 자료가 부족한 실정이다.

이 글은 월하와 관련해 편편이 전하고 있는 몇 편의 기술(記述)된 자료 와 후학들로부터 직접 청취한 내용, 논자가 과거의 기자시절에 접했던 월 하와 관련된 몇 가지 실천유형 등을 토대로 그의 포교인식과 실천이념을 살펴보고자 한다.

---

7) 노천문도회가 월하 탄신 100주년 다례재(2014.3.25)를 앞두고 2014년 2월 18일 문도 회를 가졌다. 성파·현문을 비롯해 혜남(통도사 율주)·정우(군종특별교구장)·상우· 중선·오심(중앙종회의원) 등 1백여 명의 문도가 참석한 이날 문도회는 초우를 문장 (門長)으로, 성파(조계종 원로의원)를 문도대표로, 현문(통도사 자장암)을 문도 부대표 로 선출했다. 이날 문도회는 월하 입적 후 10년 만에 문도들이 한 자리에 모인 첫 공 식모임이었다. 문도들은 이날 모임에서 향후 월하와 관련된 사료들을 집적(集積)해 다 양한 학문연구의 토대를 마련하기로 뜻을 모았다. 당시 '노천당 월하대종사 탄신 100 주년 학술세미나'에서 발표한 이 글은 문도회의 그러한 행보의 일환으로 논구된 첫 논 문이다. 참고로 노천문도회 문보에 따르면 종단에 승적을 올린 월하의 문도는 은법상 좌 123명, 손상좌 277명, 증손상좌 168명, 고손상좌 22명 등 590명에 이르며 재가상 좌 2명이 있다.

Ⅱ. 노천월하의 행적과 기품

1. 행장약사(行狀略史)[8]

노천월하는 1915년 4월 9일(음2.25) 충남 부여군 군수리에서 파평윤씨 (坡平尹氏) 집안의 둘째아들로 태어났다. 노천은 법호이고, 월하는 법명이다. 구하천보의 법을 계승했다. 출가 전의 본명은 희중(喜重)이다.

어릴 적 집 근처 고란사 대중의 출세간적 삶을 보면서 출가를 결심했으며, 세수 열여덟 살 때인 1932년 금강산 유점사로 입산한 이후 이듬해 성환화상을 계사로 득도수계했다. 이때 받은 법명은 명근(明根)이다. 이곳에서 강주인 월악화상에게 초심-사미-사교를 배우고, 1940년 4월 초파일에 통도사 금강계단에서 구하천보로부터 비구계와 보살계를 수지했다. 1942년 4월 24일 구하천보로부터 '월하'라는 법명을 받아 지니고 전법제자가 되었다. 1944년 4월에 철원 심원사에서 대교과를 수료하면서 일대시교를 마쳤다.

이후 오대산 상원암 한암(漢岩)회상에서 안거를 성만하고, 천성산 내원사·옥천사 백련암·통영 용화사·고성 안적사 은봉암 등지에서 참선수행에 매진했다. 이 때 천성산 내원사에서 정진 중 홀연히 깨치니 다음의

---

8) 월하의 행장은 전하는 자료마다 시기적으로 약간의 오차를 보인다. 이 글에서는 탄신 100주년을 맞아 봉정된 월하의 일대기 『영축산에 달뜨거든』(윤청광 지음)을 기본텍스트로 삼고, 통도사가 1992년에 발행한 『老天墨跡(노천묵적)』의 연보·통도사 홈페이지·언론보도자료 등을 참고해 약술한 것이다. 이 글은 월하가 생전에 보여준 포교인식과 실천이념에 초점을 맞춰 기술한 까닭에 생애 전반에 대한 체계적인 구분과 보다 정치한 분석적 고찰은 후속논의로 미뤘다.

게송이 스승에게 올린 오도송(悟道頌)이다.

本明解月潛水中(본명해월잠수중)

無生滅處見有無(무생멸처견유무)

無心去來西童用(무심거래서동용)

無一影處顯示行(무일영처현시행)[9)]

본래 신령스런 달빛이 물속에 잠겨 있느니,

생사 없는 곳에서 있고 없음을 볼지어다.

마음을 비우고 오고감을 자유롭게 하면,

그림자 없는 곳에서도 밝은 달은 항상 떠 있네.

월하는 예서 멈추지 않고 수행처를 가야산 해인사로 옮겨 구경결택(究竟決擇)의 의지를 불사르며 정진의 깊이를 더했다. 그러던 중 1954년 교단정화의 기운이 치성하게 되자 동산·효봉·금오·청담 등과 함께 정화운동에 앞장섰다. 1955년 조계종 중앙종회의원을 지냈고, 1957년 통도사 주지로 부임하면서[10)] 사찰 내 폐습을 일소하고 강원과 선원을 복원했다. 1958년 조계종 감찰원장, 1960년 조계종 중앙종회의장직을 수행했다. 1958년~1980년간에는 통도사 금강계단 전계대화상으로서 후학양성에 힘썼다.

스승인 구하천보가 입적한 그해인 1965년부터 통도사 보광선원 조실로

---

9) 「주간불교」 2003년 12월 9일자(제781호) 3쪽.

10) 월하의 입적 당시 행장을 보도한 불교계 언론은 통도사 주지부임 시기를 일제히 1956년으로 기록해 놓고 있다. 이 글은 통도사가 2008년 발행한 『취산 구하대종사 민족불교운동 사료집』(상·하권) 말미에 실은 '근현대 영축총림 통도사 역대주지 명부'의 재임기록에 의거해 1957년으로 명기했다.

추대되어 보광전 염화실에 주석하며 통도사를 위해 일생을 바쳤다. 1975
년 동국학원 이사장·1978년 조계종 원로의원·1979년 조계종 총무원
장·1980년 조계종 종정직무대행 등을 역임하고, 1984년 영축총림 초
대방장에 올랐다. 1992년 사회복지법인 통도사 자비원 이사장을 지냈으
며, 1994년 조계종 개혁회의 의장에 이어 조계종 제9대 종정으로 추대
되었다.

통도사에서 후진양성과 대중교화에 진력을 다하던 중 2003년 12월 4
일 오전 9시 15분께 세수 89세 법랍 71세로 입적했다. 다음의 열반송(涅
槃頌)을 남겼다.

> 一物脫根塵(일물탈근진)
> 頭頭顯法身(두두현법신)
> 莫論去與住(막론거여주)
> 處處盡吾家(처처진오가)[11]
> 한 물건이 이 육신을 벗어나니,
> 두두물물이 법신을 나투네.
> 가고 머무는 일을 논하지 말라.
> 곳곳이 나의 집이니라.

---

11) 「불교신문」 2003년 12월 9일자(제1988호) 1쪽 ; 「법보신문」 2003년 12월 10일자(제
734호) 9쪽 ; 「주간불교」 2003년 12월 9일자(제781호) 1쪽 ; 「현대불교」 2003년 12
월 10일자(제451호) 3쪽.

2. 총림의 기반 구축한 '구두쇠스님'

노천월하는 1957년 스승인 구하천보의 명을 받아 정화불사 이후 통도사 초대주지[12]로 임명되었다. 하지만 당시의 통도사는 불지종찰 국지대찰의 위용은 온데간데없고 대중이 저마다 하루하루 자기가 먹을 양식을 마련해 미감에게 하루 세 홉씩의 쌀을 내놓아야 할 지경에까지 이르렀다.[13] 이처럼 스러져가던 통도사의 위용을 바로 세운 주인공이 월하이다. 후학들의 다음과 같은 증언은 당시 통도사의 사정과 월하에 의해 사찰재정이 확보된 연유를 엿볼 수 있는 대목이다.

> "농지개혁과 정화후유증으로 많은 송사가 있었어요. …부산에 금수여관이라고 있었습니다. 그 여관에 판검사들이 많이 하숙을 하고 있었어요. 그 여관 주인이 청정심 보살이라고, 통도사에 늘 와서 기도를 했어요. 그래서 월하스님과 벽안스님 두 분이 그 여관을 자주 가서 판검사들을 만나고 그랬어요. 그래서 통도사 땅 한 필지라도 더 찾으려고 두 분이 노력을 많이 했어요. 그런 결과로 승소를 많이 했습니다."[14]

> "통도사가 한 때는 아주 먹고 살기가 어려웠어요. 통도사 농지를 부치는 사람들이 추수를 해도 농지세를 안냈어요. 그럴 때 벽안스님은 우리 학인들을 데리고 가서 (사람들이) 나무하러 가는 길을

---

12) 월하의 통도사 주지 취임은 근현대기 역대 주지의 대수(代數)로는 초대인 구하천보 이후 제12대에 해당한다. 통도사가 1950년대 교단정화운동 이후 지금의 '대한불교조계종 통도사' 주지 취임으로는 처음이라는 의미에서 초대주지로 기록했다.

13) 윤청광(2014), 『영축산에 달뜨거든』, 노천문도회, 206쪽.

14) 월파(울산 문수암 회주) 증언. 김광식(2013), 『청백가풍의 표상-벽안스님의 수행과 가르침』, 벽안문도회, 155쪽.

지키고 아무도 못 들어가게 했어요. 절논을 부치고 세를 안내니 우리들은 굶어 죽으라는 것이냐 하면서 그렇게 (사람들의) 입산금 지를 하였어요. 그리고 월하스님은 통도사 인근의 평산이라는 동 네에서 세를 안내는 주모자 집의 안방으로 가셨습니다. 통도사 양 식이 없으니 당신 하나라도 입을 덜어야겠다고 하시고는 그 집으 로 간 것입니다. <중략> 이렇게 벽안스님은 안으로 대중을 통솔 해서 철저하게 (사람들의) 입산금지를 시키고, 월하스님은 밖으로 가서 세를 다 받아오셨지요. 월하스님은 투지가 있어서 무조건 밀 어붙이는 거예요. 말이 필요 없는 행동파였어요. 그렇게 두 분이 호흡이 맞았던 거죠. 안에서, 밖에서 그렇게 하셨어요. 두 분이 통 도사를 위해서 서로 마음이 맞아서 절을 지켰다고 볼 수 있지요. 그때 다른 절에도 난리가 났어요. 통도사에서는 현장에 가서 해결 했지만 다른 절은 농지가 다 넘어가고 그랬어요. 그 두 어른이 통 도사를 위해서 그 어려운 난관을, 양식도 없었던 그런 현실을 지 켜 오신 것입니다."[15]

월하가 통도사의 살림을 바로잡은 일화는 적지 않다. 통도사의 은행빚 을 갚게 된 다음의 일화는 월하의 상좌인 중선(重善)의 증언을 토대로 당 시의 정황을 약술한 것이다.

1984년 총림으로 지정받기 전의 통도사 살림은 여전히 넉넉하지 못했 다. 당시 통도사의 1년 예산은 불과 6천만 원 정도였다. 대가람치고 풍족 한 살림이 못되었다. 설상가상이라. 당시 주지가 은행에서 대출해가며 일 주문을 세웠다. 그 빚이 1억8천만 원, 연 22%의 높은 이자는 사중살림에 큰 짐이었다. 당시 월하의 명으로 재무를 보게 된 상좌 중선은 빚 걱정에 은사께 소임을 놓겠다고 아뢰었다. 월하가 이유를 물으니 그만 사중의 빚

---

15) 태웅(산청 해동선원장) 증언. 김광식(2013), 위의 책, 189-191쪽.

사정을 털어놓고 말았다. 그런데 며칠이 지나자 월하가 중선을 부르더니 완행버스를 타고 신평-언양-울산-부산까지 갔다. 그리고 중앙동에 소재한 은행을 찾더니 용무를 마치고는 중선에게 봉투를 건넸다. 그 봉투 속에는 1억 원짜리 수표가 들어있었다. 중선이 깜짝 놀라 어찌된 영문인지 여쭈니, 그동안 법문해주고 받은 돈을 한푼 두푼 모아둔 돈이라고 했다. 그리고는 은행빚부터 갚으라는 것이었다. 절밖에 나오는 날이면 칼국수 아니면 가락국수로 끼니를 때우던 월하였다. 철없는 제자들이 '구두쇠스님'이라고 수군거렸던 은사가 선뜻 1억 원을 내놓더니 그날의 끼니도 여지없이 가락국수였다.[16]

월하의 '군단포(軍團砲)' 같은 기품이 통도사의 위용을 바로 세운 또 하나의 사건이었다. 그런 일이 있은 후 불과 1년도 안되어 통도사는 영축총림으로 지정받기에 이른다. 사찰의 위상이 급부상하게 된 것은 그로부터였다. 총림의 초대방장으로 월하가 추대되었다.

3. 공과 사 분명한 '극기추상 대인춘풍'의 기품

극기추상 대인춘풍(克己秋霜 對人春風)이라고 했던가. 노천월하는 강한 의지의 소유자였던 것 같다. 또한 밖으로는 어질고 자상함이 어버이 같았다. 그러한 성격은 입산 이래 출가자로서의 삶 전반에 걸쳐 나타났다. 출가 당시 부친(父親)과 형(兄)의 몇 번에 걸친 불가(不可)의 뜻을 엄중한 구도의지로 설득한 일로부터 행자-사미-비구로 이어지는 첩첩의 구도여

---

16) 월하의 상좌 중선의 증언을 토대로 정리한 '통도사의 은행빚' 내용은 윤청광(2014), 앞의 책, 285-289쪽에서도 확인할 수 있다.

정을 한평생 사교입선행(捨敎入禪行)으로 매진했던 신실(信實)한 행장이 그러한 사실을 잘 말해준다.

다음의 편지글은 월하가 오대산 상원암 한암 회상에서 수차례 안거를 마치고 전국을 돌며 실참수행(實參修行)에 몰입하고 있을 때 스승인 구하 천보가 수시로 편지를 보내 애틋함과 그리운 정을 숨기지 않았을 뿐더러, 제자의 견성성불(見性成佛)을 촉(促)한 일단을 보여주는 대목이다. 구하천 보가 일찍이 제자의 그릇을 알아보고 지극한 성심을 보여준 실례를 통해 월하의 기품을 일말 들여다볼 수 있다.

> "듣자 하니 근래에 크게 용맹정진하고 있다 하니 감화가 가득하다. 마(魔)가 강하고 법(法)이 약한 이때에 혹여나 병마가 생하지 않았 는지 걱정이 되는구나. 여하간 크게 정진한 다음에야 가히 증득하 여 볼 수 있으리니, 원컨대 공안(公案)을 타파하여 우리 집안의 큰 대들보가 되기를 기대하는 바이다. 이곳은 요즈음 더욱 복이 더하 고 있고, 아이가 와서 시봉을 하고 있으니 안심하여라. 이곳이 적 막한 것을 아는가, 모르는가? 알면 곧 바다 위의 밝은 달이요, 알 지 못하면 구름 덮인 산이 첩첩이로다. 아! 아! 이만 줄이며, 오직 건강하고 편안하기를 바라노라."17)

> "며칠 동안 참선정진이 잘 되는가? 이곳에는 날이 지나고 또 가도 자네를 생각하는 마음이 날마다 생각나지 않는 날이 없는지라. 이 인연을 어찌해야 할지. 음력 16일에 비가 내리지 않으면 절에 들 어갈 생각이니 이렇게 알아주기 바라고 바라노라."18)

---

17) 윤청광(2014), 위의 책, 180쪽.
18) 석명정 엮음(1997), 『삼소굴소식』, 통도사 극락선원, 156쪽.

"겨울 안거를 지나 공부에 큰 힘을 얻었는가? 다만 대공(大功)을 성취하길 원한다면 만사를 백번이라도 참고 오직 바라고 정히 바랄지니라. 해제 날 함께 가서 참석하고 올 생각이었으나 노병이 날로 침범하여 바야흐로 약을 복용 중인 연고로 가지 못하였고 시자도 또한 약시중하는 때문에 보내지 못한지라, 해제한 후 하루도 지체하지 말고 곧 돌아오기를 바랄 뿐이다. 경봉화상이 서울 가고 없어서 극락암에 잠시 가서 저녁공양 후 내려올 생각이다. 그리고 지장기도가 머지않은즉 잠시 쉬었다가 또 정진을 시작해야 할테니 비록 하루일지라도 다른 곳에 머물지 말고 곧 오기를 간절히 바라고 바라노라."[19]

오늘날 귀중한 사료(史料)로서 그 가치를 발하고 있는 구하천보의 편지글 외에도 월하의 성품을 엿보게 하는 후학문도들의 다음 내용과 같은 단편적인 전언은 적지 않다.[20]

"손상좌인 제가 통도사에서 수행하다가 군대에 입대해 훈련을 받던 시절, 월하 노스님께서 하루는 군인들이 가장 좋아한다는 빵 수천 개를 사가지고 면회를 오셨던 적이 있습니다. 훈련병 시절 노스님을 뵈니 눈물이 복받쳐 올라오더군요. 또한 환계(還戒)하고 세간으로 돌아간 제자가 자식을 낳았다는 소식을 접하더니 미역을 사가지고 제자를 찾으셨던 적도 있지요. 뿐만 아닙니다. 평생 절간에서 부목생활을 하며 사중에 많은 도움을 주었던 우바새가 이생

---

19) 석명정 엮음(1997), 위의 책, 156–157쪽.

20) 이하의 증언은 논자가 2014년 3월 25일 통도사 해장보각에서 개최된 '노천당 월하대종사 탄신 100주년 학술세미나'에 앞서 2월 12~13일 통도사 등을 방문해 월하의 몇 몇 문도들로부터 직접 청취한 내용만 기술한 것이다. 주요 문도들의 더 많은 증언내용은 윤청광(2014)의 앞의 책에서 확인할 수 있다.

을 마감하니 주지로 하여금 장례를 소홀히 하지 말고 여법하게 치르라시며 직접 영가(靈駕)의 앞길을 인도해주셨지요."21)

"사중에 손님이 찾아와 후원의 공양물이 모자라면 월하스님 자신이 끼니를 굶으셨습니다. 1992년에 위안부할머니들을 위한 나눔의 집 건립기금으로 아무도 모르게 1억5천만 원을 희사하셨지요. 상좌들이 이 사실을 뒤늦게 알고 언론에 알렸다가 호된 꾸지람을 들었습니다. 통도사 보광선원 조실로 추대되어 염화실에 주석하실 때 시자(侍者)를 두지 않은 일화는 유명합니다. 여러 명의 상좌와 손상좌가 있었으나 시자를 두지 않고 속옷이며 양말을 빠는 일부터 방청소까지 월하스님께서 직접 해결하셨습니다. 시자를 두라는 상좌들의 수차례 간언도 월하스님의 의지를 꺾을 수는 없었어요. 남자들이 참선수행 중 졸면 야단치거나 죽비로 때리는 대신 '일어나 경행(輕行)하라'고 타일렀습니다."22)

"월하스님은 공(公)과 사(私)가 분명하셨습니다. 사중의 공용차는 말할 것도 없고 동국학원 이사장에 재직하실 때 배당된 관용차도 사적으로 사용한 바가 한 번도 없었습니다. 사적인 행보는 모두 걸어다니거나 대중버스를 이용하셨습니다. 공무를 마치고 돌아오면 자질구레한 영수증까지 모두 챙겨 백 원이든 십 원이든 남은 출장비와 함께 종무소에 반납하신 분이 월하스님이셨습니다. '절돈 밖으로 갖고 나가 잘된 적을 본적 없다'며 단돈 10원도 허투루 쓰지 않으셨던 일은 출가정신을 지키고자 한 소신이었다고 봅니다. 입적 후에 통장 하나 남기지 않은 사실이 그를 잘 말해줍니다. 언

---

21) 홍성표(울산광역시립노인요양원 사무국장) 증언. 2014년 2월 13일 통도사 자장암. 홍성표는 월하의 손상좌로서 통도사 대중으로 있을 때 법명은 '지광'이었다.
22) 지석(언양 연화사 주지) 증언. 2014년 2월 13일 언양 연화사.

제나 문을 열어놓은 채 지위고하 남녀노소를 막론하고 대중제접에 소홀함이 없으셨던 것도 월하스님의 자상함을 엿볼 수 있는 일면입니다."23)

"사회복지법인 통도사자비원을 설립할 수 있었던 것은 월하스님의 적극지원에 힘입은 바 컸습니다. 평소 복지구현에 염원이 크셨는데, 자신이 갖고 있던 거액의 통장과 도장을 그대로 사중에 넘겨 법인설립에 박차를 가할 수 있도록 하셨지요. 옳다 싶으면 신구의(身口意) 삼합(三合)을 이루어 모든 지원을 아끼지 않았어요. 사람을 믿고 후원해주는 힘이 대인(大人)의 기품이셨습니다. 한평생을 오로지 청정가풍의 종단을 위해, 통도사의 중흥을 위해 살다 가신 평소의 그 모습 그대로가 법(法)이었습니다."24)

후학들의 증언에 따르면 월하의 일상(日常)은 그야말로 '스스로에게는 가을서리 같이 엄격하였고 대중에게는 봄바람처럼 훈훈한 모습[극기추상 대인춘풍克己秋霜 對人春風]'이었다. 옳다 싶은 일에는 주저 없이 성심을 쏟았다. 평상심시도(平常心是道)의 지혜를 보여주었음이다.

---

23) 광우(창녕 관룡사 주지) 증언. 2014년 2월 13일 통도사 자장암.
24) 수안(통도사 문수원 주석) 증언. 2014년 2월 13일 통도사 문수원.

Ⅲ. 노천월하의 포교인식과 실천이념

1. '청정가풍 불조혜명' 기치 든 행동가

"수행하는 데는 뭐니 해도 부처님의 금과옥조인 계(戒)를 지켜나가야 한다 이거야. 왜 그러냐하면 그것이 중생행동을 끊는다 이거야. 그것을 끊지 못하면 삼계를 윤회한다는 거 아냐. 계를 안 지키고 공부를 해서 도를 통해 도인이라고 할런지 모르지만 청정비구라고는 못하거든. 청정비구와 도인은 달라. 청정비구는 부처님의 적자(嫡子)로서 부처님의 행동을 그대로 답습하는 인천(人天)의 복전(福田)이고, 도인은 진리를 깨달아서 좀 안다고 하는 것뿐이니까."25)

'지계(持戒)를 생명보다 중히 여겼던 청정도인.' 노천월하를 두고 인구(人口)에 회자되는 말이다. 월하의 출가정신이 그랬다. 그것은 두려울 것도, 당당하지 못할 것도, 주저할 것도 없는 일상여의(日常如意)한 든든한 힘이었다. 스승과 후학들이 전하는 기품에서도 알 수 있듯이 월하가 이(理)와 사(事)를 두루 겸비한 실천가요 행동가로서 그 면모를 보인 것도 그에 연유한다. 교단안팎의 긴요한 일이 있을 때마다 교단을 살리고 불교를 홍포하는 일이라면 오로지 위법망구(爲法忘軀)의 정신으로 마음과 몸을 움직여 지행(知行)을 합일하는 행보를 보여주었던 주인공, 그가 바로 월하였다.

---

25) 월하스님 법어집(1992), 『그림자 없는 나무』, 등불, 29쪽.

1954년 5월 20일. 당시의 대통령 이승만이 제1차 정화유시를 발표한 그날이다. 월하는 그때 법보종찰 해인사에서 치열하게 정진하고 있었다. 대통령의 정화유시로 천군만마의 힘을 얻은 선학원을 중심으로 한 비구측은 교단정화를 위한 발 빠른 행보를 촉(促)하며 한 달 후인 6월 25일 '교단정화운동추진준비위원회'를 구성하고 그해 8월 24일, 9월 28일, 10월 6일 '전국비구승(니)대회'를 잇달아 개최했다.

　당시 참선수행에 매진하고 있던 월하에게도 전국비구승대회에 동참해달라는 간청이 들어온 것은 당연한 수순이었다. 월하는 기꺼이 뜻을 같이하고 당시 비구측이 2차 비구승대회에서 구성한 집행부의 총무부장으로 선출되어 교단정화운동의 대열에 통도사 대표로 참석했다. 월하는 정화과정에서 줄곧 비구측 대표 5인 중 한 명으로 그 이름을 남기며 오늘날 '대한불교조계종'의 출범에 결정적인 역할을 담당했다.

　월하가 평생 놓지 않았던 "청정종풍을 되살려 불조혜명을 계승해야 한다"는 당위와 소신은 입멸에 드는 순간까지도 추상(秋霜)과 같았다. 하지만 대중을 대하는 성품은 마치 봄바람 같았다. 월하에게 맡겨진, 통도사와 해인사를 위시한 경남지역 사찰정화의 노정(路程)은 경향각지 어느 곳에서도 볼 수 없었던 원융무애(圓融無碍)한 모습으로 진행된 사실이 그 반증이다. 스승인 구하천보와 사촌법형제인 벽안법인과 함께 화합정신을 발휘해 대중 모두를 끌어안았던 사실은 당시 비구측의 사찰인수과정에서 야기된 대처승과의 유혈사태로 전국의 사찰이 아비규환(阿鼻叫喚)이었던 저간의 상황과는 비교할 수 없는 모습이었다. 그 결과가 바로 통도사 재적승려 가운데 무려 167명의 대처승이 집단이혼을 결행해 법적하자 없는 비구의 신분을 갖게 된 것[26]이었다. 이러한 정황이 종단의 조속한 안정에 결정적으로 기여했음은 두말할 나위가 없었다. 강한 듯 온화한 월하의 그러한 자세는 스승인 구하천보의 사상과 리더십을 그대로 계승한 성정(性情)의 일면이었다.

월하의 사숙인 경봉정석은 '삼소굴일지' 1958년 12월 5일자에 교단정화의 성취를 축하하는 시를 남겼는데, 그것은 원융무애하게 진행된 통도사 등 경남지역 사찰정화의 전후사정을 직접 목도한 감회의 단상(斷想)이었다. 이 축시는 당시 교단정화운동에 앞장섰던 주요 인물들의 법명을 넣어 지은 것인데, 각자의 성품을 자못 상징하고 있는 글로서 시사하는 바가 크다. 동산(東山)·청담(靑潭)·서운(瑞雲)·경산(慶山)·월산(月山)·월하(月下)·석주(昔珠) 등 7인의 법명을 소재로 지은 경봉정석의 축시를 옮기면 다음과 같다.

正六長前에 祝賀의 片話(정육장전에 축하의 편화)

河淸東山에 花笑鳥歌요, 李花靑潭에 水和明月이로다.
(하청동산에 화소조가요, 이화청담에 수화명월이로다)

---

26) 윤청광(2014), 앞의 책, 200쪽. 통도사 대처승이 집단이혼을 단행한 인원수 및 시기와 관련해서는 전하는 자료마다 약간의 오차를 보이고 있다. 윤청광의 앞의 책을 비롯해 동국대 석림동문회가 1997년에 기획·편찬한『한국불교현대사』(시공사, 31-32쪽)와 불학연구소가 2000년에 발행한『한국 근현대불교사 연표』(대한불교조계종 교육원, 76쪽)에 따르면 인원수는 167명이고 시기는 1955년 7월 27일이다. 하지만「경향신문」 1955년 7월 28일자(제2955호) 3쪽 '승방에 이혼 선풍, 통도사서 대처승 160명이 단행' 제하의 기사에서는 당시 "통도사 대처승 160명이 집단 이혼을 단행했으며 이 사실은 1955년 7월 26일 총무원 당국자를 통해 알려졌다'고 보도하고 있다[선우도량 한국불교근현대사연구회(1995),『신문으로 본 한국불교근현대사 상편』, 선우도량 출판부, 236-237쪽]. 참고로 상주 남장사 대처승 50여명이 연이어 집단이혼을 단행한 사실과 관련해서도『한국불교현대사』와『한국 근현대불교사 연표』는 1955년 7월 30일로 기록하고 있으나,「동아일」 1955년 7월 30일자(제9980호) 3쪽 '오십여 명이 또 이혼 - 승려 계속키 위한 대처승 동태' 제하의 기사에서는 "지난 28일 불교 경북종무원에서 입수한 소식에 의하면 대처승 가운데 상주 남장사 주지 임종호 씨를 비롯한 오십여 명이 정식 이혼수속을 취하였다"고 보도했다[김광식 편·윤청화 사진(2000),『1900-1999 한국불교 100년』, 민족사, 239쪽].

金色瑞雲이 遍滿法界요, 萬古慶山에 寒松銷月이로다.
(금색서운이 편만법계요, 만고경산에 한송소월이로다)

鶴樓月山에 風送花香이요, 故國月下에 凱歌風流이로다.
(학루월산에 풍송화향이요, 고국월하에 개가풍류이로다)

昔日衣珠도 光射乾坤하니, 同職同伴도 同和同春이로다.
(석일의주도 광사건곤하니, 동직동반도 동화동춘이로다)

물 맑은 동산에 꽃은 웃고 새는 우짖어, 오얏꽃 핀 청담에 맑은 달 물에 어리었네.

금빛 서운이 법계에 가득하고, 만고의 경산 찬 솔에 걸린 달일세.

학이 깃드는 월산에는 꽃향기 흩날리고, 고국의 월하에서 개선가 부르는 풍류일세.

예전 옷 속에 구슬이 천지를 비추니, 함께 일하는 도반들이 봄빛 같이 화기롭네.[27]

청정가풍 불조혜명을 계승하고자 했던 월하의 평생화두는 1990년대 들어와서 다시 한 번 서릿발 같은 기상으로 교단의 나아갈 방향을 제시했다. 광복 이후 전개된 50~60년대 정화운동이 일제강점기와 맞물린 시대성을 탈각하기 위한 교단안팎의 뼈아픈 상흔(傷痕)이었다면, 월하가 천명한 80~90년대 정화의 기치는 교단내부에서 자행되고 있는 종권야욕의 영속성을 저지해 기필코 종도화합을 구현하고자 했던 지극히 소박한 계행 실천의 천명이었다.

하지만 월하의 바람과는 달리 종단의 복잡한 정치구도에 휘말리면서 급기야 무력사태에 직면하고 말았으니 이른바 '98종단사태이다.[28] 당시

---

27) 윤청광(2014), 위의 책, 201쪽.

28) 월하가 추구해온 80~90년대 정화와 관련해 당시 불교계 언론은 "대중 모두가 일상에서 철저히 계행을 따라야 한다는 한 단계 성숙한 청규불사의 의미를 담고 있다"며

총무원장 3선을 강행하려는 총무원측과 3선 기도에 반대한다는 뜻을 분명히 밝힌 월하의 '종정교시'를 봉행하려는 정화개혁회의측이 정면 대립하면서 야기된 이 사건으로 정치적 징계가 이루어져 영축총림이 해제되고 월하는 종정과 방장의 지위를 모두 내려놓게 되었으나, 2001년 영축총림이 복원되면서 방장에 다시 추대되었다.

2. '군단포(軍團砲)'로 상징되는 포교실천가

> "월하스님은 한마디로 군단포(軍團砲) 같은 분이셨습니다. 소총으로 수십 발을 쏘아도 대포 한방의 위력에는 못 따라 가듯, 월하스님은 뒤에서 크게 한방의 지원으로 모든 불사를 원만히 이루게 하는 힘을 가진 분이셨습니다."[29]

그랬다. 불지종가 통도사의 대중포교당을 대표하는 서울 강남의 구룡사가 설립될 당시의 감화는 노천월하의 포교원력과 군단포 같은 성정을 확

"(1998년 총무원장 3선 강행에 대하여) 월하 종정이 종도 전체의 정화를 촉구하고 종단의 화합을 위해 나섰으나, 자신의 의지와는 달리 종단정치의 복잡한 역학관계에 의해 대중은 반목하고 종단은 급기야 폭력사태로 얼룩지고 말았다"고 평가했다. 「법보신문」 2003년 12월 10일자(제734호) 9쪽. 참고로 지식정보화시대로 접어들던 20세기를 목전에 두고 그 누구도 예상하지 못했던 이른바 폭력적인 종단사태가 1990년대 들어서 두 번(1994년;1998년)에 걸쳐 발생했다. 모두가 총무원장 3선 야욕을 강행하는 과정에서 야기된 일대 사건들이었다. 이 사건들은 사상초유로 법통(法統)을 상징하는 종정(宗正)이 해임된 공통점을 함유하고 있다는 점에서 교단의 위계를 무력하게 만들고 출가대중의 세속화를 부채질했다는 지적이 적지 않다. '94종단사태와 '98종단사태 당시 종정이었던 서암과 월하를 둘러싼 교단상황에 대한 보다 정치한 접근과 분석과 회고를 통해 출가정신을 바로 세우는 작업이 시급히 요구되는 배경이 그와 같다.

29) 수안(통도사 문수원 주석) 증언. 2014년 2월 13일 통도사 문수원.

인해주는 실례가 아닐 수 없다.

구룡사는 1978년 서울 종로구 가회동에서 대중포교당으로 시작했는데, 그 일대가 한옥보존지구로 묶여있어 포교당을 더 이상 발전시키는데 한계가 있었다. 그래서 강남 포이동에 소재한 7백여 평의 대지에 천막법당을 짓고 강남포교의 서막을 올린 때가 1985년이다. 2년 후인 1987년 8월 12일 현재건물의 기공식을 갖고 1989년 1만 불상을 봉안한 만불보전을 성만하면서 마침내 그 위용을 드러냈다. 천막법당과 가건물법당을 거쳐 지하 2층 지상 7층의 웅장한 건물이 모습을 드러내던 당시의 노정(路程)은 실로 눈물겨운 장면을 연출하며 불자들의 신심과 원력의 총화(總和)를 보여준 쾌거였다.30)

여기에는 월하의 옳다고 판단되는 거침없는 결단이 결정적으로 작용했다. 구룡사가 강남에서 천막법당으로 새롭게 출발할 당시 통도사 대중 대다수는 성공 가능성이 없다며 반대했다. 하지만 월하만큼은 달랐다. 구룡사 건립불사에 친히 발걸음해 법문도 해주고 격려도 해주었다. 더욱 놀랄 만한 일은 통도사가 소장하고 있는 붓다의 금란가사와 자장율사의 금란가사를 구룡사의 천막법당으로 이운해 친견법회를 갖도록 허락하는 일이었다. 그것은 예전에 없던 금기(禁忌)를 깨는 일이었다. 통도사 대중은 물론 문화재청 관계자들이 모두 반대에 나섰다. 월하는 포교불사에 지극한 도움이 되는데도 문화재라는 그 자체만으로 비공개 소장만을 주장하는 것

---

30) 기도와 원력이 함께하는 구룡사는 대지 7백 평에 연건평 2천2백 평의 지하 2층 지상 7층 건물이다. 지상 1층에는 문화회관과 유치원이 있으며, 2층에는 애기법당이 있다. 지상 2, 3, 4층의 만불보전은 통층방 형식의 법당으로 1만 불상이 봉안되어 있으며, 4층 인등기도 참회실, 5층 적멸전, 6층 시민선방, 7층 염화실로 구성되어 있다. 지하 1층에는 극락전과 극단 신시, 지하 2층에는 주차장이 들어서 있다. 지하 160m에서 끌어올린 구룡토수(九龍吐水)는 감로수로서 인근 주민들과 불자들에게 수희공양 되고 있다. 구룡사 홈페이지(http://www.guryongsa.com/).

은 모순이라고 판단했다. 붓다가 친히 입으셨다는 금란가사와 자장율사의 금란가사가 1천4백여 년 만에 서울의 구룡사 천막법당으로 나들이한 전후의 사정이 그랬다. 당시 구룡사 창건주인 정우(頂宇)와 사부대중이 금란가사를 모시고 연일 108배 기도정진하며 불사의 원만회향을 서원했던 비장한 모습은 지금도 눈에 선하다. 당시 우중(雨中)과 폭설에도 정진을 놓지 않았던 불자들의 금강과 같았던 신심발현은 가히 하늘을 감화시키고도 남았다. 오늘날 서울의 강남포교 1번지로 자리잡은 통도사 서울포교당 구룡사의 창건은 그렇게 이루어졌으며, 구룡사가 현재 구현하고 있는 대중포교의 영역은 '통도'의 역사적 의미를 그대로 구현하고 있는 듯하다.

구룡사에 이은 일산포교당 여래사도 통도사가 도심포교의 모범을 선보이며 포교의 영역을 확장시킨 대표적인 사례이다. 경기도 고양시 일산구 마두동 7백30여 평의 대지에 연면적 3천 평의 지하 4층 지상 5층 규모로 착공 3년여 만인 2000년 10월에 낙성한 여래사는 구룡사와 함께 수도권 지역포교의 대표도량으로 그 위상을 자랑하고 있다.[31] 신도시 일산에서 뒤늦게 문을 연 여래사가 주변지역 여타 사찰의 역할을 넘어서며 개원 초기 비약적으로 자리매김할 수 있었던 요인은 구룡사의 경우와 마찬가지로 월하의 법회도량 설시가 주요한 원인이었다. 여래사는 구룡사를 운영모델로 삼아 포교영역을 차츰 확장해가고 있다.

통도사포교당은 일찍이 구하천보의 원력에 힘입어 마산(정법사, 1912) · 진주(연화사, 1922) · 창녕(인왕사, 1922) · 물금(1924) · 언양(화장

---

31) 여래사는 대지면적 7백30여 평 연면적 3천 평의 지하 4층 지상 5층(높이 27.15m) 규모이다. 지상 1층에는 종무소와 청소년회관을 두고 있으며, 지상 2층에는 방송실, 지상 3층에는 극락전과 반야샘터를 배치했다. 지상 4,5층의 만불보전은 구룡사와 마찬가지로 통층방 형식의 법당으로 1만불을 봉안하고 있다. 5층에는 인등기도 참회실이 있다. 지하 1층에는 소극장과 서점과 식당을 두었으며, 지하 2,3층은 주차장이다. 여래사 홈페이지(http://www.ibuddha.tv/).

사, 1927)·창원(구룡사, 1929)·의령(수월사, 1930)·부산(연등사, 1932)·울산(해남사, 1936)·양산(반야사, 1940) 등지에 지속 설립되어 지역포교에 앞장서온 선례가 있다. 선산포교당 영명사·영천포교당 용화사·안강포교당 무애선원 등도 현재 통도사포교당의 이름을 내걸고 대중교화의 소명을 다하고 있다.

그렇듯 경향각지에서 개원한 통도사포교당은 하나같이 포교활동의 전범을 보여주고 있다. 여타의 총림이나 교구본사가 건립한 포교당의 운영 실태와는 비교할 수 없을 정도로 통도사포교당이 활발발한 모습을 보여주었던 까닭은 무엇인가. 그 같은 역동성의 배경에는 월하가 있었다.

월하는 통도사포교당이 법문을 요청할 때마다 마다하지 않고 노구의 법체를 이끌고 설법의 여정에 올랐다. 그것은 마치 붓다가 사부대중을 가리지 않고 설법을 요청하는 곳이면 어디든지 직접 찾아가 눈높이 설법[대기설법]을 설하셨던 연민과 자애의 모습 그 자체였다. 위엄과 권위를 내세우며 대중을 찾아가기보다는 대중으로 하여금 참례(參禮)해주기를 기다리는 교만을 월하에게서는 찾아볼 수 없었다. 통도사 조실스님이, 방장스님이, 종정스님이 법회도량을 설시한다는 소문이 나면서 통도사포교당에 대중의 발걸음이 분주해지는 일은 당연한 수순이었다.

1990년대 불교계 최초로 영상포교의 포문을 열게 된 일련의 과정에서도 월하의 행보가 거론된다. 불교텔레비전(BTN)의 개국이다. BTN은 1993년 9월 사업허가와 함께 이듬해 3월 주식회사를 설립해 1995년 3월 첫 방송을 송출했다. 영상포교의 필요성을 절감한 월하는 이때 BTN의 주식투자에 무려 1억여 원을 쾌척하는 등 '군단포' 지원을 아끼지 않았다. 태응·정우·남현 등 초창기 통도사 관련인사가 BTN경영의 책임자로 참여했던 저간의 사정은 그 때문이었다.

일주문을 들어서서 오른쪽 대지에 자리잡고 있는 성보박물관도 월하의 마음이 깃든 곳이다. 터전을 마련하고 건물을 건립하는데 재정적 지원을 아끼지 않은 곳으로, 사재 30억여 원을 유감없이 내놓음으로써 2001년 5월 개관식을 갖고 문을 여는데 결정적 기여를 한 것이다. 통도사성보박물관은 국내사찰 내 성보박물관으로서는 최초·최대·최다의 평가를 받고 있으며, 현재 4만여 점의 성보를 소장하고 있다.

이와 함께 복지교화를 실천하고 있는 시설로서 월하의 '군단포' 지원에 힘입어 지난 1992년 불교계 최초로 사회복지법인을 설립하게 된 통도사 자비원을 빼놓을 수 없다.[32] 현재 자비원은 양로원·요양원·노인전문요양원·재가노인지원센터 등을 운영하면서 산하시설로 도솔천노인전문요양원·울산시립노인요양원·밀양시립노인요양원·울산남구노인복지관·마산내서종합사회복지관·울산남구종합사회복지관·울산노인보호전문기관·창원외국인인력지원센터·경남하숙·아나율장애인보호작업장·울산학대피해노인쉼터·울산선암호수노인복지관·울산남구재가노인지원센터·울산북구다문화가족지원센터·부산연꽃어린이집·김해연꽃어린이집·통도사유치원·통도사어린이집·통도사자비도량 등을 두고 있다. '통도'의 역사성을 현실 속에 구현해가는 교화의 시설들이 아닐 수 없다.

---

32) 통도사 문수원에 주석하고 있는 수안은 1988년 양로원 운영을 위한 복지법인 설립을 준비하면서 그 과정과 기금마련의 어려움을 월하에게 말씀드리자 그 자신도 양로원 시설이 필요하다고 생각했다며 법회보시금 등을 구두쇠처럼 모은 거금의 통장과 도장을 아예 맡겼다고 한다. 1992년 불교계 최초로 사회복지법인이 개원할 수 있었던 것은 월하의 이러한 '군단포' 지원에 힘입은 것이었다. 수안 증언. 2014년 2월 13일 통도사 문수원.

3. '합리적인 절대권력'의 교화행자

노천월하는 영축총림의 초대방장이다. 해인총림 해인사와 조계총림 송광사에 이어 통도사가 세 번째 총림으로 지정받은 때는 1984년 5월 30일이다. 월하는 대중의 만장일치로 사중의 최고 어른자리인 방장에 추대되었으나 달라진 것은 아무 것도 없었다. 직접 해오시던 예전의 운력을 멈추지 않았기 때문이다. 그러니 공양이라고 해서 방장실에서 독상을 받을 리 만무했다. 대중방에서 반드시 대중과 함께 공양을 한 것이다. 바로 이때가 사중의 모든 대중에게 유시가 내려지는 시간이었다. 의례적으로 대중을 불러 모아 소임을 지시하는 통제형의 격식은 불필요했다. 총림살림이 원융하고도 질서정연하게 움직인 배경에는 이른바 '공양유시'로 대변되는 월하 특유의 외유내강(外柔內剛)의 기강과 청규가 작용하고 있었던 것이다.

현하 조계종 각 교구본사를 위시한 전국의 문화재관람료 징수사찰들의 가장 고질적인 병폐는 신도회 구성과 그를 통한 정기적인 법회활동이 잘 이루어지고 있지 않다는 점이다. 주지하는 바와 같이 문화재관람료 징수사찰에게 주어진 특권(?)으로 말미암아 사찰운영의 안일함과 신도관리의 소홀함을 가져다준 결과일 것이다.

월하가 방장으로 주석하고 있는 통도사만큼은 예외였다. 월하의 '공양유시'로 상징되는 '합리적인 절대권력'이 대중의 나태함을 꾸짖고 사중의 일사불란함을 독려했기 때문이다. 그 결과 통도사는 현재 어린이법회를 비롯해 중고등부학생회·청년회·포교사회·선다회·참선회·수련동문회·문화재지킴이단·합창단·봉사단·불교대학 등 신행과 문화와 교육이 어우러진 법회조직을 여법하게 운용하고 있다. 1920년대 중반부터 시작된 통도사 전통의 화엄산림법회를 면면히 이어오면서 이처럼 다양한 신행 프로그램으로 신도들의 동참을 이끌어내는 등 교화불사를 안정되게 이룩한 배경에는 월하의 원력이 있었던 것이다. 문화재관람료 징수사찰 가운데 신도들의 시주금이 관람료를 상위하는 곳, 불도(佛都)에 사는 부산의 불자들이 가까운 사찰을 두고 양산의 통도사를 찾아 신심을 배양하는 이유가 여기에 있다.

30여 년 전 군대지휘관마저 감화시켜 급기야 군인들의 도움을 받아 대규모 포교행사를 무리없이 회향한 일은 지금도 여전히 회자될 만큼 월하의 담대한 기품과 포교원력을 보여준 일화이다. 그것은 1986년 7월 25일~29일 4박5일간의 사건(?)이었다. 당시 통도사가 주관한 '86전국불교청소년하계수련대회에 전국의 청소년학생 2천6백여 명이 몰려드는 바람에 유래 없는 대규모 행사가 되고 만 것이다. 초유의 일이었고 장소문제로 노숙을 해야 할지 행사를 취소하거나 축소해야 할지 대회관계자들의 근심이 이만저만 아니었다. 당시 통도사 방장이었던 월하가 상황을 전달받고 문제해결의 실마리를 단번에 풀어주었다. 큰절에서 극락암 사이 1km 남짓 떨어진 장밭뜰에 펼쳐져 있던 30여만 평의 밤나무과수원을 깎아 행사장과 캠프시설을 설치하도록 지시한 것이었다. 통도사 대중 누구도 엄두를 낼 수 없는 그야말로 무모한(?) 행동이었다. 월하의 결단이 떨어지자 일은 의외로 순탄했다. '합리적인 절대권력'으로 통도사를 질서정연하게 이끌고 있던 방장스님을 평소 흠모해마지 않던 군대지휘관이 월하의 도움요청에 선뜻 군인들을 동원해 장밭뜰의 과수원을 밀어내고 수련원 등 행사시설과 50명을 수용하는 군용텐트 50동을 설치해준 것이었다. 그렇게 해서 원만 회향할 수 있었던 당시 청소년수련대회의 4박5일간 대장정은 청소년포교에 일대 공헌과 그 지표를 제시해주었다는 평가를

받았다.[33]

월하는 이후 통도사 경내에 대규모 신행공간의 필요성을 절감했다. 월하의 원력과 대중애호심을 엿볼 수 있는 통도사 법당 앞 설법전[34]의 건립은 그렇게 이루어졌다. 복지법인 통도사자비원을 설립한 이듬해인 1993년에 대중법회 신행공간으로 축조된 설법전은 한번에 3천여 명을 수용할 수 있는 대규모 불사였다. 이 또한 통도사 대중의 근심을 자아내는 일이었으나, 월하의 '합리적 절대권력'에 힘입어 일사천리로 진행된 사례였다. 설법전은 오늘날 수천 명이 몰려오는 화엄산림법회를 위시해 각 신행단체의 수련회나 각종 단체의 법회도량으로 활용되고 있으니, 월하의 선견지명(先見之明)이 빛을 발하고 있음이다. 더욱이 설법전의 내부는 발상전환과 의식전환을 상징해주는 곳으로서, 전통사찰이 고수해오던 방식을 탈피하도록 월하에 의해 용인받은 공간이었다. 바로 좌석배치다. '고찰 속의 입식좌석'이 들어선 것이다. 월하의 생전에 선보였던 소소한 듯한 그러한 공간배치는 적어도 절집 안에서는 획기적인 사건이었다.

월하의 포교원력은 그렇게 통도사 곳곳에 스며들었고, 진정한 교화행자

---

33) 「불교신문」 1986년 8월 13일자(제267호) 5쪽 '불교청소년 영축제 르뽀' 제하기사 참고. '자랑스런 우리 조국, 불타의 가르침과 함께'라는 슬로건으로 당시 대회를 준비하고 실무진행을 총괄했던 인물은 통도사 포교국장 남현(월하의 손상좌)이었으며, 지난 30여 년간 어린이포교에 힘써온 비구니 자용(평창 극락사)을 비롯한 자원봉사자 60여명이 실무진행을 맡았다. 이 대회는 「동아일보」 1986년 7월 3일자(제19924호) 10쪽 '피서지의 문화행사' 제하의 기사, 「경향신문」 1986년 7월 12일자(제12552호) 6쪽 '여름철 자연 속 신심을 다진다' 제하의 기사 등 일반언론에도 사전에 보도되는 등 사회적 관심을 불러일으켰다.

34) 통도사 설법전은 정면 9칸 측면 11칸 규모의 팔작지붕 건물로 화엄산림법회 같은 큰 법회를 열 때 강당의 역할을 하는 전각이다. 전각에는 '聽法殿(청법전)' '國之大院(국지대원)' '佛之宗殿(불지종전)' '大方廣殿(대방광전)' 등의 편액을 달았다. 청법전·국지대원·불지종전 편액글씨는 월하의 친필이며, 대방광전은 구하의 친필이다. 대방광전 편액은 원래 대웅전 서쪽에 걸었던 것을 옮겨 단 것이다. 통도사 홈페이지 통도사 소개〉경내가이드(http://www.tongdosa.or.kr/).

(敎化行者)로서의 면모를 유감없이 발휘했다.

4. '하심의 화신'으로 칭송된 육바라밀행자

노천월하가 평소 대중을 제접하던 모습은 자애와 하심(下心)의 지극함을 보여준 전형이었다. 출가대중은 물론이고 보살신도나 거사, 심지어 동자승 내지 재가의 어린 꼬마를 만나도 허리 굽혀 합장인사를 건네던 월하의 겸손한 자세를 후학들은 잊을 수 없다. 사부대중 누구라도 통도사로 찾아오면 제접을 피하지 않았고, 달라고 하면 달라는 대로 모든 것을 다 준다는 생각으로 마음의 문을 활짝 열어놓았다. 그래서 후학들은 한결같이 월하를 '하심의 화신'이라고 칭송한다. 이러한 모습의 본보기는 『법화경』「상불경보살품」에 등장하는 '교만의 악덕을 철저히 버린' 상불경보살(常不輕菩薩)의 모습을 연상케 한다.

아홉 살 때 월하의 손에 이끌려 통도사로 입문해 이곳 강원에서 이력을 밟았던 선화작가(禪畵作家) 동성(東惺)의 증언은 월하의 삶과 사상을 단적으로 말해주거니와 수행교화의 근본이 무엇인지를 극명하게 전해준다.

> "월하스님은 일생을 청정비구로 사셨던 우리 시대의 선지식입니다. 통도사 대중으로 들어온 이후 평생 통도사를 지키며 수좌의 위의를 잃지 않았던 영남불교의 정신적 지주이셨습니다. 특히 오늘날 교단의 귀감일뿐더러 종단의 정체성을 담보했던 불조혜명의 상징이셨지요. 직접 빨래·청소는 물론이고 일상에서 낭비라고는 찾아볼 수 없었던 검소한 삶은 결정적인 순간에 담대한 보시행(布施行)

으로 나타났으며, 청정가풍을 계승하기 위한 정화(淨化)의 신념을 저버리지 않았던 청정비구로서의 삶은 지계행(持戒行)의 절실함을 가르쳐주셨습니다. 지극한 겸손과 하심의 자세는 인욕행(忍辱行)의 교훈을 남기셨으며, 새벽녘 도량석으로부터 예불과 참선수행을 놓지 않았던 일상의 행보는 정진행(精進行)의 수범을 보여주셨지요. 눈푸른 납자들을 제접하며 입적하는 순간까지도 결제안거에 임하셨던 오롯한 정진은 선정행(禪定行)과 다르지 않았습니다. 이러한 다섯 가지 바라밀행의 훈습과 실천이 곧 육바라밀의 대미를 장식하는 반야행(般若行)의 표징들이라 할 것입니다."35)

명징하다. 육바라밀행자로서의 월하의 위의(威儀)를 직접 보는 듯하다. 출가정신이 무엇인지, 중생교화의 근원이 어디서 출발하는 것인지를 간단명료하게 정리해주고 있는 증언이 아닐 수 없다. 수행은 물론이고 포교의 실천이념이 이보다 명료할까 싶다.

---

35) 동성(마산 봉국사 주지) 증언. 2014년 2월 12일 마산 봉국사.

Ⅳ. 결어

포교는 붓다의 가르침을 널리 편다는 뜻이다. 붓다의 가르침을 널리 펴는 일은 붓다가 일찍이 전법선언을 통해 천명했듯이 인천(人天)의 이익과 행복과 안락을 위해서다. 그래서 포교는 전법교화의 의미를 포괄한다. 법을 전하는 일, 곧 전법을 위해서는 먼저 내 자신이 정법(正法)에 입각한 투철한 정진과 신념을 갖춰야 한다. 교화는 중생을 가르치고 이끌어서 이익과 행복과 안락을 가져다주는 교도화익(教導化益)을 의미한다. 이를 위해서는 자비(慈悲)와 연민(憐愍)이 필요불가결하다. 그리고 자비와 연민은 하심에서 출발한다. 인간을 삼독(三毒)에서 헤어나지 못하는 한갓 저열한 중생으로 치부하지 않고 이를 한없이 가엾게 여겨 마지막 한 사람까지라도 전부 교화해 '붓다(Buddha)'의 경지로 끌어올리려 했던 석가모니부처님의 장엄한 서원, 그것이 자비요 중생을 향한 끝없는 연민인 것이다.

노천월하는 그러한 붓다의 일생을 닮고자 하였다. 월하의 행적과 기품에서 출가자의 기상과 포교인식과 실천행각을 충분히 살필 수 있었던 까닭이다. 월하의 사상과 이념을 엿볼 수 있는 다음의 설법내용은 작금의 불자들에게 수행이 무엇이고 전법교화가 무엇인지를 한마디로 웅변해준다.

> "인생살이에 있어 가장 중요한 것은 온전한 마음가짐으로 사는 것이다. 온전한 마음가짐으로 살아가면 과거의 나쁜 업은 차츰 녹아내리고 미래는 저절로 밝아지게 된다. 그럼 어떻게 살아야 온전한 마음가짐으로 사는 것인가. 정법(正法), 바로 정법에 의지하고 정

법에 맞게 살아야 한다, 정법으로 살면 행복과 깨달음을 이루고, 삿된 법을 따르면 타락과 불행을 자초할 수밖에 없다. 우리 불자들은 마땅히 사제·팔정도(四諦八正道)·인연법 등 부처님께서 설하신 해탈의 교법을 전하며 살아야 한다. 인연 있는 중생에게 고통과 불안을 덜어주고 행복과 평화로운 삶을 열어주는 불법을 전하고 함께 깨달음으로 세계로 나아가야 하는 것이다."[36]

"도대체 어떤 게 말법시대여? 핑계가 좋아서 말법시대라 하지만 그것은 부처님 말씀을 더 잘 믿고 더 법답게 수행하고 교화하라는 의미야. 우리가 부처님 말씀을 안 믿고 말씀대로 닦지 않으니 불교계가 이 모양 아니야! 공부 착실히 하는 사람이 언제 극장이나 술집에 갈 여가가 있고 이권(利權) 다툼을 하겠어."[37]

정법(正法)만이 수행이요 포교라고 했던가. 붓다는 일찍이 "나에게 공양하여 은혜를 갚고자 하는 이는 반드시 향·꽃·기악으로 공양할 필요가 없다. 계율을 청정하게 지키고, 경전을 독송하고, 모든 법의 깊고 미묘한 뜻을 사유하면 이것이 곧 나에게 공양하는 것"[38]이라고 설하셨다.

월하 스스로의 삶이 그러했다. 월하의 출가행장에서 살필 수 있는 삶의 특징적 가치를 대별하면 △공과 사 분명한 극기추상 대인춘풍(克己秋霜 對人春風)의 기품 △청정가풍 불조혜명 기치 든 행동가 △군단포(軍團砲)로 상징되는 포교실천가 △합리적인 절대권력의 교화행자 △하심의 화신으로 칭송된 육바라밀행자 등으로 정리된다.

---

36) 월하스님 법어집(1998), 『불자의 행복과 수행』, 영축총림 통도사, 43–44쪽.
37) 월하스님 법어집(1998), 위의 책, 28쪽.
38) 『대반열반경』 권中(T1, 199a), "欲供養我報於恩者 不必以此香花伎樂 淨持禁戒 讀誦經典 思惟諸法深妙之義 斯則名為供養我也."

월하의 출가정신은 그렇듯 분명했다. 안으로는 청정가풍을 실현하기 위한 지계정진(持戒精進)의 끈을 놓은바 없으며, 밖으로는 처처(處處)에 대중포교도량을 시설해 전법교화에 거침없는 행보를 보여준 사실 등이 월하의 출가정신을 확인해준다.

월하는 붓다의 마지막 유훈을 가슴에 품고 스스로의 게으름을 용인하지 않았다. 옳다 싶은 일에는 결코 주저함도 없었다. 진정한 납자(衲子)요 교화행자였다. 출가의 인연을 끌어안은 것도 그렇고, 추상같은 정신으로 백척간두(百尺竿頭)에서 정진에 박차를 가한 일도 그렇다. 광복이후 교단정화운동에 핵심인물로 참가해 오늘날 대한불교조계종의 출범에 일대 전기를 제공해준 일도 빼놓을 수 없다. 동국대학교 이사장 재직 시 학교를 불교대학과 여타 단과대학으로 분리 · 운영케 하려고 했던 정부의 농간을 막아내고 학교를 지켜낸 일,[39] 통도사의 이름을 내건 지역포교당이 전법교화의 수범역할을 다할 수 있도록 전폭적인 물적 · 심적 지원을 아끼지 않은 일, 노인복지를 위한 복지법인 설립의 원력을 기필코 구현한 일, 포교실천과 신행공간이 어우러지는 설법전 건립과 문화포교의 공간역할을 다하고 있는 성보박물관 건립 지원 등 일련의 행장은 월하의 원력과 성정을 고스란히 보여준다.

여타의 교구본사나 주요 문화재관람료 징수사찰들이 매너리즘(mannerism)에 빠져 있을 때도 통도사가 총림살림과 신행활동에 있어서 질서정연하면서도 역동적으로 움직일 수 있었던 사실은 방장의 소임을 다한 월하의 '준엄한 덕'에 따른 결실이었다. 입멸(入滅) 후 많은 세월이 흐

---

39) 당시 문교부장관 이선근과 몇몇 관계자들이 동국대학교에서 불교대학을 별도 분리해 종단이 운영하도록 하고, 여타 단과대학은 문교부가 마음대로 손안에 넣고 좌지우지하려고 했던 저의를 가리킨다. 윤청광(2014), 앞의 책, 253쪽.

른 지금도 여전히 통도사를 감싸는 시·공간에서 월하의 숨결과 정신이 배여난다는 후학들의 이구동성은 그에 연유한다.

월하의 이러한 성품과 행적은 작금의 교단안팎에서 야기되고 있는 출가본연의 수행상실과 절체절명의 위기를 맞고 있는 한국불교의 사회적 역량을 회복할 수 있는 바로미터(barometer)가 될 수 있다. 새삼 월하의 출가정신이 '희망'으로 다가서는 이유는 그 때문이다.

제3장

고봉 황성기의 불교개혁론과 보살불교

Ⅰ. 서언

고봉 황성기(杲峰 黃晟起: 1919~1979, 이하 '고봉'이라 칭한다)를 기억하는 오늘날의 불교인사들은 극히 제한적이다. 1960~70년대 동국대학교를 중심으로 하는 불교학계 스승·동료·제자 등의 인연지간을 비롯해 대한불교조계종 소속 출세간의 인연들과 지금은 한국불교태고종에 속하게 된 몇몇의 불연(佛緣)들만이 그의 인물됨과 교단사에 남긴 공헌을 회고하고 있기 때문이다.

고봉은 암운(暗雲)이 감돌았던 일제강점기와 교단분규로 점철된 광복이후의 현대기를 살다간 선각자이다. 그는 당대가 당면한 불교개혁의 사상적·실천적 토대로서 보살불교를 몸소 실천한 승려요 대학교수였다. 일찍이 전통교육방식인 강원교육과 현대교육방식인 대학교육을 모두 섭렵해 학자로서의 실력을 인정받았을 뿐만 아니라, 학(學)·행(行)을 겸비한 보살운동의 선구자로서 그 이름을 남겼다.

하지만 역사는 고봉의 생애와 불교사상, 그가 학·행을 담보했던 불교개혁론과 보살불교의 실제 등에 대해서 심도 있는 논의나 학문적 고찰 내지 불교사적 평가를 남기고 있지 않다.[1] 이는 일평생 보살운동에 매진

---

1) 근·현대기 한국불교의 흐름에서 교단의 제모순을 타파하고 새로운 모습으로의 변화를 추동했던 불교혁신의 조류는 근대기 권상로의 '불교혁명론'을 위시해 한용운의 '조선불교유신론', 백용성의 '대각교운동', 이영재의 '조선불교혁신론'에 이어 광복직후 조선불교 중앙총무원장이었던 김법린의 민중본위적 불교사상과 현실참여의 불교사상으로 대변되는 '불교혁신론' 등을 들 수 있다[이봉춘(2009), 「범산 김법린의 사상과 활동」, 『한국불교학』 제53집, 한국불교학회, 39-42쪽]. 이들의 혁신론은 지금까지 다양한 평가와 학문적 성과를 보이고 있다. 고봉의 '불교개혁론'도 이들의 사상을 계승한 것으로 볼 수 있으나 그의 학문적 고찰이나 불교사적 평가는 거의 없는 실정이다. 참고로 권상로의 '불교혁명론'은 『퇴경당전서』(퇴경당권상로박사전서간행위원회, 1990)에 수록된

한 고봉의 삶의 궤적과 역사적·사상적 가치 등에 대해 제대로 알고자 하는 다양한 접근이 없었다는 반증이다. 다만, 보살운동의 사상적·실천적 기반이 되었던 불교사상연구회가 입적 10주년을 맞아 고봉이 남긴 원고들을 모아 세 권의 불교문집을 간행한 것은 그나마 다행한 일이다.[2]

이러한 정황은 먼저 고봉이 주창했던 불교개혁론의 논리적 전거와 실천방향이었던 보살불교의 개념정의가 당시 교단정화의 명분으로 지속된 불교분규의 와중에서 빛을 바랜 점과 근현대기 불교교단사에 대한 곡해가 일정한 영향을 끼친 것으로 볼 수 있다. 그러다보니 교단의 정서는 한국불교의 나아갈 지표에 대해서조차 이분법적 사고논리로 함몰되었고, 결국은 교단 구성원들 간의 상호 인연의 범주에서만 서로 소통하는 폐쇄성에 갇히고 말았다.

따라서 고봉의 불교개혁론을 논하는 것은 그가 살았던 시기, 특히 분규

「조선불교혁명론」제하의 글에서, 백용성의 '대각교운동'은『용성대종사전집』(대각회, 1987) 또는『백용성대종사총서』(대각사상연구원, 2016)에 수록된 '대각사상'에서, 이영재의 '조선불교혁신론'은 27회에 걸쳐 연재된 「조선일보」(1922년 11월~12월)의 기고문에서, 김법린의 '불교혁신론'은 불교전수학교의 교지『일광』(제2호, 1929.9) 또는 불교잡지『불교』(제100호~105호, 1932.10~1933.3)에서 확인할 수 있다.

2) 고봉의 입적 10주년을 맞아 사단법인 불교사상연구회는 1989년 11월『황성기 박사 불교문집』세 권을 출간했다. 제1권『불교학개론』, 제2권『불교의 인식·논리·의례』, 제3권『불교사상의 본질과 한국불교의 제문제』가 그것이다. 제1권『불교학개론』은 우리나라에서는 김동화 박사에 이은 두 번째 저술로서, 고봉의 불교교학에 대한 권위를 보여준 역작이다. 1964년 황금출판사에서 초판된 이래 1974년까지 5판이 발행되었고, 1978년 법륜사에서 증보판 간행 이후 1980년까지 3판이 간행되었다. 불교문집 제1권은 그의 입적 10주년을 맞아 신판으로 다시 출간된 것이다. 입적 20주년인 1999년 8월 재신판이 발행되는 등 지금까지도 주요 불교대학이 교재로 채택할 정도로 고봉이 남긴 학문적 업적의 대표저작이다. 제2권은 고봉의 1976년 박사학위논문인 「원측의 유식학설 연구」를 비롯해 학술논문인 「인명학의 과실론」·「인명입정리론 강의」·「한국불교 범패의 연구」등을 수록하고 있다. 유식학과 인명학은 당시까지만 해도 관련 연구가 전무라고 해도 과언이 아닐 정도로 개척분야였다. 1976년 범패를 연구논문으로 정리한 것도 고봉이 처음이다. 제3권은 고봉이 신문·잡지 등에 기고한 글들을 모아 주제별로 정리·수록하고 있다. 붓다의 생애를 여덟 장면으로 설명하고 있는 팔상도를 고봉이 직접 노래로 작사한 '팔상가(八相歌)'와 그 악보를 부록에 싣고 있다.

로 점철된 현대기 불교교단사에 대한 올바른 이해를 모색하는 일이요, 이는 곧 오늘날 한국불교의 나아갈 방향을 다시금 곱씹어보는 일대 전기를 제공할 수 있다는 점에서 매우 유의미하고 흥미로운 주제라고 할 것이다.

그러나 앞서 지적한 바와 같이 고봉을 제대로 접근할 수 있는 자료적 전거는 그의 불교문집 세 권이 전부이다. 그 밖의 접근방안은 생전에 고봉과 인연관계에 놓여있었던 인물들이라고 할 수 있으나, 세월이 흐른 지금의 경우 극히 제한적인 현실임을 감안하면 이 글을 통해 소기의 목적을 달성하기란 쉽지 않을 수 있다. 세 권의 불교문집을 면밀히 분석해 고봉이 살았던 시대적 배경과 사상성을 연관 짓고, 아울러 그가 주창했던 불교개혁론과 보살불교의 실제를 조명하고자 하는 것은 그 때문이다. 항하사(恒河沙) 가운데 한 톨의 정도만큼이라도 고봉을 제대로 이해하고, 나아가 활발발한 조명이 이루어질 수 있는 계기가 된다면 다행이겠다.

Ⅱ. 고봉의 생애와 불교개혁론

고봉은 불교개혁을 위한 보살운동을 몸소 실천했으며, 그 같은 사실은 평소의 행적과 이론적 기반이 된 발표논문들이 대다수 보살도(菩薩道)를 주제로 하고 있다는 점에서 잘 알 수 있다. 이는 그가 평소 마음속에 품었던 사상(思想)의 표현으로 간주할 수 있으며, 그가 실천하고자 했던 목표설정을 어디에 두고 있는가를 말해준다.

고봉의 보살불교에 대한 천착과 실천이 당시 불교개혁론으로 어떻게 점화되었고 불교계에 어느 정도의 영향을 미쳤는지를 파악하기란 그리 간단하지 않다. 고봉이 어떤 인물이었으며, 불교계에서 차지하는 비중이 어떠했는지에 대한 이해를 위해 먼저 그의 생애를 살펴보고자 하는 것은 그 때문이다.

고봉은 1919년 11월 19일 강원도 고성에서 부친 평해(平海) 황씨 필홍(弼弘)과 모친 성천(成川) 라(羅)씨 순길(順吉) 사이 다섯 형제 중 5남으로 태어났다. 어릴 적 이름은 오길(五吉)이다. 부모는 염전을 생업으로 삼아 생활을 지탱했던 것으로 전한다. 그가 태어나던 시기는 기미년 3.1 독립만세운동이 거세게 일었던 여운이 아직 가시지 않은 민족적 암운(暗雲)의 시절이었다. 탄생지 고성은 불보살의 고향이라고 일컬어지는 금강산의 영봉(靈峰)과 해금강의 절경이 이어지는 곳으로, 동해바다를 거울로 삼고 있는 성역의 고장이다. 고봉의 성품이 영민하고 종교적 심성이 두터웠던 것은 아마도 태어난 고장의 자연환경과도 무관하지 않았을 터이다.

그래서 그랬는지 고봉은 어린 시절에 고향에 있는 건봉사로 입산하게 되는 기연(機緣)을 만난다. 불교와의 인연은 이로부터다. 건봉사에서 고성공립보통학교를 다니며 초·중등교육을 마치게 되니, 어린이·청소년기의 삶의 터전이요 사고의 전형을 갖추게 된 곳이 다름 아닌 사찰이었음을 알수 있다. 세수 열여섯 살 때인 1934년 경기도 화성의 용주사로 옮겨 그해 8월 5일 경하(耕荷)화상을 은사로 득도·수계하니, 고봉은 이때 수지한법명이다. 이후 이곳 전문강원 성능복문(性能福文) 문하에서 1941년 초까지 사미과부터 대교과에 이르는 일대시교를 이수했다. 강원시절 고봉의뛰어난 한문독해 능력과 논리적이고 철학적인 사고는 발군의 실력과 함께민족적 시련의 시대가 요구하는 올바른 사고정립의 원동력으로 작용했다.

전통적인 강원교육을 이수한 고봉은 불교학의 목마름이 컸던지 1941년 4월, 세수 스물세 살 때 근대학문의 발상지라고 할 수 있는 지금의 동국대학교 전신인 혜화전문학교 불교학과에 입학해 새로운 학문과 교화의 원력을 세우기에 이른다. 그의 이러한 원력은 혜화전문학교를 졸업한 이후교단일선에서 그대로 구현되었다. 1943년 용주사 수원포교소(지금의 수원포교당)를 개창하고 포교사로서 교화현장을 누볐으며, 1944년부터 1953년까지 탄생지인 고성의 남공립국민학교 교사와 고성의 송강국민학교 교장을 거쳐 고성의 고성중(송탄중 교사 및 거진여중 교감과 용주사 자혜원교사 등을 역임하면서 교편생활을 통한 학교교육과 대중포교가 서로 다르지 않다는 이념을 현실 속에 실천해갔다.

고봉은 8.15광복직후 우리 사회를 비롯한 교단의 혼돈상과 6.25참극을몸소 체험하면서 불교도로서 정진해야 할 방향을 더욱 분명하게 끌어안았다. 혜화전문학교 시절 은사였던 뇌허 김동화(雷虛 金東華, 1902~1980)의 권면도 있었거니와, 불교학 연구와 이를 통한 포교원력을 더욱 깊게받아들이는 계기가 되었던 것이다. 1953년 세수 서른다섯 살 때 다시금동국대학교 불교학과 3학년에 편입해 학부와 석·박사과정을 졸업하고

1960년부터 불교학과 교수로 동국대 강단에 서게 되니,[3] 불교개혁사상과 생활불교에 기반한 포교활동이 꽃을 피우기 시작한 것은 이로부터다. 수원에 마하사(지금의 대승원)를 창건해 대중교화의 기반을 형성한 것은 동국대학교에 편입하던 1953년 4월이었다.

고봉의 학문세계는 구사(俱舍)·유식(唯識)·인명(因明)·삼론(三論)·기신(起信)·화엄(華嚴)·천태(天台) 등 불교학 전반에 걸쳐 통효(通曉)했다. 그의 논리적 명료함과 사상적 심오함과 이론적 체계의 정치성(精緻性) 등 탁월한 식견은 당대 학자들의 감탄을 자아낼 정도로 지금도 여전히 불교학계에서 회자되고 있다. 이 가운데 특히 구사유식은 고봉이 혜화전문학교 시절 뇌허 김동화의 수제자로서 인정받고 그 학맥(學脈)을 계승한 분야이기도 하다. 고봉의 제자이자 유식학의 거장인 동국대학교 명예교수 오형근은 "유식학과 인명학은 당시 한국불교학에서는 전무라고 해도 과언이 아닐 정도로 척박한 분야로서, 불교학계에서 유식학과 인명학이 연구되고 보급되기 시작한 것은 고봉스님의 학문세계로부터 비롯되었다"고 회고한다.[4]

고봉의 이 같은 불교학문적 탁견은 그가 일생을 두고 추구하고자 했던 보살불교와 생활불교의 이론적 전거를 제시해주었음은 두말할 나위가 없다. 불교학문이 고양될수록 고봉의 교단을 향한 지속적인 불교개혁론은 더욱 빛을 발했고, 불교개혁을 위한 실천운동에 적극 나서게 되는 토대로 작용했다.

---

3) 고봉은 1955년 동국대학교 불교학과 졸업과 함께 대학원에 진학해 1957년 「화엄교학의 무진연기론」으로 석사학위를 취득했다. 이후 조교와 강사를 거쳐 1960년 불교학과 전임강사로 부임해 1979년 입적 때까지 교수로서 후학양성과 불교학 발전에 크게 기여했다. 1976년 동국대학교 대학원에서 「원측의 유식학설 연구」로 철학박사 학위를 취득했다. 교수재임기간 한국불교학회 감사(1973~1976)와 이사(1976~1979) 등을 역임했다.

4) 오형근(1989), 「황성기 박사의 학문세계」, 『황성기박사 불교문집2』, 「서문」(iv-v쪽).

고봉이 당대의 절체절명한 당면과제로서 목소리를 높였던 불교개혁의 요체는 첫째 불교교육(佛敎敎育), 둘째 불법포교(佛法布敎), 셋째 불교의식(佛敎儀式) 등 크게 세 가지 분야에서 살필 수 있다. 이승만 당시 대통령의 정화유시로 촉발된 1954년 5월부터 1970년에 이르기까지 '정화'라는 명분을 앞세워 심한 갈등을 빚었던 교단분규로 말미암아 침체할 대로 침체했던 불교의 위상을 바로 세우기 위해서는 이들 분야에서 현대화·대중화·생활화를 이루어야 한다는 강한 우려에 따른 요지였다.

첫째, 불교교육개혁에 대한 고봉의 사상성을 살펴보자. 고봉이 당시 불교학계의 문제점을 지적하며 학자들로 하여금 의도적인 외면과 침묵에서 깨어날 것을 천명한 것은 오늘날에도 시사하는 바가 매우 크다. 고봉이 불교학계의 문제점으로 지적한 내용을 보면, 그 하나가 불교학 발전의 전제로서 언어의 장벽을 깨뜨리는 일이다. 역경(譯經)의 효과적인 실효를 거두기 위한 과학적인 연구를 주문한 것이다. 또 하나의 문제점은 교재선택과 교수방법(敎授方法)의 과학적 개편이다. 학문적인 면을 전연 무시함으로써 전일(全一)의 불교를 이해하기 힘든 습선(習禪) 위주의 강원교육과정을 전면 개선할 필요가 있으며, 대학교육의 객관적이고 밀도 있는 이론 강의가 요구된다는 것이다. 지목행족(知目行足)이라는 이론과 실천을 겸전할 수 있는 불교교육이 시급하다는 주장이다. 고봉이 부파불교의 대표 논전인 구사학과 대승불교의 대표논전인 유식학 연구에 천착하게 된 배경이 이에 해당한다. 불교역사와 불교의식(佛敎儀式)의 필수교육도 고봉이 주창한 빼놓을 수 없는 교육개혁의 범주에 속한다. 마지막으로 교단의 동정(動靜)에 대해 불교학자가 침묵하거나 외면해서는 안 된다는 지론이다. 불교학계가 교단의 진로향방을 과감하게 제시해주어야 하며, 불교학이 대중에게 강력한 영향력을 구사할 수 없다면 무가치할뿐더러 불교자체의 존망에 직결되는 지대한 문제라는 것이다.[5] 당시 오랜 분규에 따른 침체일로의 교단을 재건하기 위해 고봉이 스스로 침묵과 외면에서 벗어나 적극실천에 나선 행보는 보살운동이었다. 보살은 주지하다시피 대승불교의 핵심사상이면서 대승불교를 상징하는 행원과 그를 실천하는 자를 지칭하는 말이기도 하다.

둘째, 불법포교의 효율적이고 합리적인 방향과 그 방법 등을 제시한 개혁방안이다. 고봉은 이를 위한 전제조건으로 몇 가지 근본문제를 먼저 지적하고 있다. △제도에 앞서 기본태세(基本態勢) 확립 △사원중심의 소극적이고 정적(靜的)인 방식을 지양하고 대중을 직접 찾아가는 적극적이고 동적(動的)인 포교활동 △잡신앙을 일소하는 신앙정화로써 과감한 자기혁명 단행 등이 그것이다.

고봉에 지론에 따르면 포교의 기본태세는 대·소승의 교리를 통효(通曉)해 이론으로 무장하며, 자내(自內)의 실수력(實修力)과 실천력을 수반하는 자세를 일컫는다. 파사현정의 이론확립 없이는 자리자각(自利自覺)의 독선기신(獨善其身)에 빠져 이타각타(利他覺他)의 보살행을 할 수 없을뿐더러, 체험 없는 이론은 한갓 공리공론(空理空論)으로 하등의 감화력을 가질 수 없기 때문이다. 사원중심의 포교를 지양하자는 논리는 출재가를 막론한 불교인들의 소극적이고 정적인 포교활동을 지적한 현안과제라고 할 수 있다. 전도선언 이후 열반 때까지 멈추지 않았던 붓다의 전법여정은 물론 화려장엄한 사원을 떠나 홍진만장(紅塵萬丈)한 잡답(雜沓)과 천촌만락(千村萬落)에서 초동촌부(樵童村婦)들까지도 불교에 귀의시킨 원효의 보살행각을 불교인 모두가 앞 다투어 실천해야 한다는 주장이다. 신앙정

---

5) 「동대신문」 제367호(1967.9.11) 기고문 ; 「동대신문」 제522호(1972.5.22) 기고문.

화로써 자기혁명에 과감하자는 것은 팔부신중을 위시해 북두칠성·명부시왕·조왕·산신 등 전시대 유물인 잡신앙을 버리고 신앙정화를 단행하는 일이 매우 시급하다는 것을 말한다.[6] 이는 곧 만해 한용운이 일찍이 『조선불교유신론』에서 염불당과 각종 소회(塑繪)의 폐단을 성토하고 나선 그 정신을 계승한 것으로 볼 수 있다.

고봉은 이러한 몇 가지 근본문제를 해결한 다음에는 실천운동에 나서야 하는데, 그 전개방법으로써 불교의 현대화·대중화·생활화를 제시하고 있다. 불교의 현대화는 현대인의 고민을 해결하고 현대인의 감각에 맞는 불교로의 전환을 의미한다. 즉 현대인의 공통된 고민인 빈곤과 불안의 절망을 희망으로 건져 올리는 일이요, 교육포교[7]·불교의식과 생활제도[8]·신앙대상 등을 모두 현대적 감각으로 전환하는 일이다. 불교의 대중화는 우리 사회의 각계각층과 다양한 문화 속에서 살고 있는 모든 사람들이 모두 믿는 불교여야 하며, 어디에서나 행할 수 있어 일상생활과 상충되지 않는 불교여야 한다는 것을 말한다. 불교의 생활화는 대중이 일상생활을 가치화해 불교와 생활을 구분하지 않는 불교가 되어야 한다는 것을 지칭한다.[9]

고봉은 특히 불교의 현대화를 위한 포교방법과 관련해 몇 가지 개선점을 주지하고 있다. △포교대상의 문제 △설법형식의 문제 △설법장소의

---

6) 『황성기 박사 불교문집3』, 275-278쪽.

7) 고봉은 교육포교를 교단의 흥망성쇠를 결정짓는 관건으로 보고 습선(習禪)위주의 안일 무사한 과거를 답습하지 않는 과학적 연구를 그 방안으로 제시하고 있다.

8) 고봉은 불교의식의 현대화와 관련해 번잡함과 혼란스러운 폐단을 피하고 간단하되 엄숙하여 대중에게 감응과 법열을 주어야 한다고 강조한다. 생활제도와 관련해서도 시주에 의지하는 비도덕적 무위도식을 지양하고 일일부작 일일불식(一日不作 一日不食)의 청규를 좇아 건전한 생활을 하는 것이 곧 불교의 현대화라고 정의하고 있다.

9) 「동대신문」 제610호(1975.5.13) 기고문.

문제 △현대시설의 이용문제에서 고찰한 방안이 그것이다. 포교대상의 문제는 이른바 할머니 신도로 지칭되는 노부녀층을 벗어나 현재와 미래의 주인공인 청년층으로 교화의 중점을 바꾸어야 한다는 것이다. 설법형식의 문제는 가사장삼에 주장자로 위의를 갖추고 높은 법상좌에 올라 대중과 괴리된 게송을 읊는 형식을 탈피해 청중의 공감을 얻는 설법이 되어야 작금의 젊은층을 불자로 포섭할 수 있다는 것을 지적한 것이다.[10] 설법 장소의 문제는 한 사람의 설법을 듣기 위해 생활에 바쁜 많은 현대인들이 사찰법당으로 움직이는 방식보다 설법자 한 사람이 대중이 있는 곳으로 가서 설법하는 것이 보다 합리적이요 자비행이라는 신념에서 제기된 문제이다. 직장의 휴게실·마을의 사랑방·정거장의 대합실·공원이나 유원지 등을 찾아나서는 일이다. 현대시설의 이용문제는 매스컴시대 신문· 잡지·라디오·텔레비전 등을 이용한 포교효과의 극대화를 지칭한 것이다.[11] 작금의 현실에 견주면 인터넷 등 각종 정보화시스템을 활용한 포교 방법도 개진되었을 법한 지적이다. 고봉은 현대시설의 이용문제와 관련해 당시 여타종교와는 비교가 안 될 정도로 낙후된 교단현실을 개탄하며 교단이 소유하는 방송국과 신문사의 설립을 제창한 바 있다.

셋째, 고봉의 또 하나의 개혁요체인 불교의식(佛敎儀式) 개혁론을 대별하면 △의식의 간소화 △현대인에 맞는 생활감각 등이다. 의식의 간소화는 현행되는 불교의식이 너무 복잡해 의식주의종교(儀式主義宗敎)의 난

---

10) 고봉은 이의 구체적인 방안으로 ①등상(登床)을 연단(演壇)으로 바꾸고, 경문의 석사 (釋詞)를 통속적인 강연으로 바꾸어야 하며 ②독백식의 넋두리를 대화식 설명조로 고 쳐야 하며 ③고담이나 전설이 아닌 현실의 일상생활에서 화제를 찾으며 ④청중의 근 기에 맞추어 설하되 그 반응을 예민하게 파악할 줄 알아야 한다는 것을 적시하고 있 다. 한마디로 말해 점잖은 위의에 괘념하지 말고 오직 청중의 공감을 얻기 위해 온갖 제스처를 구사하는 배우가 되어야 한다고 제창하고 있다.

11) 『황성기 박사 불교문집3』, 300-303쪽.

(難)을 면할 수 없는 현실을 개선하자는 취지이다. 객관을 무시한 비대중적 행사는 오히려 포교의 효과보다 역효과를 초래할 수 있다는 우려를 지적한다. 현대인의 생활감각에 맞아야 한다는 것은 승려본위로 전문화되면서 재가불자나 일반대중에게 하등의 영향도 주지 못한다는 점에서 이 또한 시급히 개선해야 할 과제로 지목하고 있다. 이러한 두 가지 원칙하에 ①신앙의 대상을 정화하고 ②동일한 내용을 단일화하며 ③범패로 할 수 있는 의식문은 취사선택하되 그 밖에 현대인, 특히 청소년의 감각을 맞추는 성가(聖歌)를 제정해 일상법회에서 가창(歌唱)하도록 하고 ④의식할 때 사용하는 악기류를 최소화해 의식의 형식을 쇄신해야 한다는 것이다.[12]

이상에서 살펴본 바와 같이 고봉이 불교교육 · 불법포교 · 불교의식 등의 분야에서 주지시키고 있는 개혁의 요체는 이미 40~50년 전에 제시된 내용들이다. 하지만 이러한 방안들은 어떤 것은 이미 현실화된 것도 있으나 다수가 지금도 여전히 유효한 명제들이라는 점에서 그의 개혁론이 학문적 깊이와 넓이는 물론 그에 기반한 선견지명(先見之明)으로 당대를 아우르고 시대를 앞서고 있다는 사실을 확인해준다고 하겠다.

고봉은 이러한 불교개혁론의 당위적 가치기반을 보살도사상(菩薩道思想)에서 찾았다. 불교개혁론의 사상성과 실천강령을 대승보살불교로 귀결시키고 있는 것이다. 동국대학교 명예교수 박선영은 보살도사상으로 상징되는 고봉의 불교사상을 다음과 같이 정의한 바 있다.

"종교는 원래 인간생활을 떠나서 존재할 수 없다. 종교란 무엇인가. 스스로의 삶을 바로잡아 흔들림 없는 입명처(立命處)를 세우는

---

12) 「동대시보」 제158호(1961.5.25) 기고문.

것이요, 또한 다른 사람들에게 이를 바르게 전해 구제하는 것이다. 부처님의 출세의의(出世意義) 또한 이러한 것이었다. 대승보살불교가 나타나게 된 동기 또한 다른 것이 아니다. 인간사회의 삶으로부터 멀리 떠나간, 그래서 사회의 제도(濟度)에 대해서는 전연 무관심한 소승불교를 전환해 지혜와 자비의 원력으로 세상을 정화하고자 나타난 것이 대승불교이다. 그러하기에 대승불교경전에는 초기경전과는 다르게 예외 없이 부처님의 설법대상자로 보살이 출현하고 있는 것이다. 비구들에게는 항상 부처님께서 "그래서는 안 된다" "너희들로서는 잘 알 수 없는 것이다" 등으로 타이르고 바로잡아 주는 대상으로 등장되고 있다.

그럼에도 불구하고 한국불교는 이념적 혼란 속에서 방황하는가 하면, 근세 조선조 500년의 찌들고 일그러진 불교의 모습과 인습에 젖어 진취성을 잃고 있다. 갖고자 하는 소망이나 얻고, 목전에 직면한 어려움을 벗어나고자 하는 세속적 욕망성취를 위한 복전이 됨으로써 만족하고 있다. 어느 하나 살아있는 모습을 발견할 수가 없다. 이런 가운데 불교는 점차 인간의 삶의 현장으로부터 멀어져가고 시대적 발전이나 요청에도 부응하지 못하는 비불교적 난신(亂信) 속에서 미신으로 오해되거나 전락되고 있는 것이다. 이 어찌 통탄할 일이 아니겠는가.

이제 한국불교가 가야할 길은 분명하다. 그것은 삶 속에서 삶을 통해 구현되는 불교에로의 방향이다. 생활 속에서 함께 불법을 찾고 실현하면서 이 시대를 이끌어 가는 불교여야 한다. 그것은 다름 아닌 보살불교의 실현이다. 그 보살불교란 구체적으로는 불교의 현대화·대중화·생활화를 통해 이루어져야 한다."[13]

고봉은 보살불교를 현실 속에 구현하기 위한 구체적인 운동을 전개했

---

13) 황성기(1989), 『불교학개론』(재신판), 아름다운세상, 295-296쪽

다. 1964년 7월 25일 「불교사상연구회」[14])를 설립해 은사인 뇌허 김동화를 회장으로 모시고 고봉 자신은 부회장에 취임한 후 이를 기반으로 월간지 『불교사상』을 지속 발행하고, 「불교사상연구회」의 전국적인 조직화를 위한 노정에 열정을 불살랐다. 서울 을지로 5가에 있는 통일예식장을 빌려 '불교교리 토요강좌'를 일반부와 청년부로 나누어 매주 개최하는 등 대중교화활동도 멈추지 않았다.

고봉이 설립한 「불교사상연구회」의 실천모토는 '사찰중심불교를 교리중심불교로' '승려본위불교를 신앙본위불교로' '형식주의불교를 구제주의불교로' 지향하는 것이었다. 이와 함께 봉사[布施]·인내[忍辱]·노력[精進]으로써 불교를 현대화·대중화·생활화해 광제중생(廣濟衆生)이라는 불교 본래의 사명을 다하는데 역점을 두었다. 1962년부터 사재를 털어 월간지 『불교사상』을 통한 문서포교의 기치를 「불교사상연구회」를 통해 더욱 고양시키고, 1964년부터 서울 도심가 한복판에서 매주 불교교리 토요강좌를 실시하고, 서울·부산·광주·대구·서산·충주·영주 등 전국 인연 있는 곳을 찾아 연중무휴 순회포교에 전력을 기울인 일련의 행보는 모두 그러한 실천모토의 현실구현을 보여주는 행보였다. 『불교사상』은 자비를 들여 발행하다 보니 한때 재정난에 부딪쳐 중단되기도 했으나, 고봉이 교수직으로 받은 월급을 모두 투자하면서까지 『현대불교』, 『불교생활』 등으로 제호를 바꾸면서 간행을 멈추지 않았다. 「불교사상연구회」 설립 당해 연도 12월 24일 수원지부 결성을 시작으로 1965년 4월 11일 경북 영주에

---

14) 고봉은 당시 비구측과 대처승측의 분쟁으로 교단이 양분되어 전도(前途)를 가늠하기 힘든 상황이 지속되자 불교의 향방을 모색하기 위한 불교개혁의 기치 아래 불교본연의 가르침을 대중에게 전달하겠다는 원력을 세웠다. 분규 양측의 이해관계를 떠나 독립적으로 「불교사상연구회」를 설립한 것은 그 때문이다. 이 연구회는 1969년 3월 21일 사단법인 설립인가를 받았으며, 현재 수원 대승원에서 제자 수산(秀山)이 그 유지를 계승하고 있다.

불교동인회 결성, 그해 4월 18일 충남 서산과 4월 20일 경남 고성에 지부를 결성하게 된 것도 고봉의 그러한 원력의 소산이었다.

고봉은 그렇듯 동국대학교 교단에서는 전문학도들에게 체계적인 불교를 교육하고, 학교 밖 세간에서는 평이하고 대중적인 법문으로 일반인에게 강연했으니, 전문인 양성과 평신도운동에 일가견을 가진 선구자였음을 증명[15]하고도 남음이 있다고 할 것이다.

고봉은 이상에서 살펴본 일련의 행적을 보더라도 '보살승(菩薩僧)'으로서의 확고한 신념을 가졌던 인물이다. 이러한 그의 정체성은 평소에 몸소 실천했던 보살행과 그가 남긴 글을 통해 거듭 확인할 수 있다. 그가 남긴 글들은 다수가 대승보살도를 주제로 쓴 내용이다. 이는 곧 그의 평소지론이요 사상의 표출이며 삶의 실천목표라고 보아도 무방하다는 반증이다. 그의 역저인 『불교학개론』 제3편 제3장에서 「대승불교의 보살관」을 주제로 대승의 붓다관·대승의 보살관·대승의 수행관을 논술하고, 「동대신문」에 기고한 「대승보살과 바라밀사상」 제하의 소논문에서 보살의 만행(萬行)[16]·보살의 대원(大願)[17]·보살의 사섭법(四攝法)[18]·보살의 부주열반(不住涅槃)[19]·보살의 계율관(戒律觀)[20] 등 보살을 주제로 그 정의를 분명하게 적시하고 있는 것이다.

따라서 고봉의 확고한 대승보살관의 입장에서는 비구와 대처승의 구별이 무의미했으며, 대승불교를 지향하는 출·재가자는 그 형식에 구분 없

---

15) 한정섭(1989), 「고봉스님의 포교정신」, 『황성기 박사 불교문집3』, 「서문」(ⅹ-ⅺ쪽).
16) 「동대신문」 제337호(1966.10.17) 기고문.
17) 「동대신문」 제338호(1966.10.24) 기고문.
18) 「동대신문」 제339호(1966.10.31) 기고문.
19) 「동대신문」 제340호(1966.11.7) 기고문.
20) 「동대신문」 제341호(1966.11.14) 기고문.

이 모두 보살승으로 귀결된다고 보았다. 고봉의 이러한 주장은 비구와 대처승으로 나뉘어 내분을 겪고 있던 당시 본인의 의사와는 무관하게 대처승측의 명분논리로 작용되었고, 그러다 보니 비구측으로부터 마땅한 대우를 받을 리 만무했다.21) 고봉은 대승보살도의 논리가 대승불교교단에서 치부되는 아이러니한 정서에 안타까움을 못내 삭였으며, 때로는 울분을 토해내기도 했다. 고봉에게는 불교에 있어서 학문과 수행, 포교와 조직운동 등의 모두가 하나의 다양한 전개이며, 이 다양한 전개 모두가 보살정신 하나로 통합되는 것이었다. 거기에서는 세간과 출세간도 동시통합적인 것이었다.22)

고봉의 보살행도(菩薩行道)는 그렇듯 소명에 다름 아니었다. 그에 입각한 불교개혁은 그에게 있어 분규로 점철된 당시 교단의 향방에 절체절명의 과제였다. 보살불교로써 한국불교를 부흥시키고자 했던 그의 원력과 호소는 1979년 초 과로로 쓰러져 중환을 앓는 순간은 물론, 급기야 당해 연도 12월 4일(음10.15) 세수 61세 법랍 46세로 입적할 때까지 끊임없이 지속된 파사현정(破邪顯正)의 불사(佛事)였다.

---

21) 고봉의 보살불교론은 철저한 대승보살도사상에 의거하고 있다. 그의 보살승에 대한 확고한 신념은 1964년 발표한 '우리는 보살승이다' 제하의 글에 잘 나타나 있다. 고봉은 이 글에서 당시 분쟁요인의 핵심이었던 승려의 취처(娶妻)문제와 관련해 계율상의 '비구 신계(身戒)'와 '보살 심계(心戒)'의 차이를 밝히고, '비구의 불음계(不淫戒)'와 '보살의 불사음계(不邪淫戒)'에 대한 개념정의, 그의 경전적(화엄경 십지품) 전거를 제시하고 있다. 따라서 취처는 일본제국의 산물이 아니며, 대처승이라는 용어는 봉건적 양반의식에 사로잡힌 관료들의 통념에 의한 해괴망측한 말로써 대승보살을 모욕하는 일이라고 정의하고 있다. 고봉의 이 글은 당시 대처승측에게는 취처의 정당논리와 명분으로, 비구측에게는 비난요인으로 작용했다. 이 글의 전문은 『황성기 박사 불교문집3』, 48-56쪽을 참고할 수 있다.

22) 황성기(1989), 앞의 책(재신판), 297쪽.

Ⅲ. 고봉의 사상: 보살불교의 논리와 실천

고봉의 평소지론인 보살불교는 앞서 살펴본 바와 같이 불교의 교육·포교·의식 등 3대 분야에서 현대화·대중화·생활화를 갈망했던 불교개혁의 사상적·실천적 기반이었다. 따라서 고봉이 지향했던 보살불교의 논리와 실제에 접근해보는 작업은 그의 불교사상을 제대로 파악하는 일이거니와, 보살도사상에 입각해 불교개혁을 추동했던 배경과 관련해 그가 고뇌했던 당시 불교계의 제문제와 통찰한 분석을 이해할 수 있는 유의미한일이기도 하다. 그것은 오늘날에도 대승불교임을 자임하고 있는 한국불교가 그 지표와 향방을 어디에 두어야 하는가를 거듭 확인하는 일일 수 있다. 고봉은 보살불교의 요체(要諦)를 다음과 같이 설명하고 있다.

> "소승하는 사람은 '비구'라고 일컫는데 반해 대승(大乘)하는 사람은 '보살'이라고 일컬어 '위로 불지를 구하고 아래로 중생을 구제함[상구불지 하화중생上求佛智 下化衆生]'에 근본이념을 두고 있다. 또한 소승은 해(解)를 주로 하여 스스로 구제받은 뒤 남을 구제한다는 자리주의적(自利主義的) 태도를 취하고 있으나, 대승은 행(行)을 중히 여겨 스스로 구제받기에 앞서 남을 먼저 구제하는 이타주의적(利他主義的) 입장을 취하고 있으니, 소승은 생사에 머무르지 않는데[부주생사不住生死] 반해 대승은 열반에도 머무르지 않는다[부주열반不住涅槃]. 그렇듯 대개 보살이란 성불을 최상 구경(究竟)의 목적으로 하되 구제중생(救濟衆生)으로 그 방편을 삼는것이다. 즉, 아뇩다라삼막삼보리를 얻어 부처가 되기 위해 그 목적 수행의 방편수단으로서 중생을 제도하는데 전력하는 것이니, 이것이 곧 보살의 육도만행(六道萬行)인 것이다."23)

고봉이 정의하는 육도만행은 크게 세 가지로 구분된다. 첫째 중생을 구제[구제중생救濟衆生]하는 일이요, 둘째 사회를 정화[국토장엄國土莊嚴]하는 일이며, 셋째 자아를 완성[구경성불究竟成佛]하는 일이다.

첫째, 중생을 구제하는 일이라고 함은 마치 한 가정에서 온 가족들이 어떤 형태로든 애써 일하는 것은 가족들만을 위하는 것 같지만 곧 자신도 위하는 것으로, 가족들이 불행하면 자신만이 행복할 수 없기에 가족의 행복이 곧 자신의 행복과 다르지 않다는 이치와 같은 논리로 이해할 수 있다. 보살이 네 가지 큰 서원[사홍서원四弘誓願] 가운데 중생구제[중생무변서원도衆生無邊誓願度]를 첫 번째로 둔 것은 그 때문이다.

둘째, 사회를 정화하는 일이라고 함은 우리가 행복한 삶을 영위하기 위해서는 우리가 처한 환경이 맑고 깨끗해야 한다는 논리이다. 모든 대승경전을 볼 경우 반드시 보살이 국토를 장엄하고 있는 장면을 서술하고 있는 까닭이 그것이다. 이는 곧 먼저 세상을 맑혀야 우리가 살아갈 수 있는 것과 같은 이치라고 하겠다.

셋째, 자아를 완성하는 일이라고 함은 정보(正報)인 중생을 구제하고 의보(依報)인 사회환경을 정화하면 비로소 자아의 인격을 완성하게 된다는 논리이다. 일체 번뇌망상의 얽매임에서 벗어나 '마음의 하고자 하는 바를 따르되 규범을 넘지 않고[종심소욕 부유규구從心所欲不踰規矩]' 능히 환경을 지배하는 대자유인이 되는 것을 말한다.

고봉은 보살이 이러한 육도만행을 실천하기에 위해서는 보다 자율적이고 자각적인 마음과 몸가짐의 자세를 갖춰야 한다고 강조한다. 다시말해 사홍서원 · 삼취정계 · 사섭법을 기본자세로 하고, 육바라밀 또는 십바라밀

---

23) 황성기(1989), 앞의 책(재신판), 243-245쪽.

을 아우르는 핵심요소로서 보시[무보수 봉사無報酬奉仕]·인욕[무진한 인내無瞋恨忍耐]·정진[무방일 노력無放逸努力] 등의 세 가지 바라밀을 보살행도의 진수로 보고 이를 육도만행을 성취하기 위한 철학적 행동강령으로 삼았다.

고봉이 바라보았던 당시 불교계의 제모순과 그러한 현실을 타개할 수 있는 방안에 대해서는 「통합종단 대한불교조계종」이 공식 출범한 지 3개월 쯤 지난 1962년 7월, 그가 발행하던 『불교사상』 제10호에 기고한 '한국불교의 나아갈 길'이라는 제하의 글이 주목된다. 고봉은 이 글에서 "정부의 적극적인 통합시책의 주효로 겉모양으로는 분규가 종료되고 종단이 통합된 듯이 일반사회에서는 속단할 수 있겠으나 여전히 교단의 전도(前途)를 낙관할 수 없는 형편"이라고 전제하고서, 역사적 고찰을 토대로 한국불교의 나아갈 길을 제시하고 있다. 고봉이 본 당시 교단의 진상은 다음과 같다.

"병을 고치려면 병의 근원을 알아야 하듯이 불교분규를 해결하자면 그 원인과 진상을 바로 보아야 한다. 일반적으로 불교분규를 건설적인 의미에서 평가한다면 일련의 발전과 정의 피치 못할 현상이라고 하겠으니, 그것은 인도불교가 부처님 입멸 이후 상좌(上座)·대중(大衆)의 두 부파로 분열되어 점차로 20개 부파를 형성한 것이라든지, 그 후 대승불교에 의해 소승부파불교가 부정된 것이라든지, 중국불교가 주로 대승불교였지만 각종(各宗)으로 분립해 난국의 미(蘭菊之美)를 다툰 것이라든지, 한국불교가 신라의 오교구산과 고려의 오교양종의 분파로 전체 불교를 발전시킨 것들은 일향에 분열이라고 나무랄 수 없는 발전적 현상이기 때문이다. 그런데 이들의 경우에 있어서 피차의 대립은 발전을 위한 건설적인 논리와 철학과 신념과 명분 있는 투쟁이었으나, 오늘 우리의 경우는 그렇지 못함을 유감이라고 하겠다. 다시 말하면 불교의 생명인 신앙, 신앙의 토대인 교리에 시비(是非)의 증점이 있지 않고 세속적 주권쟁탈을 위해 인신공격으로 시종(始終)한 듯한 인상을 준 것이 오늘 한국불교 분규의 모습이기 때문이다."24)

지난(至難)했던 현대불교사의 진상을 목도한 당대의 지성을 대표하는 승려요 대학교수로서 교단을 향한 통철한 분석과 비판은 눈을 감고 귀를 막고 입을 닫고 있는 작금의 불교학계에 진한 경책으로 다가선다.

고봉은 기고문에서 당시 비구측이 주장한 대처승에 대한 왜색승(倭色僧) 운운의 개념정의와 파계여부, 종조문제 등에 대한 시시비비를 역사성과 소·대승의 계율 등을 들어 본질을 설명하면서 비구측이 자가당착에 빠져 있다고 지적했다. 고봉은 또한 대처승이 주장한 '비구의 소승유물론(小乘遺物論)'과 취처(娶妻)가 파계가 아니라는 등의 교리상 정당한 근거를 갖고서도 정부당국이나 일반사회의 지지와 동정을 받지 못한 현실에 대해서도 냉엄한 비판을 가하고 있다. 대처승들의 종교적 실천생활(보살행)의 결여와 자기 신념의 박약이 근본 원인이라는 성토가 그것이다. 번뇌즉보리요 생사열반이 둘이 아니지만 이론 없이 실천만 있으면 맹목이요, 신해(信解)가 있어도 실천궁행이 없으면 공론이니 자증(自證)이 있을 수 없다는 게 고봉이 당시 교단을 바라보았던 시각이요 대승불교지론이었다.

고봉은 기고문 말미에서 '한국불교의 나아갈 길'을 몇 가지로 나눠 제시하고 있다. 분규와 직접적으로 관계된 내용을 제외하고 오늘날에도 여

---

24) 『황성기 박사 불교문집3』, 305쪽.

전히 고려해볼 가치가 있는 제안이 곧 종명(宗名) 없는 「한국불교」로 통합하자는 내용이다. 분규 당사자로서는 통합이 단지 아름다운 공상 같은 얘기이겠지만, 가능하다면 피차 양보해 무조건 통합하도록 추진할 것을 주문하고 있다.

고봉의 이러한 주장은 교단의 절체절명한 당면과제로서 화합승가를 이룰 것을 촉(促)하는 내용이겠으나, 오늘날 '조계종' 명칭의 종단만도 1백 50여 개를 웃돌뿐더러 우후죽순처럼 탄생한 수백 개의 '시명모종단(是名某宗團)' 현상이 이젠 더 이상 방치할 수 없는 한국불교의 존폐문제로 부상하고 있는 현실을 일찍이 예견한 것으로 볼 수 있다.

그렇듯 고봉의 지적도 지적이거니와, 논자 또한 고봉을 조명하는 이 글을 빌려 대한불교조계종이든 한국불교태고종이든 한국불교의 정통성과 전통성을 모두 부여받고 있다고 자임하는 종단이라면 편협한 종파명에 대한 재고가 필요하다는 점을 밝히고자 한다. 즉 현재의 종명보다는 「대한불교」 또는 「한국불교」라는 단일교단명으로 통칭하는 작업을 모색하는 것이 바람직하다고 보는 것이다. 광복직후 교단명칭을 「조선불교」로 칭한 역사적 사례도 있었거니와,[25] 총무원 체제가 다름 아닌 일제총독부의 산물이라는 오명을 첨언하지 않더라도 가칭 「대한불교중앙본부(중앙교단)」 내지 「한국불교중앙본부(중앙교단)」 등 통합명칭을 선점하는 종단이 향후 한국

---

25) 광복직후 조선불교 교단을 이끌었던 범산 김법린(梵山 金法麟, 1899~1964)은 해방되자 범어사에서 급거 상경해 선학원에서 서울의 유지승려들과 함께 곧바로 「조선불교조계종」의 접수에 착수했다. 그들은 1945년 8월 19일 오전 종무원에서 종무총장 이종욱으로부터 종권을 인수하고 다음 달인 9월 22일 승려대회를 개최해 불교계의 주요현안을 심의했다. 이때 「조선불교조계종」이라는 종래의 종명을 폐지하고 단일교단을 의미하는 「조선불교」로 지칭하도록 했으며, 총본산 태고사와 31본사를 해산시키고 중앙총무원을 설치해 산하 각 교구에 교무원을 두었다[김상현(2009), 「김법린과 한국 근대불교」, 『한국불교학』 제53집, 한국불교학회, 18쪽].

불교를 대변하거나 상징하는 교단으로 각인될 것이기 때문이다.

여하튼 고봉은 결론적으로 한쪽에 대해서는 "선(禪)만이 유일한 불교수행방법이요 다른 것은 외도의 짓이라는 이론만으로는 불교가 되는 것이 아니며 실천(보살행)이 없는 공리공론은 한 푼의 가치도 없다"고 질타했다. 또 다른 한쪽을 향해서는 "종교적 실천(보살행) 없이 대처행위를 대승불교라고 내세운다면 염치없는 권리주장에 지나지 않는다"는 입장을 분명히 했다. 고봉의 이러한 실천적 지표는 보살승에 대한 그의 분명한 사상성에 기반하고 있다. 그의 보살승에 대한 개념정의를 살펴보자.

> "얼핏 겉으로 보기에는 소승의 비구는 그 금계(禁戒)가 혹엄(酷嚴)하고 대승의 보살은 편의(便宜)한 듯하지만 내용은 그 반대이다. 비구계는 신계(身戒)이므로 마음으로는 어떠한 생각을 가졌던 몸으로만 범하지 않으면 지계(持戒)가 되지만, 보살계는 심계(心戒, 性戒)이므로 몸으로는 물론 마음으로 범해도 파계가 된다. 따라서 비구가 형식상 독신생활(獨身生活)을 한다고 해서 반드시 고승이라고 할 수 없는 반면에, 보살이 외관상 취처생활(娶妻生活)을 한다고 해서 반드시 파계라고 단정할 수 없다. 요는 얼마나 거짓과 꾸밈의 안팎이 없는 양심적인 생활이냐가 지계(持戒)의 기준이요, 얼마나 경계를 대해도 움직이지 않을 수 있느냐가 수행의 척도요, 얼마나 중생을 위해 봉사의 이익을 주느냐가 승려의 가치표준일 뿐 다른 것은 문제 삼을 나위도 없는 것이다."[26]

고봉이 당대의 불교개혁을 논하고 그를 통한 한국불교의 정체성을 정립하고자 했던 고뇌가 과연 무엇이었는가를 뚜렷이 보여주는 내용이다.

---

26) 『황성기 박사 불교문집3』, 55~56쪽.

오늘날 출가 승려들의 삭발염의한 모습에서 우리가 무엇을 보고 무엇을 따라야 하는지를 고봉은 일찍이 그 해답을 제시해 놓았던 것이다.

고봉이 품었던 이러한 불교관과 교단에 대한 냉철한 분석은 오늘날 비구측의 유산인 「대한불교조계종」과 대처승 측의 유산인 「한국불교태고종」, 교단의 진로향방을 제시해줄 의무가 있는 불교학계의 현실을 객관화할 경우 그 이념적 차원에서 여전히 유효하다. 뿐만 아니라 당해 구성원들의 현실직시와 발로참회를 강하게 촉구하는 경책이 아닐 수 없다. 승단타락이 극에 달해 결국은 불교국가의 국망(國亡)을 초래했던 고려 말, 고승 운묵무기(雲黙無奇)의 처절한 「경책」이 기시감(既視感)으로 다가서는 것은 아마도 그 때문일 것이다. 당대나 지금이나 한국불교가 나아갈 방향이 어찌 그리도 다름이 없는 것인지, 고봉이 절규했던 불교개혁의 기치가 현실의 경종이 되고 있음이다.

Ⅳ. 결어

고봉 황성기는 지난했던 일제강점기와 광복이후의 현대기를 살다간 선각자이다. 그는 당대가 당면한 불교개혁의 사상적·실천적 토대로서 보살불교를 몸소 실천한 승려요 대학교수였다. 불교학문이 고양될수록 교단을 향한 그의 불교개혁론은 더욱 빛을 발했거니와, 불교개혁을 위한 실천운동에 적극 나서게 되는 토대로 작용했다.

고봉의 평소지론인 보살불교는 불교의 교육·포교·의식 등 3대 분야에서 현대화·대중화·생활화를 갈망했던 불교개혁의 사상적·실천적 기반이었다. 1954년 5월부터 1970년에 이르기까지 이른바 '정화'라는 명분을 앞세워 심한 갈등을 빚었던 교단분규로 말미암아 침체할 대로 침체했던 불교의 위상을 바로 세우기 위해서는 이들 분야에서 현대화·대중화·생활화를 이루어야 한다는 신념에 따른 것이었다.

고봉은 교단분규의 주체였던 한쪽에 대해서는 "선(禪)만이 유일한 불교 수행방법이요 다른 것은 외도의 짓이라는 이론만으로는 불교가 되는 것이 아니며 실천[보살행]이 없는 공리공론은 한 푼의 가치도 없다"고 질타했다. 또 다른 한쪽을 향해서는 "종교적 실천[보살행] 없이 대처행위를 대승불교라고 내세운다면 염치없는 권리주장에 지나지 않는다"는 입장을 분명히 했다.

고봉의 이러한 불교개혁론과 실천적 지표는 보살승에 대한 분명한 사상성에 의거하고 있다. 그것은 오늘날에도 대승불교임을 자임하고 있는 한국불교가 그 지향(指向)을 어디에 두어야 하는가를 거듭 확인해주는 일이다.

이 글을 통해 고봉의 불교개혁론과 보살불교의 실제 등을 그가 남긴 자료와 행적을 중심으로 살펴본 바, 이 과정에서 몇 가지 아쉬운 점을 발견할 수 있었다. 이는 단지 고봉에 대한 개인적인 아쉬움을 넘어 한국불교의 현실에 대한 비애이기도 하다. 고봉에 대한 몇 가지 아쉬운 점과 그의 비원(悲願)이 시·공간을 초월해 구현될 수 있기를 바라는 내용 몇 가지를 제시하는 것으로 본 고찰의 마무리를 대신하고자 한다.

첫째, 고봉의 불교개혁론과 보살불교를 이해하는데 있어서 그의 구체적인 행장과 시대적 배경에 대한 객관적인 분석·평가가 요망된다. 고봉이 살았던 근현대기, 특히 광복 이후 그가 입적한 1979년까지의 현대기 교단상황은 아직도 현재진행형이라는 점에서 냉철한 분석과 객관적인 평가가 유보되고 있는 현실이다. 그러한 역사성의 한 가운데에 고봉이라는 인물이 우뚝 서 있으나 전혀 탐구의 대상이 되지 못했다. 본 고찰에서는 고봉이 대학교단에 있으면서도 지난했던 교단사 뒤에 숨지 않고 전면에서 그 나아갈 방향과 논리를 제공하고 불교가 살 수 있는 방안을 적극 개진하는 등 불교개혁의 기치를 높이 현양한 사실을 살폈다. 하지만 그의 구체적인 생애와 사상을 심층 연구분석해 그 가치를 현실에서 현현해야 한다는 과제가 남아 있다.

둘째, 고봉의 불교개혁론을 보다 면밀히 분석하는데 있어서 당시 불교계의 동향과 제문제점을 비롯해 지금까지도 여전히 유효한 명제와 그 이유 등을 총체적으로 정리할 과제를 남겼다. 고봉에게 깊이 각인되었던 불교적 사고와 개혁의 원력도 모두 시대적 산물이라고 볼 수 있기에, 당시의 교단상황을 위시해 여타 구성원들과의 인연관계와 작금의 교단상황 등을 상호 비교·연구할 필요성이 제기된다.

셋째, 고봉의 철학적·사상적·실천적 기반이요 개혁사상의 토대였던 보살불교와 대승불교임을 자임하고 있는 한국불교의 역학관계를 살펴 그 둘의 만남이 유용한 것인지 무용한 것인지 진지하고도 심도 있는 논의가 요청된다. 그의 보살불교와 생활불교가 대승불교의 요체를 벗어나 있지 않음에도 불구하고 지금껏 그에 대한 연구가 전연 황무지였다는 사실이 무엇을 의미하는지 밝힐 필요가 있는 것이다.

이상으로 고봉을 둘러싼 몇 가지 아쉬움 점과 과제를 정리해보았다. 이를 통해 우리는 그가 살았던 시대적 상황이 던져준 긴요한 교훈을 얻었다. 승자독식(勝者獨食) 내지 민감성의 논리로 근현대기를 살다간 주요한 인물들을 역사에 묻어버리는 과오를 더 이상 범해서는 안 된다는 것이다. 이 글을 통해 고봉 황성기라는 새로운 인물을 수면 위로 끌어올린 것만으로도 그나마 다행한 일이라고 하겠으나, 이를 계기로 역사 속에 묻힌 더 많은 인물들을 조명하는 작업이 활발발해질 수 있기를 기대한다.

그것은 붓다가 전법선언을 천명한 이후 45년간 길 위에서 실천궁행을 통해 우리에게 길을 제시해주었던 전법교화의 궁극적 지향을 현실에 구현하는 또 하나의 방편설이 될 수 있기 때문이다.

참고문헌

제1부 초기불교의 대중교화와 리더십

본 책에서 인용하고 있는 빠알리본 붓다의 말씀은 각묵_대림스님(초기불
전연구원), 전재성 박사(한국빠알리성전협회), 일아스님(민족사), 선일스님
(담마랑 불교문화원) 등이 역주한 내용을 저본으로 삼았다.

• 불전

*K : 고려대장경(팔만대장경)
*T : 대정신수대장경

『디가 니까야』 16 「대반열반경(Mahāparinibbāna sutta)」
『디가 니까야』 22 「대념처경(Mahāsatipatthāna sutta)」
『디가 니까야』 31 「싱갈라경(Siṅgala sutta)」
『맛지마 니까야』 40 「쭐라앗사뿌라경」
『맛지마 니까야』 86 「앙굴리말라경」
『상윳따 니까야』 4:5 「올가미경」
『상윳따 니까야』 6:1 「범천권청경」
『상윳따 니까야』 7:11 「까시 바라드와자 경」
『상윳따 니까야』 12:41 「다섯 가지 증오와 두려움 경」
『상윳따 니까야』 22:80 「걸식 경」
『상윳따 니까야』 42:6 「아씨반다까뿟따경」
『상윳따 니까야』 45:2 「절반의 경」
『상윳따 니까야』 55:1 「왕(王)의 경」
『상윳따 니까야』 56:11 「전법륜경」
『앙굿따라 니까야』 3:65 「깔라마경」

『앙굿따라 니까야』 4:211 「빠리사경」
『앙굿따라 니까야』 5:177 「와닛자경(Vaṇijjā sutta)」
『앙굿따라 니까야』 8:19 「빠하라다경」
『앙굿따라 니까야』 8:87 「발우 뒤엎음경(pattanikkujjana sutta)」
『앙굿따라 니까야』 8:88 「불신과 불신해제의 경(appasādappasāda sutta)」
『담마빠다』 ;『법구경 이야기(Dhammapada Aṭṭakathā)』(권3, 무념 · 응진 역)
『숫따니빠따』
『우다나』
『마하왁가』
『쫄라왁가』
『사분율』(K0896)

『대지도론』(K0549)
『마하반야바라밀경』 권11, 제39 「수희품(隨喜品)」(K0003_005_0342a-0348c)
『묘법연화경』 권4, 10 「법사품」(K0116_009_0761c)
『소품반야경』 권3, 제7 「회향품」(K0007_005_0775c-0779a)
『유마경』 권1, 3 「제자품」(K0119_009_0981b-c)
『잡아함』 권18, 500경 「정구경(淨口經)」(K0650-018_0890a-c)
『중아함』 권3, 13경 「도경(度經)」(K0648_017_1046a-b)
『중아함』 권47, 180경 「구담미경」(K0648_018_0187a-c)
『현우경』 권6, 30 「니제도연품(尼提度緣品)」(T0202_04_0397a-0398a)

• 단행본

게일 옴베트(2005), 『암베드카르 평전-간디와 맞선 인도민중의 대부』, 이상수
　　　　옮김, 필맥
김미숙(2007), 『인도불교사—붓다에서 암베드카르까지』, 살림
김응철 · 유승무 · 김영란(2002), 『불교지도자론』, 솔바람
김재영(2012), 『초기불교의 사회적 실천』, 민족사
＿＿＿(2018), 『붓다의 일생, 우리들의 일생』, 동쪽나라
＿＿＿(2019), 『붓다의 시대』, 동쪽나라

달라이 라마 · 라우렌스 판 덴 마위젠베르흐(2009), 『리더스웨이』, 김승욱 옮김, 문학동네

대한불교조계종 교육원(2010), 『부처님의 생애』, 조계종출판사

로버트 그린리프(2006), 『서번트 리더십 원전』(출간 25주년 기념판), 강주헌 옮김, 참솔

마스타니 후미오(2001), 『불교개론』, 이원섭 옮김, 현암사

밍군 사야도(2009), 『대불전경(마하붓다왕사)』 VI, 최봉수 옮김, 한언출판사

박이문(2008), 『자비윤리학』, 철학과현실사

빌 조지(2004), 『진실의 리더십(authentic leadership)』, 정성묵 옮김, 윈윈북스

서백(2011), 『시민교양 리더십 강의』, 책나무

스티븐 코비(2005), 『성공하는 사람들의 8번째 습관』, 김경섭 옮김, 김영사

윤정구(2012), 『소크라테스가 세상의 리더들에게 묻다 : 진정성이란 무엇인가』, 한언

일   아(2008), 『한권으로 읽는 빠알리 경전』, 민족사

일   창(2012), 『부처님을 만나다-빠알리 성전을 통해 본 부처님 일대기』, 이솔

클라우스 슈밥(2016), 『4차 산업혁명』, 송경진 옮김, 새로운현재

타일러 코웬(2017), 『4차 산업혁명, 강력한 인간의 시대』, 신승미 옮김, 마일스톤

하춘생(2009), 『현대불교사의 이해와 실천사상』, 해조음

_____(2016), 『붓다의 제자 비구니』, 국제문화재단

한용운(1992), 『조선불교유신론』, 이원섭 옮김, 운주사

William Peiris(1973), *The Western Contribution to Buddhism*, India

• 논문

김응철(2009), 「경전에 나타난 이상적 지도자상」, 『불교평론』 39호

마   성(2004), 「상좌불교와 대승불교의 식육관食肉觀 비교」, 『불교평론』 19호

손영모(2004), 「불교지도자의 리더십에 관한 연구」, 연세대학교 행정대학원 석사학위논문

조기룡(2005), 「불교지도자의 리더십이 사찰성장에 미치는 영향에 관한 연구」, 동국대대학원 행정학과 박사학위논문

조준호(2002), 「초기불교의 실천사상-사회참여에 대한 교리적 검토」, 『한국불교

학』32집, 한국불교학회

최호진(2017), 「AI(인공지능) 기술의 현황과 미래」, 한국불교학회 「불교와 4차
    산업」 1차 월례워크숍(2017.3.25).

• 기타

『종단법령집』(대한불교조계종)
『표준국어대사전』(국립국어원)
「매경이코노미」 제1149호
「이코노믹리뷰」 제297호

제2부 교단의 대중관계와 현대사회

• 불전

『앙굿따라니까야』 3:65 「깔라마경」
Vinayapiṭaka Ⅲ, Ⅳ
『사분율』(T22)
『오분율』(T22)
『마하승기율』(T22)
『근본설일체유부비나야잡사』(T24)
『비니모경』(T24)
『장아함』(T1)
『중아함』 「구담미경」(T1)
『증일아함』(한글대장경)
『남전』 7

『금광명최승왕경』(T16)
『대반야경』(T7)
『대보적경』(T11)
『대승보운경』(T16)

『대승불사의신통경계경』(T17)

『대지도론』(T25)

『대집경』(T13)

『무극보삼매경』(T15)

『무소유보살경』(T14)

『법화경』(T9)

『보여래삼매경』(T15)

『불설초일명삼매경』(T15)

『불승도리천위모설법경』(T17)

『약사여래본원경』(T14)

『이구시녀경』(T12)

『중본기경』(T4)

『화엄경』(T9)

• 사료

「원홍사가람연기」(『일본불교전서』 신85)

운묵무기, 『석가여래행적송』(『한국불교전서』 6)

의적, 『보살계본소』권하(『한국불교전서』 2)

• 단행본

가산지관(2005), 『한국불교계율전통』, 가산불교문화연구원

김재영(2012), 『초기불교의 사회적 실천』, 민족사

김지연(2017), 『4차 산업혁명시대에 살아남기』, 페이퍼로드

다니엘 벨(1984), 『정보화사회의 사회적 구조』, 이동만 옮김, 한울

리처드 도킨스(2007), 『만들어진 신(God Delusion)』, 이한음 옮김, 김영사

리처드 도킨스 · 대니얼 데닛 · 샘 해리스 · 크리스토퍼 히친스 공저(2019), 『신 없음의 과학(Four Horsemen)』, 김명주 옮김, 김영사

모한 위자야라트나(1998), 『비구니승가―비구니승가의 탄생과 변화』, 온영철 옮김, 대한불교조계종 교육원

미즈노 고갠(1972), 『석존의 생애』, 도쿄, 춘추사

_____(1985), 『원시불교』, 김현 역, 지학사

사사키 시즈카(2007), 『출가, 세속의 번뇌를 놓다』, 원영 옮김, 민족사

스티븐 코비(2005), 『성공하는 사람들의 8번째 습관』, 김경섭 옮김, 김영사

앨빈 토플러(1989), 『제3물결』, 이규행 감역, 한국경제신문사

이기영 · 김동현 · 정우택(1991), 『빛깔있는 책들: 통도사』, 대원사

이희익(1984), 『불교의 교단생활』, 불광출판부

조동종니승사편찬회(1955), 『조동종니승사』, 도쿄, 조동종니승단본부

클라우스 슈밥(2016), 『4차 산업혁명』, 송경진 옮김, 새로운현재

피터 드러커(2003), 『단절의 시대』, 이재규 옮김, 한국경제신문

필 주커먼(2012), 『신 없는 사회(Society without God)』, 김승욱 옮김, 마음산책

하춘생(1998), 『깨달음의 꽃1』, 여래

_____(2001), 『깨달음의 꽃2』, 여래

_____(2013), 『한국의 비구니문중』, 해조음

한석희 외(2016), 『4차 산업혁명, 어떻게 시작할 것인가』, 페이퍼로드

한용운(1992), 『조선불교유신론』, 이원섭 옮김, 운주사

홍사성(2005), 『마음으로 듣는 부처님 말씀』, 장승

Schumann, H. W(1989), *The Historical Buddha*, London, Arkana

• 논문

길희성(1997), 「화엄적 세계관과 사회갈등의 문제」, 『21세기 문명과 불교』, 동국
　　　　대학교

김대영(2017), 「IoT(사물인터넷) 기술의 현황과 미래」, 한국불교학회 "불교와 4
　　　　차 산업 2차 월례워크숍"(2017.4.22)

김준호(2013), 「다문화 사회와 초기불교적 관점」, 『한국교수불자연합학회지』 19
　　　　권 1호, 한국교수불자연합회

리영자(1985), 「불교의 여성관의 새로운 인식」, 『한국여성학』 창간호, 한국여성
　　　　학회

박수호(2012), 「소셜 미디어의 등장과 포교」, 『불교평론』 52호, 불교평론사

박승원(2000), 「정보지식사회의 도전에 직면한 불교」, 『불교평론』 2호, 불교평
　　　　론사

보 일(2008), 「인공지능로봇의 불성 연구」, 조계종교육원 제4회 전국승가대학 학인논문 공모전 대상수상 논문

석 담(2007), 「현대 한국 비구니 이부승구족계수계제도의 부활」, 『세주묘엄주강 오십년기념논총』, 봉녕사승가대학

세 등(2002), 「팔경법의 해체를 위한 페미니즘적 시도」, 『성평등연구』 제6집, 가톨릭대학교 성평등연구소

신성현(1995), 「율장에 나타난 남녀차별의 문제」, 『불교학보』 32, 동국대 불교 문화연구원

_____(2011), 「승가갈마를 통해 본 재가와 출가의 관계」, 『한국교수불자연합학 회지』 17권 2호, 한국교수불자연합회

안옥선(1998), 「초기경전에 나타난 여성성불 불가설의 반불교성 고찰」, 『철학연 구』68집, 대한철학회

이병욱(2009), 「불교사회사상의 현재적 의미」, 『한국교수불자연합학회지』 15집 2호, 한국교수불자연합회

이수창(2006), 「비구니 팔경법에 대한 고찰」, 『불교학연구』 제15호, 불교학연구회

이자랑(2013), 「율장의 근본이념에 입각한 조계종 청규제정의 방향」, 『대각사상』 19호, 대각사상연구원

이창숙(1993), 「인도불교의 여성성불사상에 대한 연구」, 동국대대학원 박사학위 논문

전해주(1986), 「비구니교단의 성립에 대한 고찰」, 『한국불교학』 제11집, 한국불 교학회

정천구(2013), 「금강경의 정치철학적 함의」, 『한국교수불자연합학회지』 19권 2 호, 한국교수불자연합회

조윤호(2001), 「화엄의 세계와 사이버세계의 구조 비교」, 『불교평론』 9호, 불교 평론사

학 담(2007), 「용성진종선사의 원돈율사상과 선율겸행의 선풍」, 『대각사상』 10 호, 대각사상연구원

허남결(2011), 「불교윤리의 일상생활화 방안 모색」, 『한국교수불자연합학회지』 17권 1호, 한국교수불자연합회

• 기타

『종단법령집』(대한불교조계종)
『시사상식사전』(박문각)
『한경경제용어사전』(한국경제신문;한경닷컴)
「매경이코노미」 제1896호
『두산백과사전』(동아출판사)

제3부 인물로 본 대중교화 실천사례

제1장 만공월면의 비구니 교화방편과 시대정신

• 불전

『법구경』

• 단행본

강인봉(1991), 『혜암선사 법어집-늙은 원숭이』, 열음사
경허 · 만공선양회(2016), 『만공의 항일정신』, 덕숭총림 수덕사
김일엽(1974), 『미래세가 다하고 남도록』, 인물연구소
_____(2001), 『일엽선문』, 예산: 수덕사 환희대
만공문도회(1983), 『만공법어집-보려고 하는 자가 누구냐』, 묘광
윤청광(2002), 『만공 큰스님-사랑하는 사람 못 만나 괴롭네』, 『고승열전』 14,
        우리출판사
지 명(2014), 『달빛은 우주를 비추네 : 월조당 지명선사 문집』, 화운사
하춘생(1998), 『깨달음의 꽃1』, 여래
_____(2001), 『깨달음의 꽃2』, 여래
한국비구니연구소(2007a), 『한국비구니명감』, 중앙승가대학
_____(2007b), 『한국비구니수행담록』(上 · 中 · 下), 중앙승가대학

• 논문(류)

경 완(2007), 「일엽선사의 출가와 수행」, 『한국 비구니의 수행과 삶』, 전국비
　　　　구니회
김광식(2015), 「김일엽 불교의 재인식」, 『불교학보』 제72집, 동국대 불교문화연
　　　　구원
김일엽(1931), 「가을바람 소리를 드르면서」, 『삼천리』 제3권 제10호, 삼천리사
＿＿＿(1932), 「중생의 눈에 비치는 스승이 됩시다」, 『회광』 제2호, 조선불교학
　　　　인연맹
석지명(1990), 「만공선사」, 『한국불교인물사상사』, 민족사
우 관(2009), 「대영스님―불퇴전의 인욕정진으로 무위에 들다」, 『한국 비구니의
　　　　수행과 삶2』, 예문서원
이 석(2016), 「만공스님과 의왕의 항일독립투쟁」, 『만공의 항일정신』, 덕숭총
　　　　림 수덕사
일 법(2009), 「만성스님―걸림 없는 대도인」, 『한국 비구니의 수행과 삶2』, 예
　　　　문서원
적 연(2009), 「진오스님―정진제일의 삶으로 회향한 수행승」, 『한국 비구니의
　　　　수행과 삶2』, 예문서원
진 광(2007), 「본공당 계명선사의 삶과 수행」, 『한국 비구니의 수행과 삶』, 예
　　　　문서원
황인규(2009), 「근대 비구니의 동향과 덕숭총림 비구니들」, 『경허·만공의 선풍
　　　　과 법맥』, 조계종출판사
혜 정(2009), 「평상심시도를 실천한 윤호스님」, 『한국 비구니의 수행과 삶2』,
　　　　예문서원
효 탄(2007), 「비구니 선풍의 중흥자, 묘리법희 선사」, 『한국 비구니의 수
　　　　행과 삶』, 예문서원

• 기타

「불교시보」 96호(1943.7.15)
『법기문중계보』
『봉래문중계보』

『수정문도계보』
『실상문도계보』

제2장 노천월하의 포교인식과 실천이념

• 불전;사료

『대반열반경』(T1).
『삼국유사』

• 단행본

김광식(2013), 『청백가풍의 표상-벽안스님의 수행과 가르침』, 벽안문도회
김광식 편 · 윤청화 사진(2000), 『1900-1999 한국불교 100년』, 민족사
동국대 석림동문회(1997), 『한국불교현대사』, 시공사
불학연구소(2000), 『한국 근현대불교사 연표』, 대한불교조계종 교육원
선우도량 한국불교근현대사연구회(1995), 『신문으로 본 한국불교근현대사 상편』,
　　　　　　선우도량 출판부
석명정 엮음(1997), 『삼소굴소식』, 통도사 극락선원
영축총림 통도사(1992), 『노천묵적』, 영축총림 통도사
영축총림 통도사(2008), 『취산 구하대종사 민족불교운동 사료집』(상 · 하권), 영
　　　　　　축총림 통도사
월하스님 법어집(1992), 『그림자 없는 나무』, 등불
월하스님 법어집(1998), 『불자의 행복과 수행』, 영축총림 통도사
윤청광(2014), 『영축산에 달뜨거든』, 노천문도회
이기영 · 김동현 · 정우택(1991), 『빛깔있는 책들: 통도사』, 대원사
일연(2002), 『삼국유사』, 김원중 옮김, 을유문화사

• 기타

「경향신문」 1955년 7월 28일자(제2955호) ; 1986년 7월 12일자(제12552호)
「동아일보」 1955년 7월 30일자(제9980호) ; 1986년 7월 3일자(제19924호)

「법보신문」 2003년 12월 10일자(제734호)

「불교신문」 1986년 8월 13일자(제267호) ; 2003년 12월 9일자(제1988호)

「주간불교」 2003년 12월 9일자(제781호)

「현대불교」 2003년 12월 10일자(제451호)

구룡사 홈페이지 http://www.guryongsa.com/

여래사 홈페이지 http://www.ibuddha.tv/

통도사 홈페이지 http://www.tongdosa.or.kr/

제3장 고봉 황성기의 불교개혁론과 보살불교

• 단행본

백용성(1987), 『용성대종사전집』, 대각출판부

_____(2016), 『백용성대종사총서』, 동국대학교출판부

한용운(1992), 『조선불교유신론』, 이원섭 역, 운주사

황성기(1989), 『황성기박사 불교문집』(전3권), 사단법인 불교사상연구회

_____(1999), 『불교학개론』(재신판), 아름다운세상

• 논문(류)

권상로(1990), 「조선불교혁명론」, 『퇴경당전서』8, 퇴경당권상로박사전서간행위
　　　　　　원회

김상현(2009), 「김법린과 한국 근대불교」, 『한국불교학』 제53집, 한국불교학회

오형근(1989), 「황성기박사의 학문세계」, 『황성기박사 불교문집2』, 「서문」.

이봉춘(2009), 「범산 김법린의 사상과 활동」, 『한국불교학』 제53집, 한국불교학회

이영재(1922), 「조선불교혁신론」, 「조선일보」 1922.11.24~12.20.

한정섭(1989), 「고봉스님의 포교정신」, 『황성기박사 불교문집3』, 「서문」

황성기(1957), 「화엄교학의 무진연기론」, 동국대학교 불교대학 석사학위논문

_____(1976), 「원측의 유식학설 연구」, 동국대학교 불교대학 박사학위논문

• 기타

「동대시보」 제158호(1961.5.25)

「동대신문」 제337호(1966.10.17) ; 제338호(1966.10.24) ; 제339호(1966.10.31)
            ; 제340호(1966.11.7) ; 제341호(1966.11.14) ; 제367호(1967.9.11)
            ; 제522호(1972.5.22) ; 제610호(1975.5.13)

『불교』 제100호(1932.10) ; 제101·102호 합호(1932.12) ; 제105호(1933.3)

『일광』 제2호(1929.9)

찾아보기

▌ 하춘생(河春生)

동국대학교 및 同 대학원 불교학과에서 불교사학을 전공했다. 한국의 비구니 연구 개척자로 평가받고 있으며, 한국불교현대사의 역사관을 정립하기 위해 진력하고 있다. 주요저서로『깨달음의 꽃: 한국불교를 빛낸 근세 비구니』(전2권)·『한국의 비구니문중』·『붓다의 제자 비구니』·『현대불교사의 이해와 실천사상』과 주요논문으로「한국 근·현대 비구니의 문중형성과 그 의의」·「비구니 본공의 선풍진작과 법맥상승」·「한국 근·현대 비구니의 강맥전승과 그 의의」등이 있다. 현재 동국대학교 경영전문대학원 사찰경영과정 주임교수 및 불교대학원 외래교수와 宇晟불교학콘텐츠연구소 대표를 겸하고 있다.

불교의 대중교화와 리더십

2020년 12월 30일 초판 1쇄 인쇄
2020년 12월 31일 초판 1쇄 발행

지은이 하 춘 생
발행인 이 주 현
발행처 도서출판 해조음

등 록   2002. 3. 15 제2-3500호
        서울 중구 필동로1길 14-6 리앤리하우스203호
        전화 02)2279-2343   전송 02)2279-2406
        메일 haejoum@naver.com

값 18,000원

ISBN 979-11-970082-7-6   03220